JN079129

第2版

相性と未来を知る編

鏡リュウジ

Ryuji Kagami

原書房

鏡リュウジの
占星術の教科書 II

第２版

相性と未来を知る編

ホロスコープで読み解く
人間関係と運命の神秘

人生最大の神秘といえば自分は生まれてから死ぬまでずっと「自分」である、ということかもしれません。赤ちゃんのときから今まで、そしてこれから先も、あなたはあなた自身であり、ほかにかけがえのない存在です。

人は変わります。3歳のあなた、現在のあなた、そして10年後のあなた……。あなたの肉体と心は大きく変化しているはずです。けれど、あなたはやはりあなた。自分が自分であるという同一性を保ちながらも、大きく変容している。これは一見当たり前のようで、考えてみればとても不思議なことではないでしょうか。

占星術にこのことをあてはめてみれば、自分自身の生まれもったホロスコープは同じであるのに、人はずっと変容し続けていく、という不思議だと言えます。

では、そんな変容はどのようにして起こるのでしょう。振り返ってみてください。自然な肉体の成長もあるでしょう。成功や失敗の体験もあるはず。しかし、最も大きいのは人との出会いや別離では?

「人と人との出会いは、一種の化学反応のようなもの。二人が本当に出会うときには、お互いが変容する」

これはスイスの心理学者であるカール・ユングの言葉。そうです。人と人との出会い、そして別れは大きな神秘。その縁はお互いの人生の航路を大きく変え、そしてお互いを成長させてゆきます。

そんな人と人との「相性」の謎にたいして、多くの学問が挑んできました。古代バビロニアの時代以来、二千数百年の伝統をもつ占星術もそのひとつ。占星術では相性を「シナストリー」と呼び、複雑にして神秘な相性の謎を解き明かそうとしてきました。人と人との化学反応の方程式を、星の運行という壮大なロマンと重ね合わせ、その秘密に迫ろうとしてきたのです。

変容のもうひとつの契機は、人生の中で起こってくるさまざまな運命的な出来事。愛と別れ、決断と覚悟、悲しみと喜び。1年に季節があるように人生にもさまざまな「時季」があるように思えます。

そのような人生の重要な出来事とそれにシンクロする心の変容は占星術では伝統的に「未来予測」として知られています。これにもさまざまな方法があります。

ただし、占星術の相性や未来予測は簡単なものではなく、それこそ高度で複雑です。というのも、出生のホロスコープを読むのは1枚のチャートを見ればいいだけでしたが、相性や未来予測では、自分のホロスコープと相手の、あるいは未来の時の星の配置図を重ねて同時に複数のチャートを見なければいけないのですから。

しかし、このようなダイナミックな星の見方こそ占星術の醍醐味。本書ではプロ並みの方法をできるだけわかりやすく教授します。

あの人の胸の奥が見えなくなったとき。自分が目指す未来の星が陰ったように感じたとき……

本書をぜひ開いてください。きっとここには、あなたとあの人を結ぶ糸のありかが示されているでしょうから。

鏡リュウジ

ホロスコープとはこんな図です

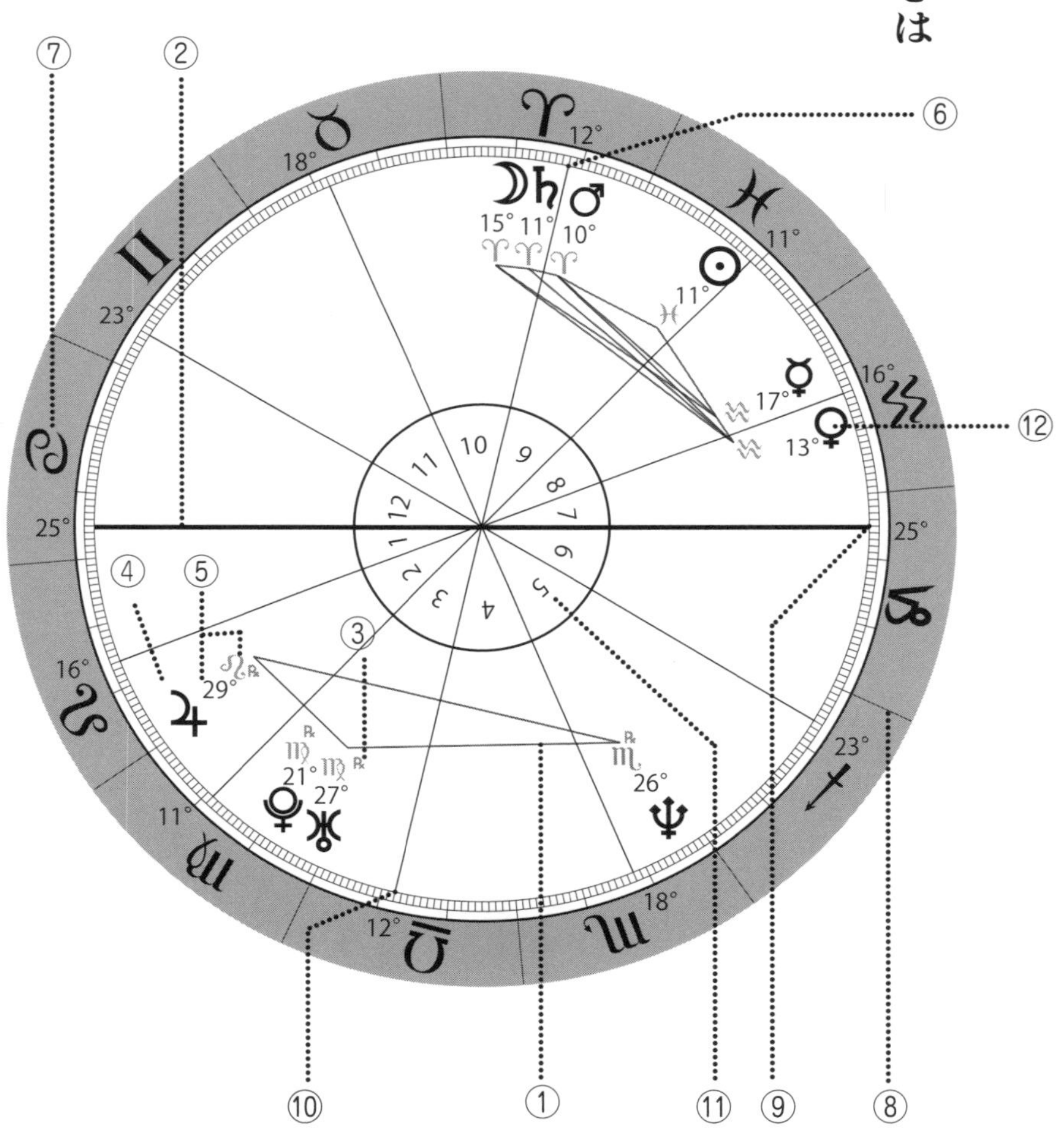

①アスペクトライン
ふたつの惑星が特定の意味のある角度（アスペクト）を形成していることを示します。

②上昇点（アセンダント ASC）
第1ハウスの起点は､東の地平線にあたり、上昇点とも呼ばれ、とくに重要なポイントです。上昇点の星座やその近くの惑星は本人の人生観を強く色づけることになるでしょう。

③逆行のマーク
Rはレトログロードの略で、惑星が通常とは違って西から東へと動いている状態にあることを示します。逆行中の惑星はその効果が弱まったり、遅れて現れると解釈されています。

④惑星のマーク
このように示されるのは惑星です。主に太陽・月・水星・金星・火星・木星・土星・天王星・海王星・冥王星・カイロンの11惑星が表示されます（ソフトやサイトによっては他の天体が加えられることもあります）。

⑤惑星の位置
惑星の位置が度数で示されています。ここでは木星が獅子座の29度にあることがわかります。専門的なホロスコープでは度数だけではなく分の単位で位置を示すことが多いのですが、ここでは省略してあります。

⑥南中点（MC）
ホロスコープの図の一番てっぺんにくる場所で、ハウスの上では第10ハウスの起点となります。ここは人生の目標や達成すべきゴールを示すとても重要なポイントです。

⑦星座（サイン）のマーク
星座を示す記号。それぞれの星座のマークは13ページを参照のこと。ひとつの星座は30度の幅をもっています。

⑧星座の境界線
星座の境界線を示す線です。ひとつひとつの星座（サイン）は30度の幅をもっており、これが惑星の位置を示す座標となります。

⑨下降点（ディセンダント DES）
第7ハウスの起点は西の地平線にあたります。上昇点や南中点と同じく重要なポイントで、ここにあたる星座や、そのそばの惑星はあなたが世界をどんなふうに見ているかを示します。

⑩北中点（IC）
ホロスコープの最も下の部分。第4ハウスの起点です。南中点の反対側で、自分のプライベートな領域を象徴します。ここにある星座や惑星は、家庭生活などに代表される人生の基盤を分析する上で重要になります。

⑪ハウスナンバー
それぞれのハウスのナンバーが表示されます。ハウスの大きさには大小がありますが、これは地軸の傾きのため。ハウスの計算方法にはさまざまなものがありますが、本書では「プラシダス」というハウス分割の方式を採用しています。

⑫５度前ルール
ハウスの境界線（起点）の手前5度以内にある惑星は、次のハウスに入っているとみなされます。つまりこの金星は第8ハウスに入っているものとして扱います。

目次

ホロスコープで読み解く　人間関係と運命の神秘　2
ホロスコープとはこんな図です　4

ホロスコープとはいったい何ですか？　10
12星座のサインの特性　13
10惑星の特性　15
アスペクトの種類　1＝メジャーアスペクト　17
アスペクトの種類　2＝マイナーアスペクト　18

第1部　相性の読み方　19

Chapter 1　相性占星術とは何か　20

相性にも良い悪いはない　20
人が二人いれば実際には四人いる　21
相性占星術とは星を合わせること　23
二人の星空の視線の絡み合いがアスペクト　24
たくさんのアスペクトの中からどれを選ぶか　26
Astrodienst を使った相性用（シナストリー）ホロスコープ作成方法　27
相性ホロスコープを描く　34
作図の方法　35
相性用ブランクチャート　40

Chapter 2

あなたの惑星と相手の惑星の関係を読む——42

相性アスペクトの種類と読み方 42
あなたの太陽について——あなたの太陽と10惑星 48
あなたの月について——あなたの月と10惑星 60
あなたの水星について——あなたの水星と10惑星 72
あなたの金星について——あなたの金星と10惑星 84
あなたの火星について——あなたの火星と10惑星 96
あなたの木星について——あなたの木星と10惑星 108
あなたの土星について——あなたの土星と10惑星 120
あなたの天王星について——あなたの天王星と10惑星 132
あなたの海王星について——あなたの海王星と10惑星 144
あなたの冥王星について——あなたの冥王星と10惑星 156
column ASCを知ると、強い線があるかが見えてくる 168
column MCを知ると、社会における相手との関わりが見えてくる 169

Chapter 3

惑星たちのパワーバランスと結婚について——170

内惑星と外惑星の違いを知ろう 170
その相性は結婚向きか？ 171
実例カップルから相性を読み解く 174
column 錬金術結婚としての相性 182
column 会社やペットなど人間以外のものとの相性について 190

第2部　未来予報

ホロスコープは未来予想図でもある　192

Chapter 1　ホロスコープは未来予報の時計　194

Astrodienst を使った経過図（トランジット）ホロスコープ作成方法　196
トランジットのホロスコープを描く　200
未来予報用ブランクチャート　206

Chapter 2　トランジット法をマスターする　208

動きの速い惑星は日々のムードを表す　209
大惑星のトランジットに注目　211
オーブの問題　212
人生の枠組みを作る大惑星のサイクル　213
人生を拓くジュピター・リターン　213
人生の覚悟を決めなおすサターン・リターン　214
土星のハーフ・リターンは転換点　215
天王星のサイクルは人生を転換させる　216

Chapter 3　大惑星のトランジットの意味　218

トランジットの木星　219／トランジットの土星　222

トランジットの天王星 225／トランジットの海王星 228
トランジットの冥王星 231
カイロンについて 234
column トランジットのハウス 235

Chapter 4 トランジットで時の流れの性質を見る——236

実例で見る 237
まずは静止画のトランジットを見てみましょう 237
5年間のタイムラインの中で星の動きを見てみよう 240
ファイナル・コンタクトは最重要 247
さらに星は動く 248
より細かい星のリズムのつかみかた 250
column 日々のムードを司る月のトランジット 251
その他の技法 252
プログレス 252／ソーラーアーク 253／リターン・チャート 254
column 同じ星の配置でも現れ方は違う 255
附録 より詳しいホロスコープ計算のために 259
天文暦、アスペクトの時期表を扱うには 261
おわりに 264

ホロスコープとはいったい何ですか？

本書ではホロスコープを使って「相性」と「未来」を読み解く方法をみていくことになります。でも、そのまえに「そもそもホロスコープって何？」という人のために、ここで簡単なおさらいをしておきましょう。

ホロスコープとは惑星たちの配置図

ひと言でいえば、ホロスコープというのは、〝ある瞬間の惑星の位置をプロットした図表〟のこと。

たとえば、今、この瞬間のホロスコープを作ってみたとしましょう。月は地球から見て、どの方角に位置しているか。太陽や水星、金星などの惑星たち①は今、どこにあるのか。それをひと目でわかるように示したものがホロスコープなのです。

①惑星たち
現代の天文学では太陽は恒星、月は衛星ですが、占星術では太陽も月も自ら動く天体、つまり惑星と考えているので、本書でも太陽、月も惑星とみなします。

地球＝自分としてイメージする

左のイラストを見てください。これは占星術の宇宙のイメージとホロスコープの対応関係を示した図です。

詳しい話は『占星術の教科書Ⅰ　自分を知る編』にありますので省きま

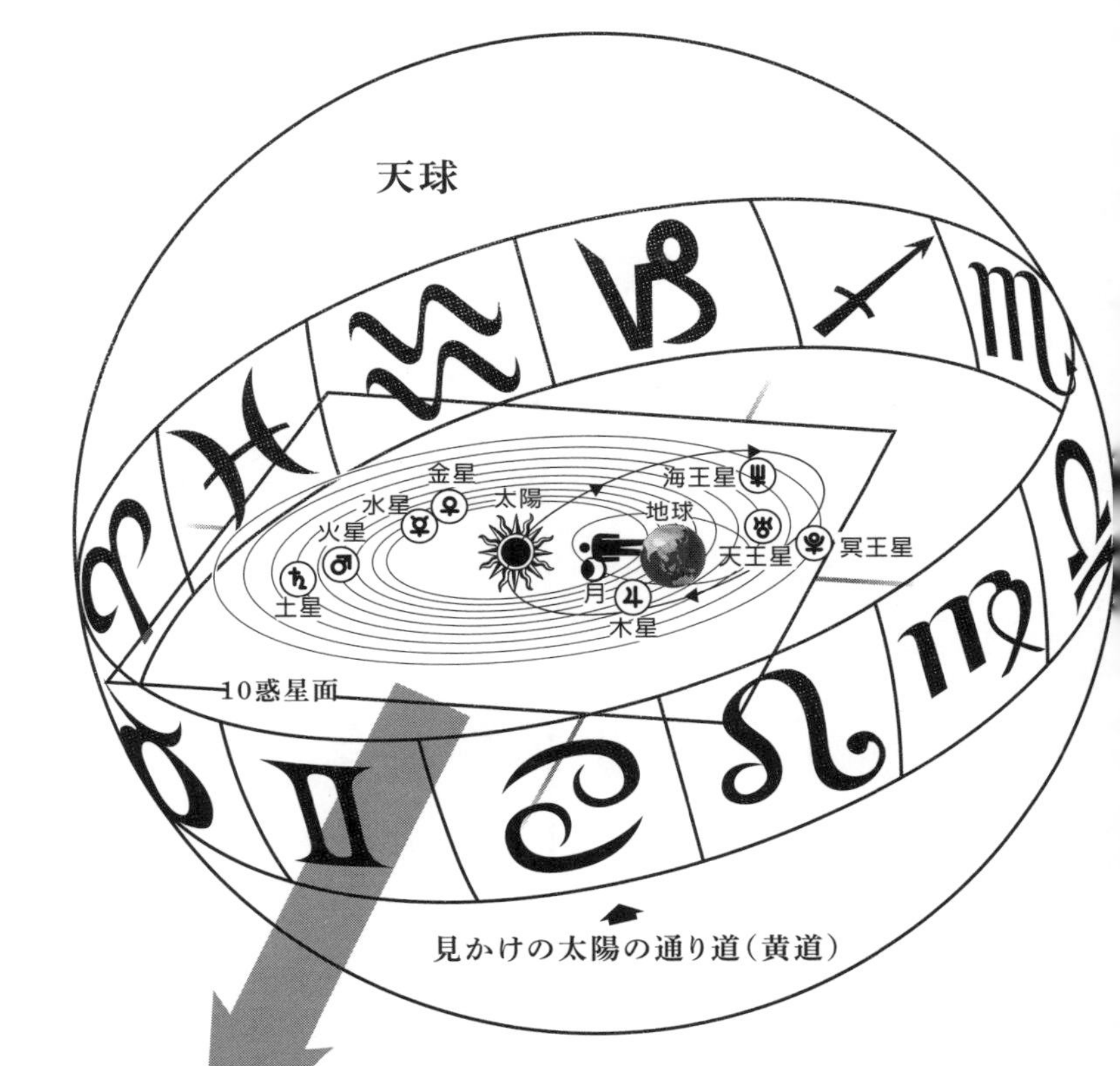
天球
金星
海王星
水星
太陽
地球
火星
天王星
冥王星
土星
月
木星
10惑星面
見かけの太陽の通り道（黄道）

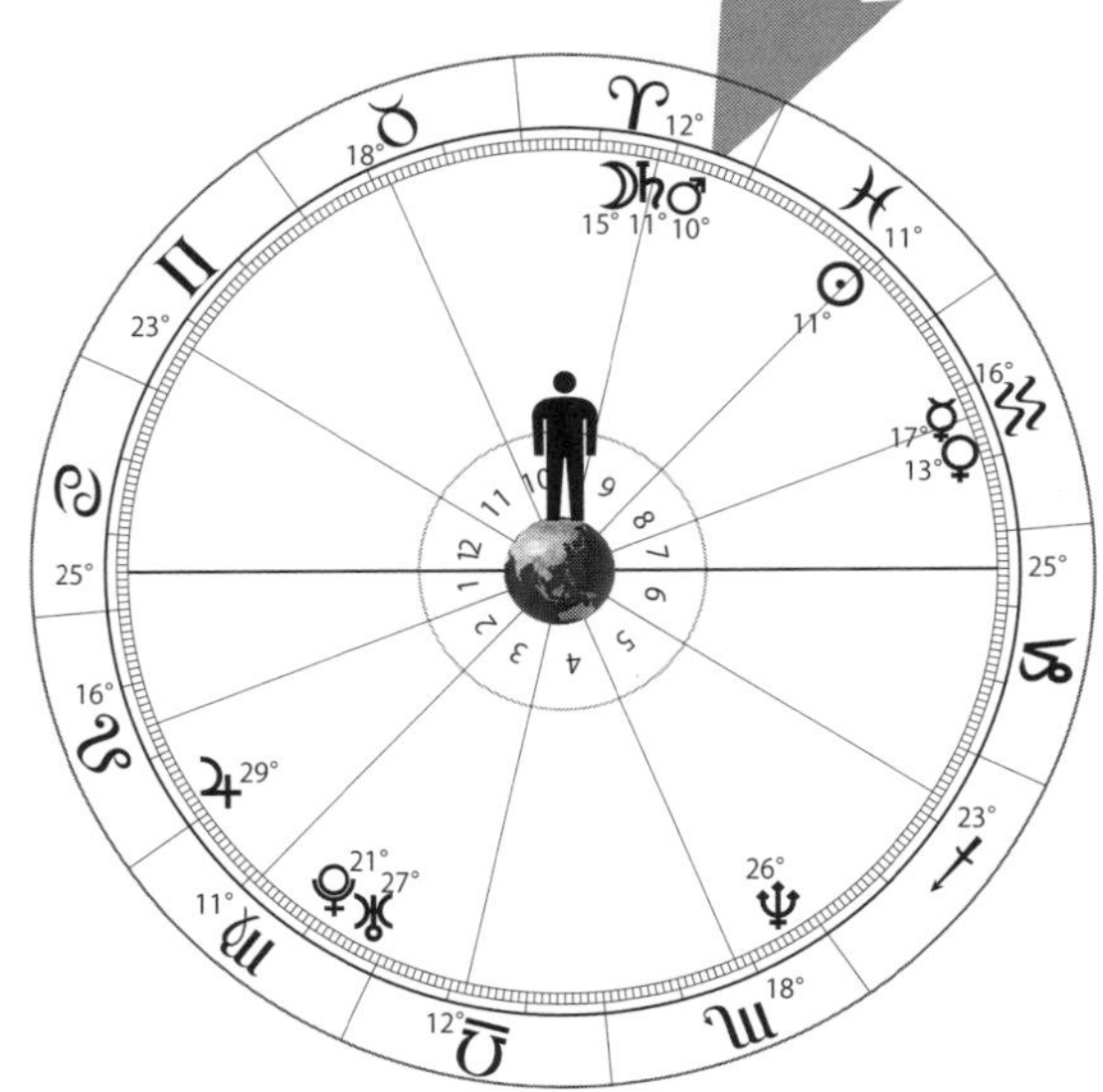
12°
18°
15° 11° 10°
11°
23°
11°
16°
17°
13°
25°
25°
16°
29°
23°
21°
27°
26°
11°
18°
12°
1
2
3
4
5
6
7
8
9
10
11
12

すが、地球を中心とした天球②が12の星座の帯に取り囲まれている様子は、このイラストからわかるでしょうか。この帯のことを黄道③と呼ぶのですが、帯に描かれている12の記号は星座のマークです。

一方、この宇宙のイラストと対応している隣のホロスコープにも、外側の帯に同じ記号が並んでいます。これがホロスコープ上の星座の位置です。この図のホロスコープでは上のほうに「♈」のマークがありますが、これは牡羊座を表します。次ページに各星座のマークを載せましたので確認してみてください。

星座と惑星の位置関係を見る

各星座にはそれぞれの特性があります。たとえば、牡羊座なら活動的、牡牛座なら温厚……こうした性質は、星占いをかじったことのある方には馴染みのあるものだと思います。「私は牡羊座だから活動的」とか「牡牛座の人は温厚」などと考える理由は、このような星座の性質を基本にしているわけです。

実は、こういう言い方をするときに使われる「私は××座」というのは「生まれた日の太陽の位置が××座の方向にあった」という意味。

もう一度、4ページのホロスコープを見てみましょう。太陽はホロスコープ上では「⊙」のマークで示されます。この記号の外側には星座の帯④

②天球
占星術が生まれた時代には、地球を取り囲むように有限の球体が存在していて宇宙を形作っているとされていました。これを「天球」と言います。天球の中心には地球がありますが、この図では現代人にわかりやすいように太陽を中心に天球を図式化しています。

③黄道
1年かけて太陽の周囲を回る地球から見ると太陽のほうが天体を背景にして動いているように見えます。この太陽の見かけの通り道を天文学では「黄道」と呼びます。

④星座の帯
占星術で用いる「星座」は黄道にそって等分に並んでいます。ひとつひとつの星座は30度ずつの幅を持っています。この占星術上の星座区分に、実際の星座の名前がそれぞれ、あてられているのです。

12星座のサインの特性

マーク	星座	エレメント	クオリティ	特性
♈	**牡羊座**	火の星座	活動星座	自我の目覚め、活動的、好戦的。新しい経験への傾向。
♉	**牡牛座**	地の星座	不動星座	温厚、所有欲。五感で得られるものへの傾向。
♊	**双子座**	風の星座	柔軟星座	軽やかさ、知的。言語化しようとする傾向。
♋	**蟹　座**	水の星座	活動星座	母性本能、親しみやすさ。保護して、育もうとする傾向。
♌	**獅子座**	火の星座	不動星座	自尊心、生命力、創造性。自己を表現しようとする傾向。
♍	**乙女座**	地の星座	柔軟星座	批判的、分析的。何かに奉仕しようとする傾向。
♎	**天秤座**	風の星座	活動星座	社交性、調和性。バランスを取ろうとする傾向。
♏	**蠍　座**	水の星座	不動星座	探求、執着、深さ。深い情動に身を浸そうとする傾向。
♐	**射手座**	火の星座	柔軟星座	自由、遠いものへの憧れ。理想に近づこうとする傾向。
♑	**山羊座**	地の星座	活動星座	自己管理、責任感、保守的。物事を完遂しようとする傾向。
♒	**水瓶座**	風の星座	不動星座	固有性。あらゆるものから独立、自由でありたいという傾向。
♓	**魚　座**	水の星座	柔軟星座	同情心、情緒的。何かの中に溶解されたいという傾向。

があります。「⊙」の近くに「♓」のマークがありますね。これは魚座のマークです。

この地球と太陽をつないだ線の先には魚座のマークが見えますね。これが、地球から見たとき「太陽の位置が魚座の方向にある」ということなのです。

占星術の主役は惑星たち

いわゆる「誕生星座」は太陽星座⑤ですが、誕生のときのホロスコープには他にも9つの惑星が存在しています。そして、占星術の主役は星座ではありません。実は、この惑星たちこそが、その中心的な働きをなしているのです。

それぞれの惑星の働きについては、42ページ以降で詳しく説明します。次ページに10惑星⑥のマークと意味を簡単に表にしておきましたので、参照してください。

さて、この10個の惑星と、天球上の12の星座。これらの位置関係がホロスコープを見る際の基本となります。

これにプラスして、占星術にはハウスという12の区分があり、この3つの組み合わせをもとに個人のホロスコープを読み解くことができるのです。

⑤「誕生星座」は太陽星座
現行のカレンダーは太陽の動きをもとにした暦、つまり太陽暦です。ですから、誕生日の月日がわかれば、毎年、およその太陽の位置を判断することができます。誕生日だけで決まる、いわゆる雑誌の星占いの星座（誕生星座）は、この太陽の位置をもとにしているわけです。

⑥10惑星
近代以前は、太陽・月・水星・金星・火星・木星・土星の7つの惑星が用いられてきましたが、18世紀以降、天王星・海王星・冥王星が加えられています。現代の天文学では冥王星は準惑星に分類されていますが、本書では引き続き「惑星」として扱っています。

10惑星の特性

マーク	惑星	支配星座	特性
☉	太　陽	獅子座	バイタリティー。存在しようとする欲求。基本的な性格を判断する際の鍵。
☽	月	蟹　座	反応と感情。何かに支えられているという感覚への欲求。基本的安定感。
☿	水　星	双子座 乙女座	知的能力。言語能力。知性や言葉を通じて自己を表現したいという欲求。
♀	金　星	牡牛座 天秤座	愛と調和。内なるイメージ。愛されたいという欲求。
♂	火　星	牡羊座	行動への意志。セックス。勝利への欲求。
♃	木　星	射手座	拡大と保護。自分よりも高次なもの、大きなものに接近したいという欲求。
♄	土　星	山羊座	努力と責任。制限。自己を秩序あるものに留めたいという欲求。
♅	天王星	水瓶座	個人主義的な自由。他人とは異なる存在になりたいという欲求。
♆	海王星	魚　座	陶酔と曖昧。自我から自由になりたい、解放されたいという欲求。
⯓ ♇	冥王星	蠍　座	変容、消滅。まったく新たな存在になりたいという欲求。

惑星のパワーはブレンドされる

最後にアスペクトを説明しましょう。アスペクトというのは惑星同士の、特定の中心角の角度⑦のこと。

主役となる10の惑星は、360度の丸い天球に、それぞれ散らばっています。簡単にいえば、この主役たちの位置が作る角度がアスペクトです。たとえば、太陽と月が同じ位置にあるなら、ふたつの惑星はホロスコープのなかで0度というアスペクトを作っているということになります。ただし、正確な角度でなくともそれに近い範囲なら、アスペクトと見なし、これをオーブ⑧と呼びます。

アスペクトを形成したふたつの天体は、お互いのエネルギーをブレンドさせてパワーを発揮します。

このアスペクトのなかには、星の力をスムーズに働かせるものと、ぎしぎしときしませながら、しかし強力にブレンドさせるものがあって、前者をソフトな、後者をハードなアスペクトといいます。

これで「おさらい」はおしまいです。いよいよ、このアスペクトが重要な意味を持ってくる「相性編」の始まりです。

⑦惑星同士の、特定の中心角の角度
ホロスコープの中心に分度器の中心を合わせて角度を測ってみましょう。全周はもちろん360度。ある惑星と惑星は互いになんらかの角度を形成しています。たとえば牡羊座の0度の位置にある太陽と蟹座の0度の位置にある土星は中心角90度です。

⑧オーブ
アスペクトの形成には多少の誤差がみとめられています。この誤差を占星術ではオーブといいます。オーブは研究者によって意見が異なります。

アスペクトの種類

1：メジャーアスペクト（第1種のアスペクト）

アスペクトのなかでも代表的なものです。古代から用いられているアスペクトで、まずはこのメジャーアスペクトを拾い出しましょう。

マーク	角度	アスペクト名	特性
☌	0°	コンジャンクション	ふたつの惑星のエネルギーが互いに融合し、強めあう作用をもたらします。アスペクトのなかでも最も強力なもの。
⚹	60°	セクステル	120度（トライン）の半分の角度で、調和的なアスペクトに分類されます。ふたつの惑星の働きがスムーズに融合します。
□	90°	スクエア	180度（オポジション）の半分の角度で摩擦や葛藤を象徴します。しかし試練を乗り越えて大きな結果を出すことも。
△	120°	トライン	ふたつの惑星のエネルギーが調和的に働きあう角度です。それぞれの惑星のよさが引き出されあいます。
⚻	150°	インコンジャンクト	ふたつの惑星の働きがぎくしゃくとしながら複雑に葛藤しあいます。不調和アスペクトのひとつに分類されます。
☍	180°	オポジション	ふたつの惑星の働きがぶつかり合う角度。しかし、同時に出会いによって生まれる衝突という意味もあります。

※オーブ（許される誤差の範囲）は以下のように設定します。
【太陽、月を含む場合】0度、90度、120度、180度は7度まで。60度、150度は5度まで。

【太陽、月を含まない場合】0度、90度、120度、180度は5度まで。60度、150度は3度までくらいが考慮すべき一つの目安となるでしょう。

アスペクトの種類

Ⅱ：マイナーアスペクト（第２種のアスペクト）

マイナーアスペクトは本書では使用しませんが、学習が進めば採用してもいいでしょう。

近世の占星術においては、よりマイナーなアスペクトも採用されるようになりました。前ページのメジャーアスペクトでも通常の解釈においては十分ですが、のちに紹介するプログレッションなど未来予測の場合にマイナーなアスペクトが重要になることがあります。しかし、まずは先述のメジャーアスペクトの扱いを十分に習熟することが大事です（この中では45度、135度の正確なアスペクトはときに明瞭な表れをすることがありますので、もしできればこれはチェックを）。これらのアスペクトのオーブは広くてもせいぜい１度半〜２度と考えていいでしょう。

マーク	角度	アスペクト名	特性
⊻	30°	セミ・セクステル	60度（セクステル）の半分で弱い調和アスペクトのひとつです。ふたつの惑星の働きが、互いにスムーズに融合します。
∠	45°	セミ・スクエア	90度（スクエア）の半分で弱い不調和アスペクトのひとつです。ふたつの惑星の働きが摩擦しつつ働き合います。
Q	72°	クインタイル	360度のホロスコープを五等分したときにできるアスペクトです。創造性とかかわるとされています。
⚼	135°	セスキクォードレート	90度（スクエア）に45度（セミ・スクエア）足してできるアスペクト。ホロスコープの８分の３ないし７に相当する角度と考えてもいいでしょう。弱い不調和アスペクトで、セミ・スクエアと意味は同じです。
±	144°	バイクインタイル	72度（クインタイル）を２倍したときにできるアスペクト。意味はクインタイルと同じです。

古代からの占星術では、150度インコンジャンクトは含めていませんでしたが、現代占星術では重視されていますので、ここではインコンジャンクトもメジャーとして分類しておきます。

第1部
相性の読み方

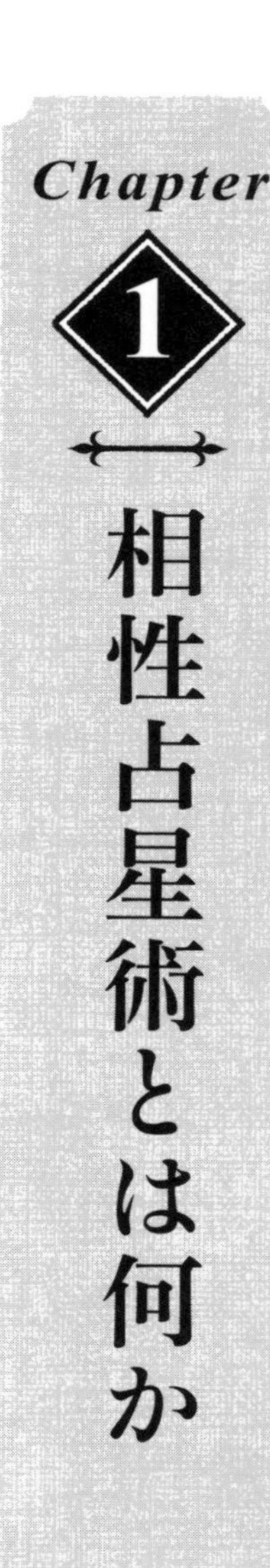

Chapter 1 相性占星術とは何か

「相性」にも良い悪いはない

『占星術の教科書』第1巻では、自分自身の出生ホロスコープを読み解く方法をお伝えしました。ご紹介したのは、ごく基本的なレベルのものですが、それでも、これだけのことを押さえて自分でホロスコープを味わうことができるようになれば、まず初級から中級は卒業というところでしょう。さらなるレッスンは実際の講座やほかの専門書などに譲ることにいたしましょう。

第2巻第1部では「相性」について考えていくことにします。ホロスコープは上手に使うと、人間関係のダイナミクスを解き明かすための、実に有効な方法になるのです。

ここでは具体的な相性判断の方法に進む前に、まず、相性とは何か、改めて考えてみましょう。

まず、押さえておかねばならないことは、自分自身のホロスコープと同じように相性にも決定的な「良い・悪い」、あるいは吉凶は存在しない、ということ。

心理学者のユングは、「人間関係とは一種の化学反応」だと書いています。誰かと深く関係が作られると、そこでは心理学的なさまざまな刺激が相互に働き合い、結果として双方ともが変容していくことになります。

しかも、ユングがここで言う「化学」（ケミストリー）とは、単なる化学ではなく、「錬金術」（アルケミー）が念頭にあったはずです。錬金術とは、鉛などのあまり価値のない物質を黄金に変成しようとする古来の術。しかし、それを人を騙して大儲けをしようとする詐術であったとは言い切れません。もちろん現実には不可能な術でしたが、ユングはここに成長のイメージを見たのです。人と人との出会い（そしてときには別れ）が人の心を黄金へと変容させてゆくことがあります。その縁の神秘をユングは錬金術にたとえたのでしょう。

この人と一緒にいるとこのうえなく安らぐ。今までにない体験をする。あるいは人生が変わってしまうことさえある。そうした関係の二人の出生ホロスコープを重ねてみたときに、その神秘の化学反応が星に現れるのではないか、というのが占星術の相性論です。

人が二人いれば実際には四人いる

星の話に入る前に、もう少し心理学的な話をさせてください。

僕は人間が二人いれば、実際にはそこに少なくとも4人の人物がいると考えています。いや、何も守護霊とか背後霊とか、そんなスピリチュアルな話をしているわけではありません。考えてみればごく当たり前のことです。

AさんとBさんという二人がいるとしましょう。AさんはBさんを、BさんはAさんを見ています。そのときには互いに「素敵だなあ」とか「いいなあ」とか、逆に「気詰まりする」とか「生意気」だとか、いろいろな印象が湧き上がってくるはずです。その心理的な反応が強ければ、いわゆる「一目ぼれ」が起こったり、「愛」へと深まっていくということになるわけです。

ただ、ここで注意したいのは、AさんはBさんを「見ている」ようで、現実には直接「見る」ことは不可能だということです。だってそうでしょう。見ていると思っている視覚像ひとつとってもそれは、Aさんの脳内に映し出される一種のバーチャルなモノに過ぎません。ましてや相手の内面などは、見ることはできません。ややこしいカントの認識論を持ち出すまでもなく、「モノ自体」「相手自体」を認識することはできないのです。

では、Aさんが見ているBさんとは何か。それはBさん「そのもの」ではなく、Aさんが抱えているBさんの「イメージ」——ここではB'とでもしておきましょうか——なのです。

Bさんから見ても同じことが起こります。Bさんが見ているAさんは、AさんではなくA'です。そしてそのA'、B'にはそれぞれの人の期待や本人の心理内容が深く影響しています。いわば、A'、B'はAさん、Bさんの心の一部のようなもの。それを互いに相手の上に投げかけているというふうにも理解できます。

これを心理学的には「投影（プロジェクション）」といいます。相手をスクリーンにして、プロジェクターから映像を出力するごとく、自分の中の相手への思い込みや理想を、相手に投げかけているようなものです。

こういってしまうと、すべての人間関係はバーチャルなもの、幻で意味がないのか、とがっかりしてしまいそうですが、そうではありません。

むしろ、この投影が働くからこそ、相手のことが自分の心の一部、「我がことのように」感じられるのでしょうし、また強い反発が起こるときにはちょっとしたことで「こちらの神経を逆なで」されたように感じられます。

自分と相手の心が、複雑に混じり合い、交差し合っているのが人間関係だということになり、それが深くなっていくときに強力な縁が生じます。親子関係、結婚関係、恋の関係、友人関係、師弟関係などには、このような見えない関係の投影が働いているというわけです。

相性占星術（シナストリー）とは星を合わせること

占星術では投影関係を読み解くヒントとしてホロスコープを使います。

人は誰彼かまわず投影を行うのではなく、自分の心のある部分と似ていたり、あるいは真逆であったりする面を持っている人に、「投影」をしやすいと考えられますよね。

たとえば自分を一番に打ち出したいと考えている人なら、同じような動機を持っている人とはうまくすれば強く切磋琢磨することができるでしょうし、悪くすれば、強烈なライバル意識が生まれるかもしれません。

牡羊座に太陽がある人にたいして、同じ位置に強烈な火星などがある人がいれば、そんな人間関係が発生しやすいというのは容易に想像がつきますね。

専門的な用語で、二人のホロスコープを重ね合わせてその相互作用を分析する技法を「シナストリー」Synastryといいます。これは占星術以外では用いることのない、かなり特殊な用語なので、占星術を学びはじめたころは「こんなヘンな専門用語あえてつかわなけりゃいいのに、カッコつけて！」と少し反発もしていたのですが、その語源を知ってからは僕は積極的に用いるようになりました。

Synastry は Syn と Astry からなっています。Syn はシンセサイザーのシンで、「総合する」「合わせる」、そして Astry は astro などともつながる「星」の意味。つまり、「星を合わせる」というのがシナストリーなのです！　なんと素敵ではありませんか。

相性とは、お互いの心の星空を合わせることなのです。

二人の星空の視線の絡み合いがアスペクト

実際には、二人のホロスコープを重ね合わせることからこのシナストリーは始まります。古代ギリシャの時代から用いられていた形跡がある、伝統的な方法です。

次ページの図を見てください。これはある二人の人物のホロスコープ。それを重ねてみましょう。どちらの人物のホロスコープを内円にするかはお好み次第なのですが、基本的には主体になる側を内側に置くと見やすいでしょう（自分から見て相手がどんな影響を与える人物かを見るには、自分を内側に置く）。

そして、ふたつのホロスコープの間で、それぞれの惑星がどんなアスペクトをとっているかを見ていくのです。

自分自身のホロスコープを見るときには自分の生まれたときの星同士のアスペクトを調べましたが、ここではお互いのホロスコープの間のアスペクトを探すのです。

この例では、Aさん（内円）のホロスコープの水瓶座13度にある月と、Bさん（外円）のホロスコープの水瓶座の13度にある金星が0度、コンジャンクションになっているというわけですね。

第1巻でも説明したように、「アスペクト」という言葉はもともと「視線」を表していたのです。相互のアスペクトは二人の間の心の宇宙の星々が投げかけ合う視線であり、心理学的には投影のダイナミズムを表していると言えるでしょう。

相性ホロスコープのしくみ

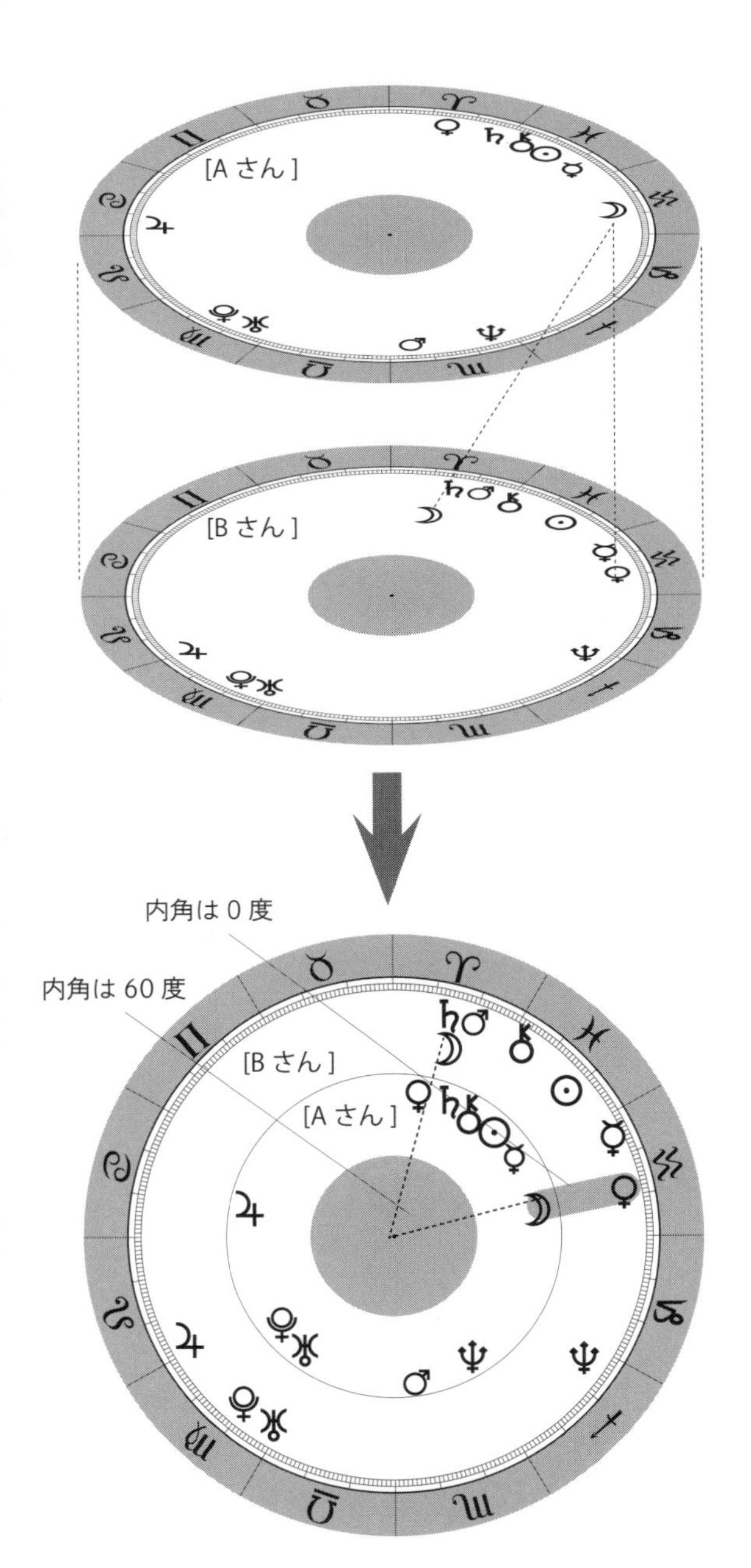

ここでは、月という心のリラックス面を象徴する星と、金星という楽しみや愛のエネルギーがブレンドし合っていることを示しているわけですね。月の側にとって、リラックスして楽しみごとを共有できる相手であろうことが想像できます。

しかし、もしこの月に金星ではなく土星が重なっていたら？

リラックスしようとしているところに、なにやら厳しい先生がそばにいるみたいなもので、どこか緊張がとけない相手である、ということになりますよね。

このような具体的な解釈は48ページ以降にあります。

たくさんのアスペクトの中からどれを選ぶか

シナストリーはこうしてみると簡単なように思えますが、実際にはなかなかハードルが高い。というのも、ホロスコープが2枚になると、そのファクターは2倍になるのではなく、組み合わせで2乗になってしまうのですから！

相互のアスペクトの数も、出生ホロスコープのときと比べて飛躍的に増えます。初心者のうちはそのアスペクトの数にたじろいでしまうことでしょう。

そこで最も単純な方法としては、数多く形成されるアスペクトの中で、以下を重視しましょう。

①最もオーブの狭い（正確な）アスペクトを抽出する。とりわけ、オーブ1度以内で形成されているアスペクトは見逃せません。
②さらに太陽、月にたいしてのアスペクトも見ていきます。
③恋愛の場合には金星、火星にたいするアスペクトが重要です。
④また、第1部で示したような、それぞれのホロスコープの上での重要な天体（アセンダントやMCに近い天体やシングルトン）にたいして形成されるアスペクトが重要となることも覚えておきましょう。

これらに関しては後述の実例を参照してみてください。

Astrodienst を使った相性用（シナストリー）ホロスコープ作成方法

賢龍雅人

スイスにある Astrodienst 社が運営しているオンライン占星術ポータルサイトは、無料で精度の高いホロスコープを作成することができます。著名な占星術家のリズ・グリーンがチーフ・アストロロジャーを務めています。

「マイ・アストロ」に無料登録すれば、作成した出生図を保存していくことができます。さらに上級者向けには、様々なタイプのチャートを作ることができたり、天文暦を表示することもできます。

スマートフォンでも使用できますが、インターネットに繋がった環境が必要です。

「astro.com」のアドレスにアクセスしてください。または「アストロディーンスト」で検索してもよいです。すると左の①のようなページが現れます。

最初は英語のページが表示されますが、ここでは初めて使用される方のためにも、一度日本語表記にしてから登録をおこなっていく方法をレクチャーします。また今回は、iPhone などのスマートフォンでの使用を想定して進めて参ります。

（すでに Astrodenst に登録をしている方は、⑫まで読み飛ばしても構いません）

The Art of Astrology

Welcome to Astrodienst and the world's best horoscopes!

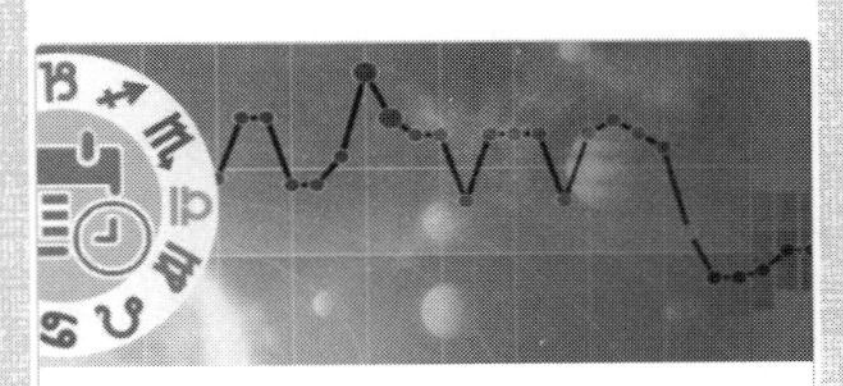

The Best Time

Find the best moment for your project - with the new electional horoscope!

①上の画面の①の三本線をタップしてください。左からメニューが現れます。

astro.com

Search

MY ASTRO

HOME

FREE HOROSCOPES

ASTRO SHOP

ALL ABOUT ASTROLOGY

ABOUT ASTRODIENST

FREQUENTLY ASKED QUESTIONS

LANGUAGE ←②

②の「LANGUAGE」をタップ。

③最下部に「日本語」の表記が出てきますので、これをタップしてください。

④すると日本語表記に変わります。再度④の三本線をタップしてください。

⑤「無料ホロスコープ」メニューの中にある⑤「占いと図の計算」をタップしてください。

⑥さらにそのメニューの中にある「出生データによるいろんなチャート」をタップしてください。

⑨ここでようやく出生データの入力となります。空欄にデータの入力をおこなってください。出生時間はAM、PMではなく24時間表記となります。

今回は以下の２人の人物の出生データを例に、相性チャートを作成します。

月美　1991年4月12日6時40分
日本　長野市生まれ　女性

星也　1980年9月26日7時11分
日本　宇和島市生まれ　男性

出生データによるいろんなチャート

www.astro.comにようこそ!

ユーザープロファイルをまだ持っていない訪問者の場合：

★ 出生データを入力する

その後、星占いが表示されます。 ⑦

⑦初めてastro.comにアクセスされた方はここで、最初の出生データの入力を促されます。「★出生データを入力する」をタップしてください。

Astrodienstによるデータプライバシー情報

このウェブサイトを使用することにより、保護に値する情報を当社に委ねます。信頼していただき、ありがとうございます。私たちはあなたの個人データを法的にデータ保護規制に従って内密に取り扱います。

サービスの使用を支援しています。サービスを使用することで、これに同意したことになります。

Astrodienstがデータを処理する方法の詳細については、プライバシーポリシーをご覧ください。サービスを使用する際に同意します。

⑧

承諾します（この情報を表示しない）

⑧次にプライバシーポリシーについての説明がありますので、よろしければ、ここは「承諾します」をタップしてください。

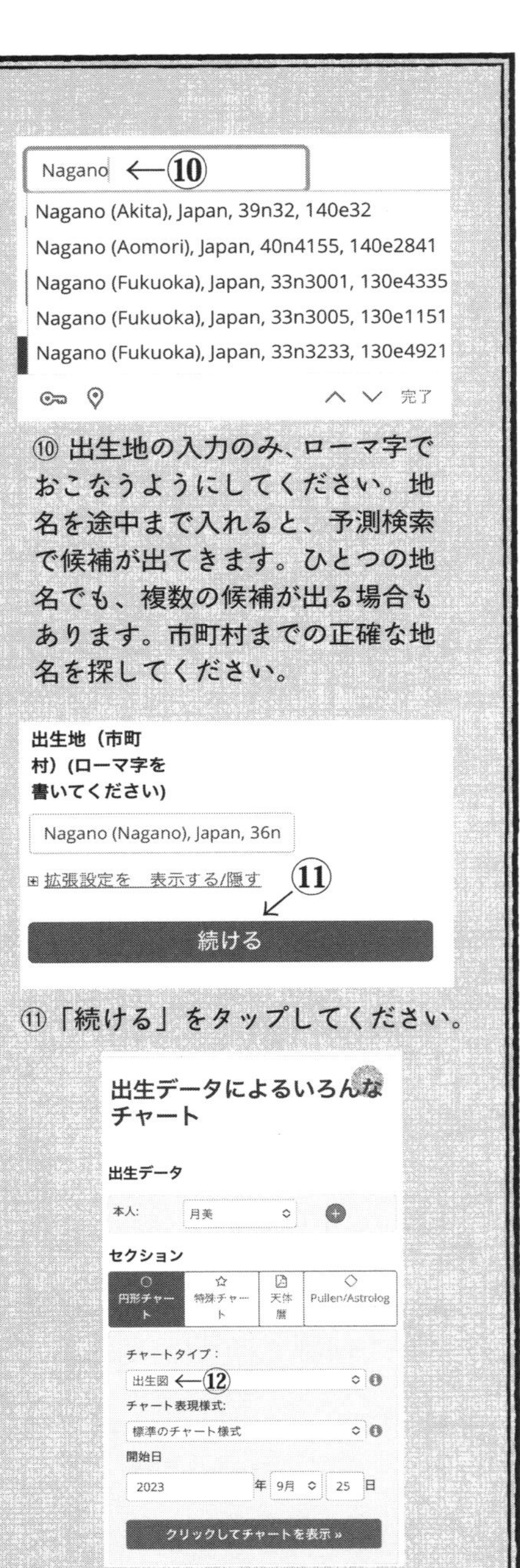

⑩ 出生地の入力のみ、ローマ字でおこなうようにしてください。地名を途中まで入れると、予測検索で候補が出てきます。ひとつの地名でも、複数の候補が出る場合もあります。市町村までの正確な地名を探してください。

⑪「続ける」をタップしてください。

⑫ ページが変わり「出生データによるいろんなチャート」のメニューとなります。このページは、このポータルサイトのメインページでもあり、非常に多くの機能を備えたホロスコープ・ジェネレーターと言えるでしょう。まずはチャートタイプの⑫「出生図」をタップしてください。

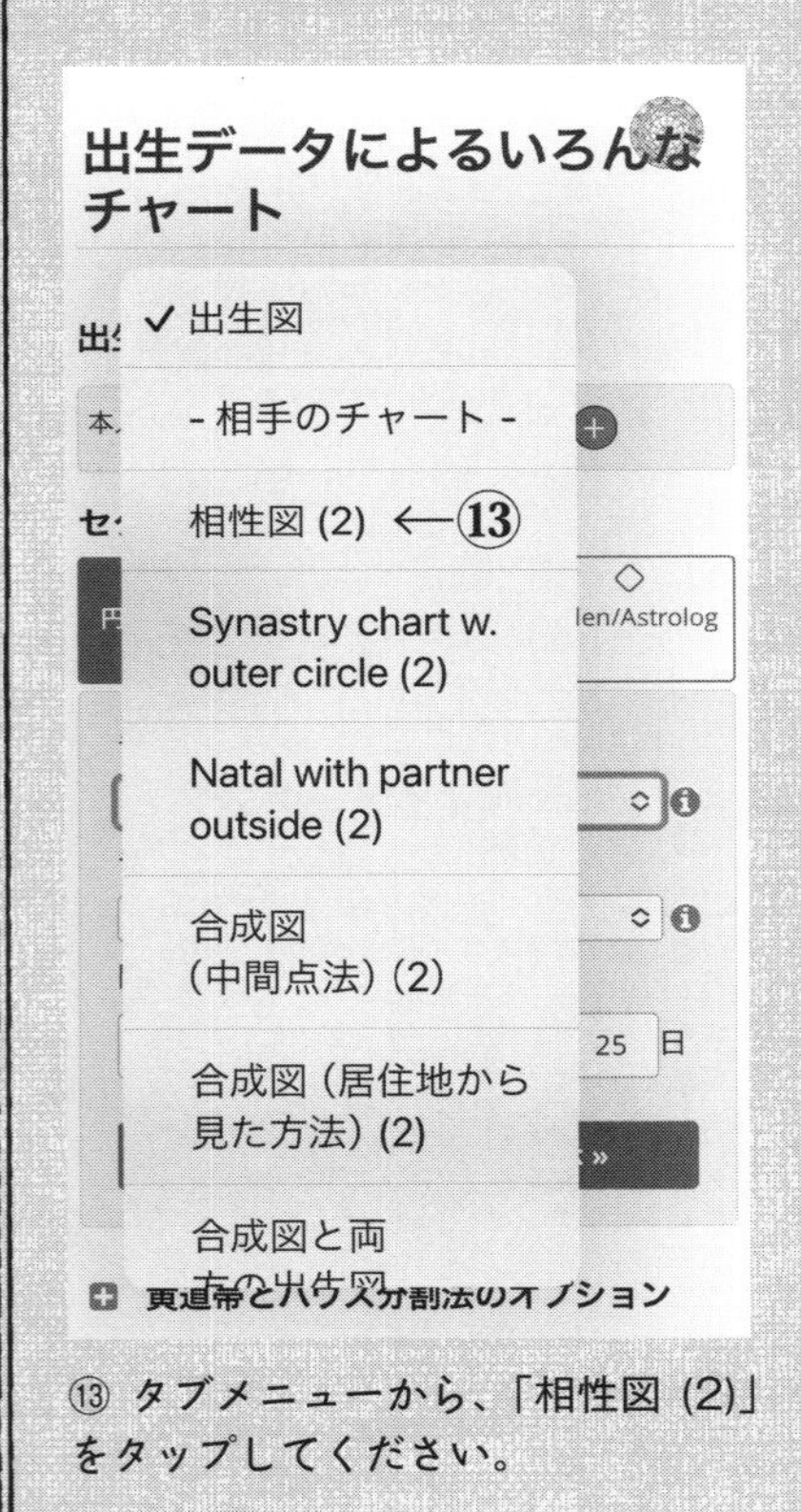

⑬ タブメニューから、「相性図 (2)」をタップしてください。

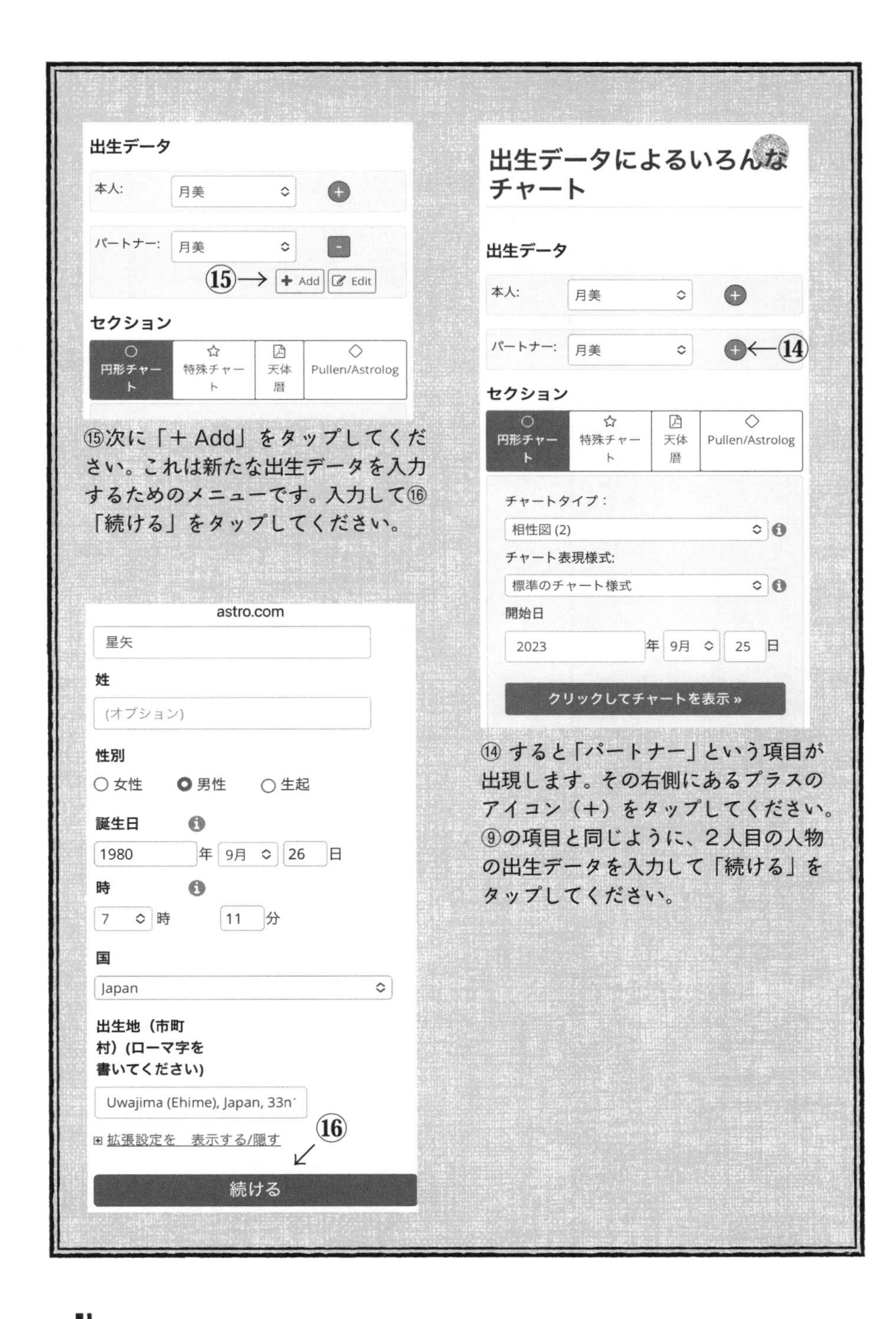

⑮次に「＋ Add」をタップしてください。これは新たな出生データを入力するためのメニューです。入力して⑯「続ける」をタップしてください。

⑭ すると「パートナー」という項目が出現します。その右側にあるプラスのアイコン（＋）をタップしてください。⑨の項目と同じように、２人目の人物の出生データを入力して「続ける」をタップしてください。

２人の出生データがそろったら、再度「チャートタイプ」のメニューから⑰「相性図 (2)」を選択します。続けて、⑱「クリックしてチャートを表示」をタップしてください。

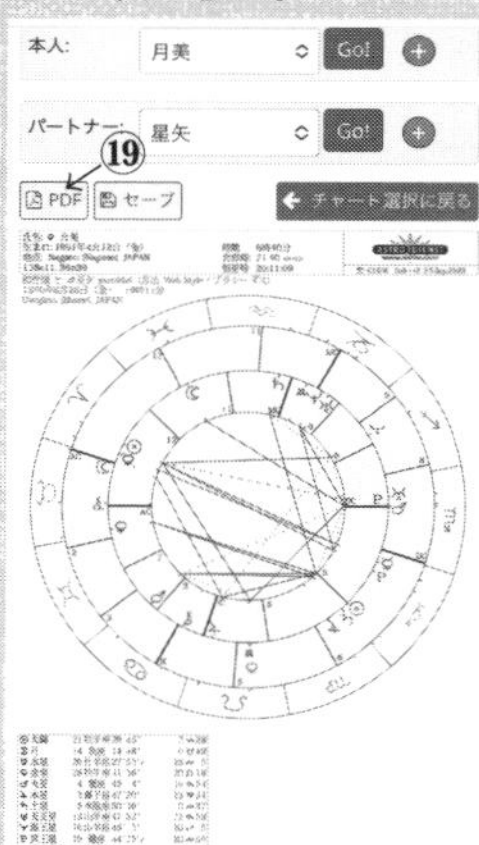

このように二重円によるシナストリーチャートが表示されますが、この状態ではそれぞれの惑星の角度関係など、詳しい表記を見ることができません。そこで⑲「PDF」をタップしてください。

⑳ 隠しメニューが出てきますので、「PDF データ表をもっと見る」をタップしてください。

㉑「両者間の座相」をご覧ください。これは両者の天体間にできるアスペクトを表示しています。オーブ（許される誤差の範囲）は以下のように取り扱ってください。

【太陽、月を含む場合】

0 度、90 度、120 度、180 度は 7 度まで。60 度、150 度は 5 度まで。

【太陽、月を含まない場合】

0 度、90 度、120 度、180 度は 5 度まで。60 度、150 度は 3 度まで。

次のページからは、このデータを使って、相性用のホロスコープを描く方法をご説明しましょう。

相性図 (データ書)

ASTRODIENST AG
www.astro.com
型 D61GW, Order 0.0-1+2
方法: Web Style
Page 1 of 1, 27-Nov-2023 [as]

第1人

♀月美
生まれ: 1991年4月12日（金）
地点: Nagano (Nagano), JAPAN
138e11, 36n39

時間 6時40分
世界時 21:40 (4月11日)
恒星時 20:11:09

出生図

JD 2448358.403446 TT, ΔT 57.8 sec

天体	黄経	室	速度	黄緯	赤緯
☉ 太陽	♈ 21°29'45"	12	58'53"	0° 0' 1" N	8°22'56" N
☽ 月	♓ 14°14'48"	11	13°11' 9"	3°52'13" N	2°37'37" S
☿ 水星	♈ 26°27'53"℞	12	- 38'26"	2°40'26" N	12°42'10" N
♀ 金星	♉ 28°41'56"	1	1°10'44"	1°18'57" N	21° 9'17" N
♂ 火星	♋ 4°45' 4"	2	32'32"	1°50'53" N	25°12'11" N
♃ 木星	♌ 3°47'20"	4	2'19"	0°46'28" N	20° 3'33" N
♄ 土星	♒ 5°50'36"	10	3'19"	0°17' 1" S	19° 5'16" S
♅ 天王星	♑ 13°47'52"℞	9	20"	0°21' 7" S	23° 4'36" S
♆ 海王星	♑ 16°45' 5"	9	14"	0°48' 8" N	21°35'43" S
♇ 冥王星	♏ 19°44'25"℞	7	- 1'25"	15°36'40" N	2°36'26" S
☊ 平均交点	♑ 23°47'28"	9	- 3'11"	0° 0' 0" N	21°20'48" S
☊ 正真交点	♑ 23°54' 1"	9	- 8' 5"	0° 0' 0" N	21°19'40" S
⚷ カイロン	♋ 21°24'45"	3	1'43"	6°57'19" S	14°51'52" N

ハウス (Plac.)			赤緯
上昇点	♉	18°43'27"	17°23'46" N
2	♊	16° 4'52"	22°42'51" N
3	♋	8°15' 0"	23°11' 5" N
反中天	♌	0°34'53"	20° 1'41" N
5	♌	27°27'54"	12°21'14" N
6	♎	3°52' 5"	1°32'16" S
下降点	♏	18°43'27"	17°23'46" S
8	♐	16° 4'52"	22°42'51" S
9	♑	8°15' 0"	23°11' 5" S
中天	♒	0°34'53"	20° 1'41" S
11	♒	27°27'54"	12°21'14" S
12	♈	3°52' 5"	1°32'16" N

第2人

♂星矢
生まれ: 1980年9月26日（金）
地点: Uwajima (Ehime), JAPAN
132e33'36, 33n13'26

時間 19時11分
世界時 10:11
恒星時 19:22:43

出生図

JD 2444508.924898 TT, ΔT 51.2 sec

天体	黄経	室	速度	黄緯	赤緯
☉ 太陽	♎ 3°28'14"	6	58'50"	0° 0' 0" S	1°22'48" S
☽ 月	♉ 0°49'19"	1	15° 8'26"	4°52'40" S	7°11' 4" N
☿ 水星	♎ 25° 4'56"	6	1°23'25"	1°19'27" S	10°56'25" S
♀ 金星	♌ 20°18' 6"	5	1° 7'20"	0°21'59" S	14°22'19" N
♂ 火星	♏ 18°53'31"	7	41'25"	0°38'58" S	18° 3'56" S
♃ 木星	♍ 23°34' 2"	6	12'54"	1° 2'54" N	3°31' 1" N
♄ 土星	♎ 0°37' 2"	6	7'26"	2° 4' 4" N	1°39' 6" N
♅ 天王星	♏ 22°53'28"	7	2'43"	0°14'25" N	18°15'47" S
♆ 海王星	♐ 20° 4'46"	8	50"	1°20'27" N	21°43'55" S
♇ 冥王星	♎ 20°57'59"	6	2'18"	16°36'45" N	7°14' 0" N
☊ 平均交点	♌ 17°37'40"	5	- 3'11"	0° 0' 0" N	15°33' 2" N
☊ 正真交点	♌ 19°21'38"	5	- 6'42"	0° 0' 0" N	15° 0'55" N
⚷ カイロン	♉ 17°42' 9"℞	1	- 1'55"	2° 1'29" S	15°10' 0" N

ハウス (Plac.)			赤緯
上昇点	♉	0°34' 8"	11°40'18" N
2	♊	2°16' 8"	20°36'57" N
3	♊	26°28'49"	23°23'36" N
反中天	♋	19° 6' 1"	22° 4'46" N
5	♌	14°29'11"	16°29'11" N
6	♍	17°30'57"	4°55'59" N
下降点	♏	0°34' 8"	11°40'18" S
8	♐	2°16' 8"	20°36'57" S
9	♐	26°28'49"	23°23'36" S
中天	♑	19° 6' 1"	22° 4'46" S
11	♒	14°29'11"	16°29'11" S
12	♓	17°30'57"	4°55'59" S

両者間の座相 ←㉑

1st person horizontally, 2nd person at left margin; both with house positions.

	☉12	☽11	☿12	♀1	♂2	♃4	♄10	♅9	♆9	♇7	☊9	⚷3	AC	MC	
☉6				△ 4°46a	□-1°17a	✶-0°19a	△ 2°22a			∠ 1°16a		Q 0°03s	φ-0°15s	△-2°53s	☉
☽1	☌' 9°20s	∠' 1°35s	☌ 4°21s	⚺'-2°07s	✶' 3°56a	□ 2°58a	☍'-5°01a					☍'-9°25s		□ 0°14a	☽
☿6	⚻-3°35s		⚻-1°23a		△'-9°40a	☍'-8°42a			☍'-8°20s		□-1°11s	□ 3°40s		☍' 5°30a	☿
♀5	△-1°12a		△'-6°10a	☍'-8°24s	∠ 0°33s			ꝏ-0°30s		□-0°34s		⚺-1°07a	□ 1°35a		♀
♂7	⚼' 2°36s	△-4°39a		⚻'-9°48s	φ-0°52a			✶'-5°06s	✶-2°08s	☌ 0°51a		△-2°31a	⚻-0°10s	Q-0°19s	♂
♃6	⚼' 2°04a	⚻'-9°19a	⚼'-2°54a	△'-5°08s			φ'-2°43s	△'-9°46s	△'-6°49s	✶'-3°50s	△ 0°20a	✶ 2°09s	△ 4°51a	△' 7°01a	♃
♄6				△ 1°55a	□-4°08s	✶'-3°10a	△' 5°14a							△-0°02s	♄
♅7	⚼-1°24a	△'-8°39a		⚻'-5°48s			Q 0°57s			☌ 3°09s	✶ 1°01a	△ 1°29s	⚻-4°10s		♅
♆8	△ 1°25s	☍'-5°50a	△' 6°23a			φ 1°17a	∠ 0°46s			⚺ 0°20s		⚼-1°20s	⚼-1°21s		♆
♇6	⚻-0°32s	ꝏ-0°43a	⚻'-5°30a	ꝏ'-1°44s				☍'-7°10s	□-4°13s	⚺-1°14s	☍' 2°56a	□-0°27a	⚼' 2°15a	☍' 9°37a	♇
☊5	△-2°08s				∠-0°23s			ꝏ 0°26s		□ 0°23s			□ 0°38a		☊
⚷1		✶' 3°27a			∠' 2°03s			△ 3°54a	△ 0°57a	⚻-2°02s		✶' 3°43s	☌ 1°01s		⚷
AC	☌' 9°04s	∠ 1°19s	☌ 4°06s	⚺'-1°52s	✶' 4°11a	□ 3°13a	☍'-5°16a					☍'-9°09s		□-0°01a	AC
MC	□ 2°24a	✶'-4°51s	☍' 7°22a	△' 9°36a				☌' 5°18s	☌ 2°21s	✶-0°38a	☌' 4°48a	⚻-2°19a	△-0°23s		MC

相性ホロスコープを描く

相性を読み解くには、二人のホロスコープを重ね合わせます。一人一人のホロスコープを作って自分で重ね合わせてもよいのですが、これはちょっと面倒なので、自動で計算してくれるアプリやサイトを使うのが実際的でしょう。

本書27ページで使い方を詳述したAstrodienst（Astro.com）をはじめ、Astroseek、あるいはほかの日本のサイトなどでも自動的に重ね合わせたホロスコープが作成できますし、相互のアスペクトもリストにしてくれるものがほとんどなので、実際には、サイトやアプリ、ソフトを使って作業していくことがメインになります。

すぐにでも試してみたい！　という方はこうしたツールを利用して、二人のホロスコープの間で作られるアスペクトを拾い出し、第2章のそれぞれの相互アスペクトの解釈を順に読んでいってください（優先順位については44ページ以下を参照）。

しかし、個人のホロスコープの場合と同じように、慣れるまでは何枚か、実際に自分で手を動かしてホロスコープを描いてみることで、星から受けるメッセージをぐっと短期間に手ごたえをもって受け止められるようになるものです。

相性を見るホロスコープは二重の同心円として図示することが一般的です。これを「二重円」（バイウィール）と呼びます。ひとつのホロスコープに、たとえばAさんの天体を黒、Bさんの天体を赤というふうに色分けして描き込む方法もあるのですが、同じ場所に天体が重なると読みづらくなるでしょう。

基本的な考え方は一人用のものと同じですが（詳細は『占星術の教科書Ⅰ』をご覧ください）、ポイントは同心円状になっているホロスコープにそれぞれのチャートを描き込んでいくということです。見た目には小さな円と大きな円が重なっているように見えますが、実際には同じ大きさのホロスコープが重なっているのです。

同心円で二重の円を描く方法のメリットは、どちらの人を主体に考えるかがはっきりするということ。

基本的には内側の円に主体として見たい人のホロスコープを置きます。たとえば「私にとってあの人はどんな人なのだろう」と考えたときには、当然、自分を内側に置きます。相手は外円になりますね。そうすると、体感として、相手がどんな「影響」を自分に与えているか、というふうに見えやすいと思いませんか。

もちろん、自分が相手にとってどんな存在に映っているのかを見たいなら、内側の円と外側の円を入れ替えればいいのです。

作図の方法

さて、作図の方法を順を追ってみていきましょう。アプリやソフトを利用してもよいのですが、40ページのブランクチャートに自分で手描きすると、星のイメージをより実感できます。

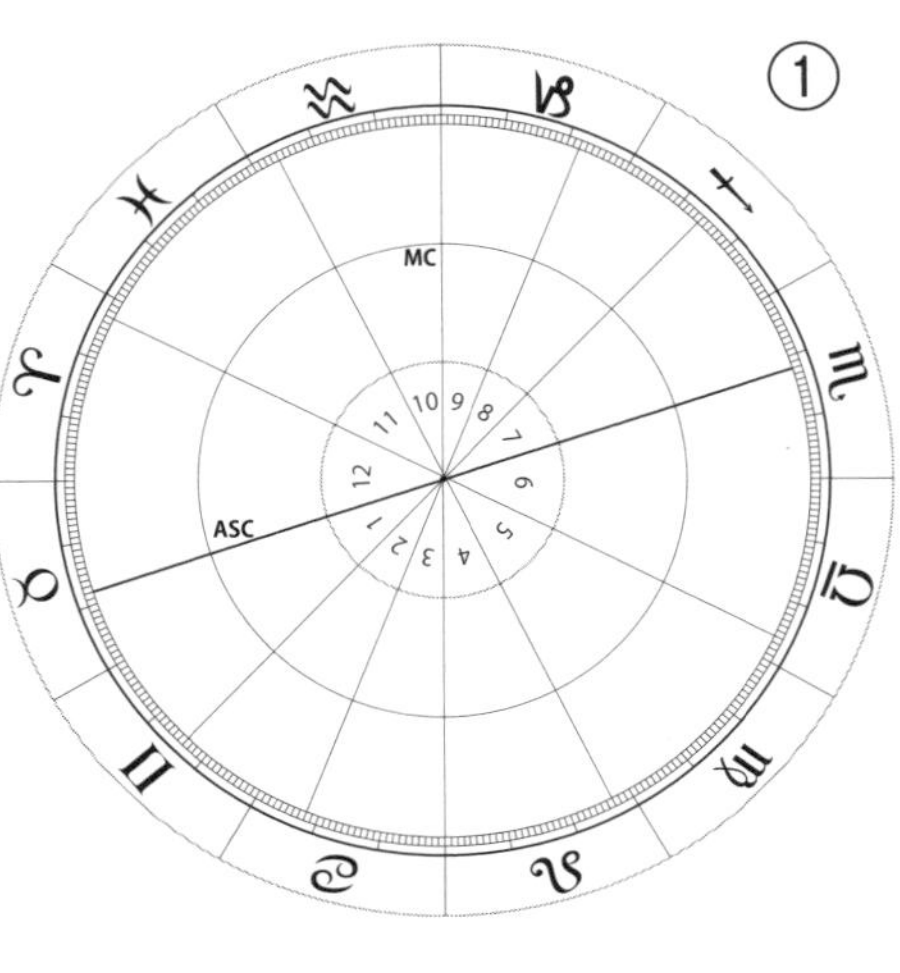

相性図 (データ書)

ASTRODIENST AG
www.astro.com
型 DB1GW, Order 0.0-1+2
方法: Web Style
Page 1 of 1, 27-Nov-2023 [...]

第1人
♀月美
生まれ 1991年4月12日（金）　時刻 6時40分
地点: Nagano (Nagano), JAPAN　世界時 21:40 (4月11日)
138e11, 36n39　恒星時 20:11:09

出生図　JD 2448358.403446 TT, ΔT 57.8 sec

天体	黄経	室	速度	黄緯	赤緯
☉ 太陽	♈ 21°29'45"	12	58'53"	0° 0' 1" N	8°22'56" N
☽ 月	♓ 14°14'48"	11	13°11' 9"	3°52'13" N	2°37'37" S
☿ 水星	♈ 26°27'53"℞	12	-38'26"	2°40'26" N	12°42'10" N
♀ 金星	♉ 28°41'56"	1	1°10'44"	1°18'57" N	21° 9'17" N
♂ 火星	♋ 4°45' 4"	2	32'32"	1°50'53" N	25°12'11" N
♃ 木星	♌ 3°47'20"	4	2'19"	0°46'28" N	20° 3'33" N
♄ 土星	♒ 5°50'36"	10	3'19"	0°17' 1" S	19° 5'16" S
♅ 天王星	♑ 13°47'32"℞	9	20"	0°21' 7" S	23° 4'36" S
♆ 海王星	♑ 16°45' 5"	9	14"	0°48' 8" N	21°35'43" S
♇ 冥王星	♏ 19°44'25"℞	7	-1'25"	15°36'40" N	2°36'26" S
☊ 平均交点	♑ 23°47'28"	9	-3'11"	0° 0' 0" N	21°20'48" S
☊ 正真交点	♑ 23°54' 1"	9	8' 5"	0° 0' 0" N	21°19'40" S
⚷ カイロン	♋ 21°24'45"	3	1'43"	6°57'19" S	14°51'32" N

ハウス (Plac.)		赤緯
上昇点	♉ 18°43'27"	17°23'46" N
2	♊ 16° 4'52"	22°42'51" N
3	♋ 8°15' 0"	23°11' 5" N
反中天	♌ 0°34'53"	20° 1'41" N
5	♌ 27°27'54"	12°21'14" N
6	♎ 3°52' 5"	1°32'16" S
下降点	♏ 18°43'27"	17°23'46" S
8	♐ 16° 4'52"	22°42'51" S
9	♑ 8°15' 0"	23°11' 5" S
中天	♒ 0°34'53"	20° 1'41" S
11	♒ 27°27'54"	12°21'14" S
12	♈ 3°52' 5"	1°32'16" N

第2人
♂星矢
生まれ 1980年9月26日（金）　時刻 19時11分
地点: Uwajima (Ehime), JAPAN　世界時 10:11
132e33'36, 33n13'26　恒星時 19:22:43

出生図　JD 2444508.924886 TT, ΔT 51.2 sec

天体	黄経	室	速度	黄緯	赤緯
☉ 太陽	♎ 3°28'14"	6	58'50"	0° 0' 0" S	1°22'48" S
☽ 月	♉ 0°49'19"	1	15° 8'26"	4°52'40" S	7°11' 4" N
☿ 水星	♎ 25° 4'56"	6	1°23'25"	1°19'27" S	10°56'25" S
♀ 金星	♌ 20°18' 6"	5	1° 7'20"	0°21'59" S	14°22'19" N
♂ 火星	♏ 18°53'31"	7	41'25"	0°38'58" S	18° 3'56" S
♃ 木星	♍ 23°34' 2"	6	12'54"	1° 2'54" N	3°31' 1" N
♄ 土星	♎ 0°37' 2"	6	7'26"	2° 4' 4" N	1°39' 6" N
♅ 天王星	♏ 22°53'28"	7	2'43"	0°14'25" N	18°15'47" S
♆ 海王星	♐ 20° 4'46"	8	50"	1°20'27" N	21°43'55" S
♇ 冥王星	♎ 20°57'59"	6	2'18"	16°38'45" N	7°14' 0" N
☊ 平均交点	♌ 17°37'40"	5	-3'11"	0° 0' 0" N	15°33' 2" N
☊ 正真交点	♌ 19°21'38"	5	-6'42"	0° 0' 0" N	15° 0'55" N
⚷ カイロン	♉ 17°42' 9"℞	1	-1'55"	2° 1'29" S	15°10' 0" N

ハウス (Plac.)		赤緯
上昇点	♉ 0°34' 8"	11°40'18" N
2	♊ 2°18' 8"	20°36'57" N
3	♊ 26°28'49"	23°23'36" N
反中天	♋ 19° 6' 1"	22° 4'40" N
5	♌ 14°29'11"	16°29'11" N
6	♍ 17°30'57"	4°55'59" N
下降点	♏ 0°34' 8"	11°40'18" S
8	♐ 2°18' 8"	20°36'57" S
9	♐ 26°28'49"	23°23'36" S
中天	♑ 19° 6' 1"	22° 4'40" S
11	♒ 14°29'11"	16°29'11" S
12	♓ 17°30'57"	4°55'59" S

両者間の座相
1st person horizontally, 2nd person at left margin; both with house positions

①星座のマークとハウスの境界線を描き込む

27ページの解説を参照しつつ、月美さんと星矢さんのデータをもとに作図していきましょう。

二人のデータを数値で示したものが33ページのデータ書になります。ここでは月美さんを主体にします。その場合、主体になる人のホロスコープを内側の円に置きます。

作図するときには、相性図（データ書）を基にします（手でホロスコープを描いたときには、作業のあとでコンピュータが作図している図と照らし合わせて答え合わせをすることもよいでしょう）。

まずは一人用のホロスコープと同じように、「ハウス」の表を参照して、アセンダント（ASC、上では上昇点）を基準に星座の記号を左端から描き入れていきます。ほかのハウスの境界線を図のように入れます。外側の円までこの境界線は延ばします。

そしてハウスのナンバーも最も内側の円に描き込みます。

②内側の円に主体となる人の天体を描き込む

内側の円の中にASC、MC（中天）と、太陽から冥王星まで（必要な

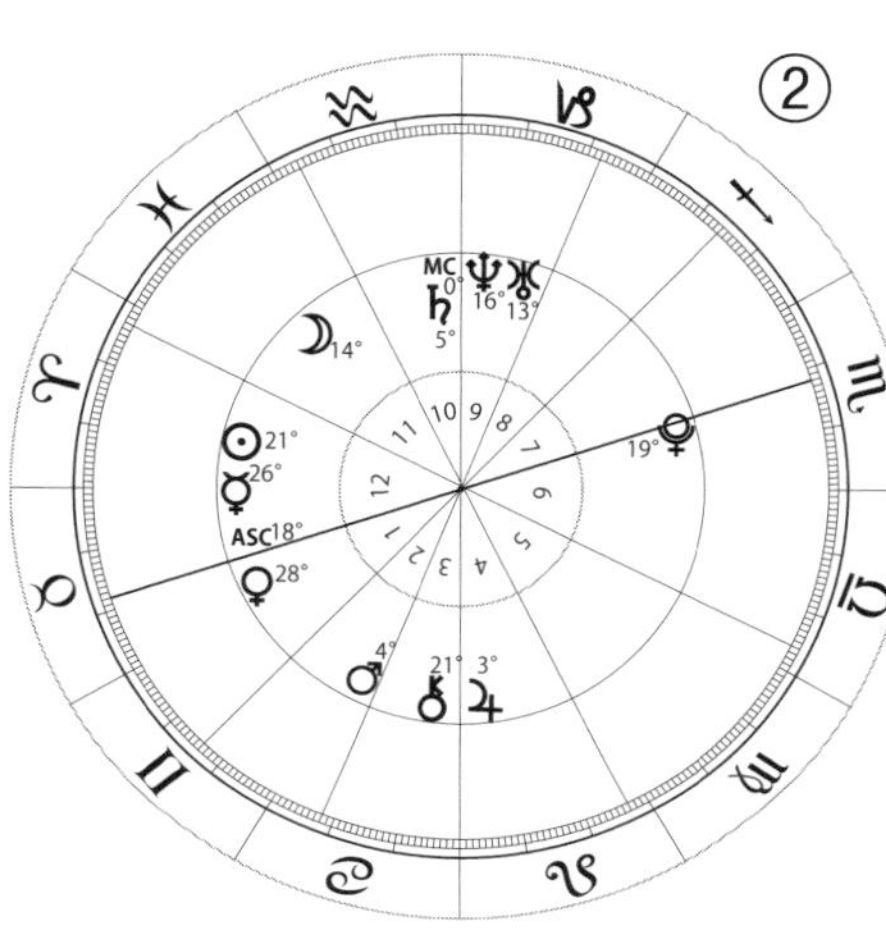

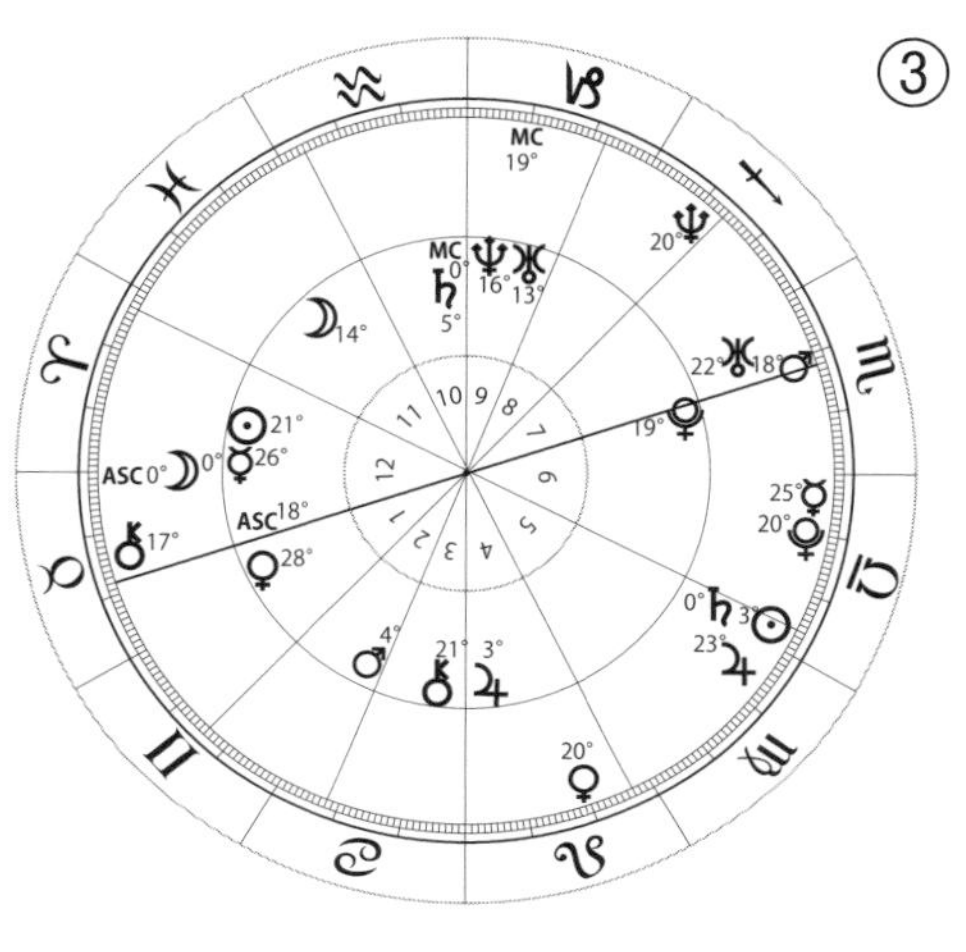

らカイロンも）の惑星を角度とともに描き込みます。これは一人用のホロスコープと同じです。ただし、内側の円に描き込むことをお忘れなく。

③外側の円に相手の天体を描き込む

次に、外側の円に相手の星也さんの天体を描き込みます。

ただし、相手のハウスの境界線は描きません。あくまでも主体となる人のホロスコープ宇宙の中で、相手の天体がどこにあるかをはっきりさせるのが今回の目的です。

相手のＡＳＣ、ＭＣだけは重要ですから、ハウスのカスプ（境界線）は抜きにして、ほかの天体と同じように記号と度数だけを該当する位置に描き込んでください。

④アスペクトラインを描き入れる

多くのホロスコープ作成ツールでは、相互のアスペクトをリスト化してくれているはずです。

ここで使用しているAstrodienstのサイトでは「両者間の座相」とあるのがそれです。

このグリッド（表）では横軸に主体となる人の惑星位置が、縦軸に相手の惑星位置が示されています。アスペクトの記号（17ページ）とともにオーブが示されています。（主体となる人のデータを一人目として入力した場合）。冥王星の記号がここでは♇となっているほか、カイロン⚷やノード☊も表記されていますが、これについては今後の課題としましょう。

さらにこのサイトはプロ仕様のために、本書では扱っていないマイナーなアスペクトまで細かく表示されてしまいます。そこで、ここでは本書で扱う6種類のアスペクトを拾い出す必要があります。セミセクステル⊻などのマイナーなアスペクトはこの段階では無視しましょう。

そのうえで、図の上で二人のホロスコープがどんなふうに反応し合っているかを体感するために、アスペクトを線で結んでいくのです。

ただし、全部を描き込むと煩雑になりすぎるのでＡＳＣ、ＭＣを含むアスペクトは割愛します。たとえば月美さん（内円）の太陽は星也さん（外円）の冥王星と180度をとっています。ですからこのふたつを結んで180度オポジションの記号をそこに描き込んでおくのです。

相性アスペクトの例

☌ 0° コンジャンクション

□ 90° スクエア

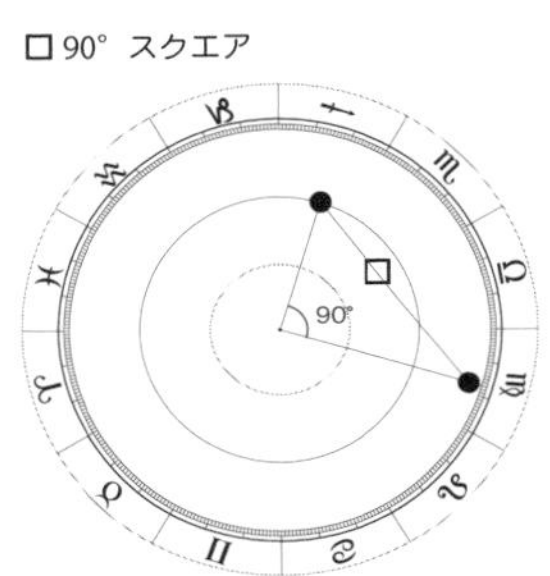

△ 120° トライン

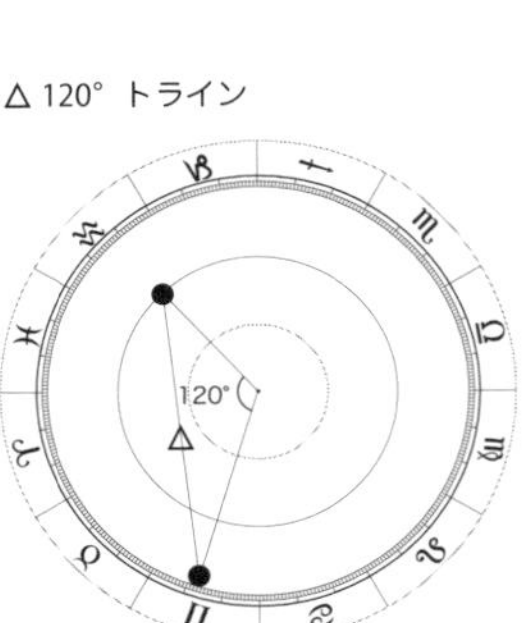
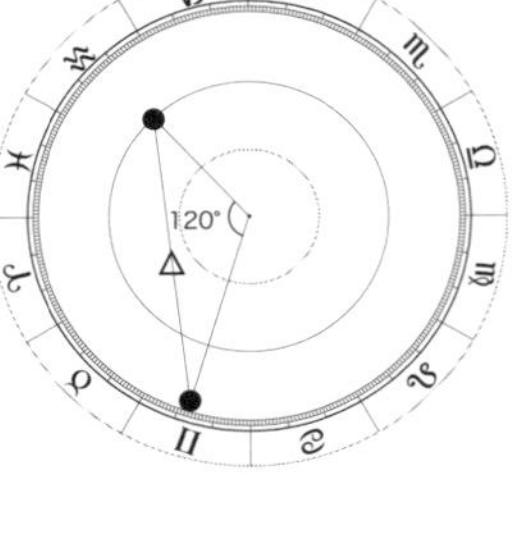

☍ 180° オポジション

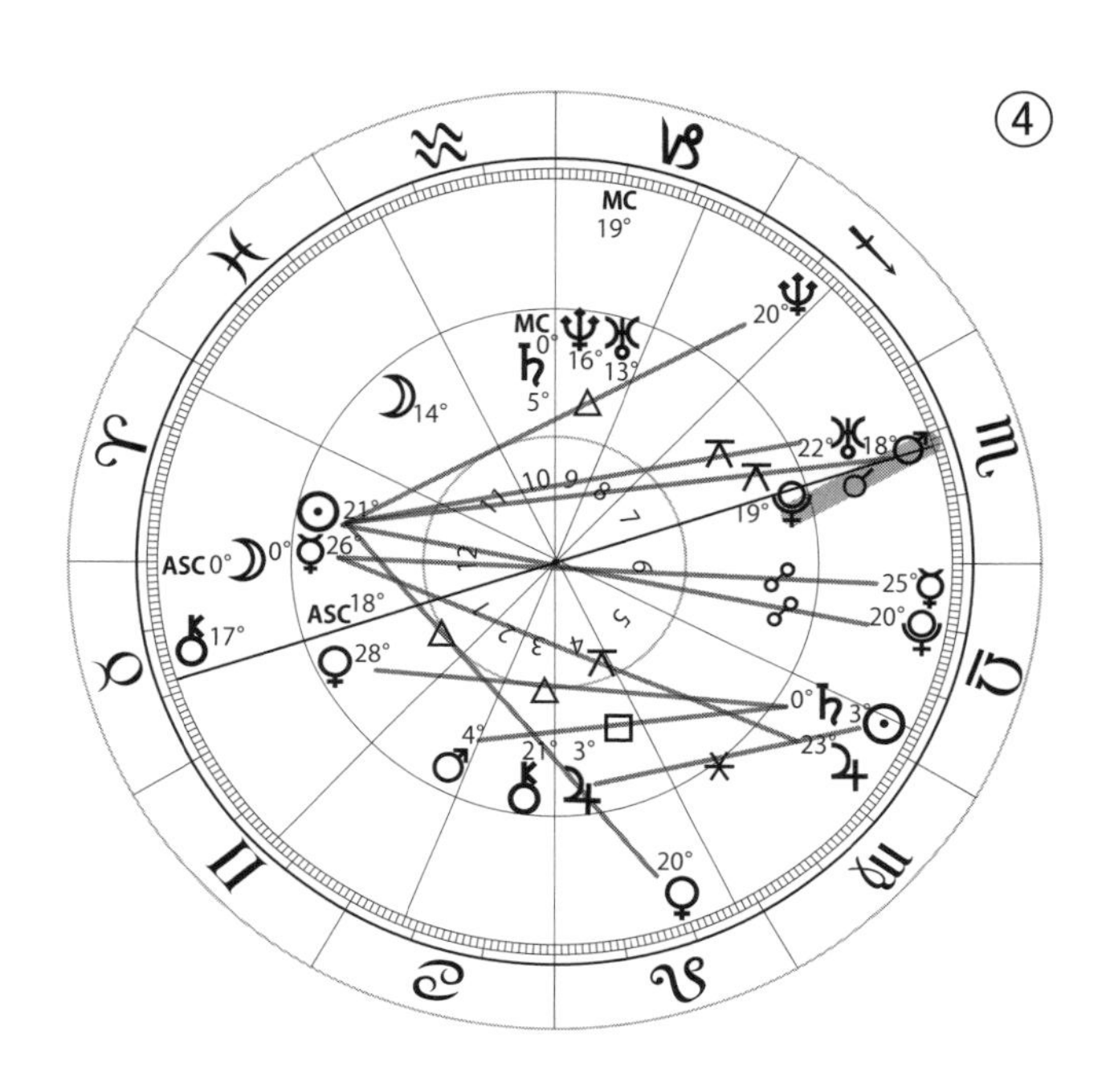

本書では以下すべて、オーブは17ページ欄外の原則を採用します。

同様に月美さんの太陽は星也さんの天王星と150度、海王星と120度、金星と120度とさまざまな角度をとっていることがわかります。オーブ（許容度）４度以下くらいまでを順次描き込んでいきましょう。

すると、上記のような図ができます。

こうしてみると、月美さんの太陽は星也さんのたくさんの天体と正確なアスペクトをとっていることが浮かび上がりますね。

となると、二人の相性では月美さんの太陽がとても重要なキーになっているということまでもが、わかってきます。

太陽は月美さんにとってのアイデンティティの感覚を示すものですから、星也さんとの縁は月美さん自身の人生観やアイデンティティを大きく揺るがしていく可能性があることがわかりますね。

ここまでできたら、今度は内円と外円を入れ替えた図も描いてみてはどうでしょうか。すると、また違った様子で星模様が見えてくるはずです。

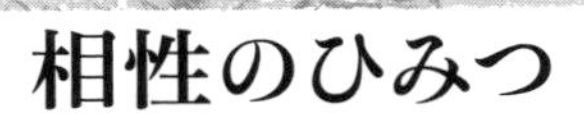

相性のひみつ

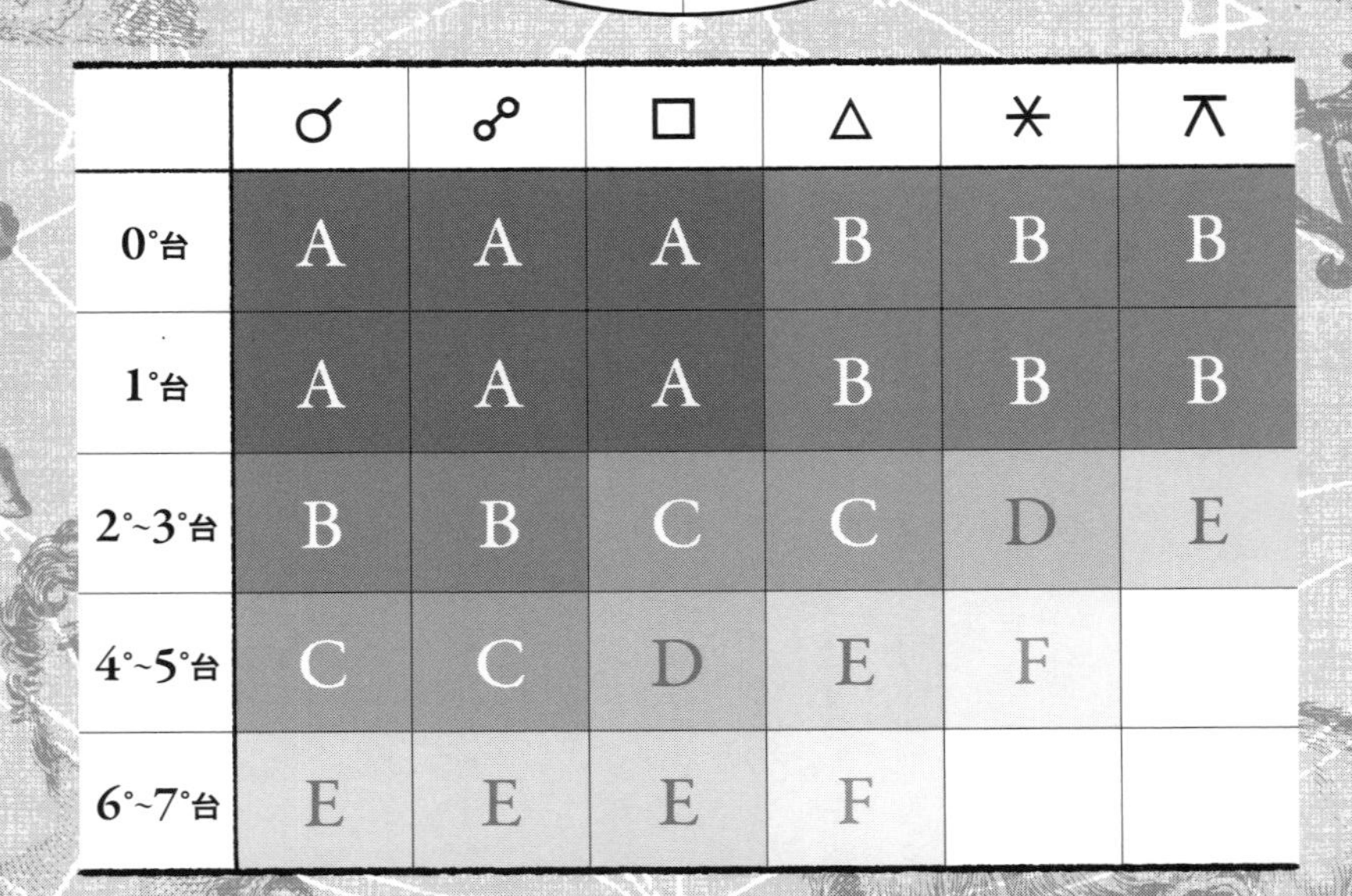

	☌	☍	□	△	⚹	⚻
0°台	A	A	A	B	B	B
1°台	A	A	A	B	B	B
2°~3°台	B	B	C	C	D	E
4°~5°台	C	C	D	E	F	
6°~7°台	E	E	E	F		

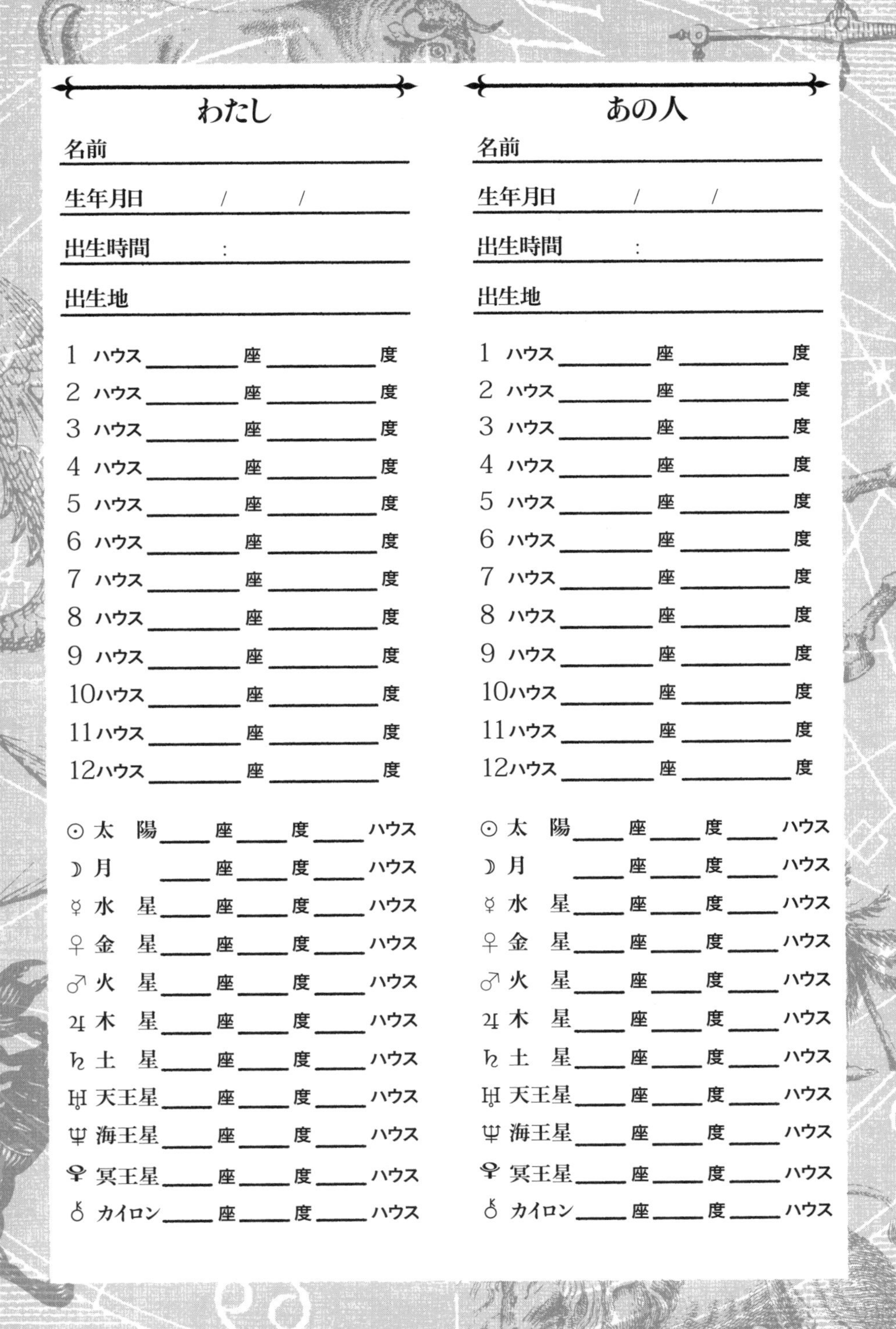

わたし

名前＿＿＿＿＿＿＿＿＿＿＿＿

生年月日　　　/　　　/

出生時間　　　:

出生地＿＿＿＿＿＿＿＿＿＿＿＿

1 ハウス＿＿＿＿座＿＿＿＿度
2 ハウス＿＿＿＿座＿＿＿＿度
3 ハウス＿＿＿＿座＿＿＿＿度
4 ハウス＿＿＿＿座＿＿＿＿度
5 ハウス＿＿＿＿座＿＿＿＿度
6 ハウス＿＿＿＿座＿＿＿＿度
7 ハウス＿＿＿＿座＿＿＿＿度
8 ハウス＿＿＿＿座＿＿＿＿度
9 ハウス＿＿＿＿座＿＿＿＿度
10ハウス＿＿＿＿座＿＿＿＿度
11ハウス＿＿＿＿座＿＿＿＿度
12ハウス＿＿＿＿座＿＿＿＿度

☉ 太　陽＿＿座＿＿度＿＿ハウス
☽ 月　　＿＿座＿＿度＿＿ハウス
☿ 水　星＿＿座＿＿度＿＿ハウス
♀ 金　星＿＿座＿＿度＿＿ハウス
♂ 火　星＿＿座＿＿度＿＿ハウス
♃ 木　星＿＿座＿＿度＿＿ハウス
♄ 土　星＿＿座＿＿度＿＿ハウス
♅ 天王星＿＿座＿＿度＿＿ハウス
♆ 海王星＿＿座＿＿度＿＿ハウス
♇ 冥王星＿＿座＿＿度＿＿ハウス
⚷ カイロン＿＿座＿＿度＿＿ハウス

あの人

名前＿＿＿＿＿＿＿＿＿＿＿＿

生年月日　　　/　　　/

出生時間　　　:

出生地＿＿＿＿＿＿＿＿＿＿＿＿

1 ハウス＿＿＿＿座＿＿＿＿度
2 ハウス＿＿＿＿座＿＿＿＿度
3 ハウス＿＿＿＿座＿＿＿＿度
4 ハウス＿＿＿＿座＿＿＿＿度
5 ハウス＿＿＿＿座＿＿＿＿度
6 ハウス＿＿＿＿座＿＿＿＿度
7 ハウス＿＿＿＿座＿＿＿＿度
8 ハウス＿＿＿＿座＿＿＿＿度
9 ハウス＿＿＿＿座＿＿＿＿度
10ハウス＿＿＿＿座＿＿＿＿度
11ハウス＿＿＿＿座＿＿＿＿度
12ハウス＿＿＿＿座＿＿＿＿度

☉ 太　陽＿＿座＿＿度＿＿ハウス
☽ 月　　＿＿座＿＿度＿＿ハウス
☿ 水　星＿＿座＿＿度＿＿ハウス
♀ 金　星＿＿座＿＿度＿＿ハウス
♂ 火　星＿＿座＿＿度＿＿ハウス
♃ 木　星＿＿座＿＿度＿＿ハウス
♄ 土　星＿＿座＿＿度＿＿ハウス
♅ 天王星＿＿座＿＿度＿＿ハウス
♆ 海王星＿＿座＿＿度＿＿ハウス
♇ 冥王星＿＿座＿＿度＿＿ハウス
⚷ カイロン＿＿座＿＿度＿＿ハウス

◉ソフトアスペクト

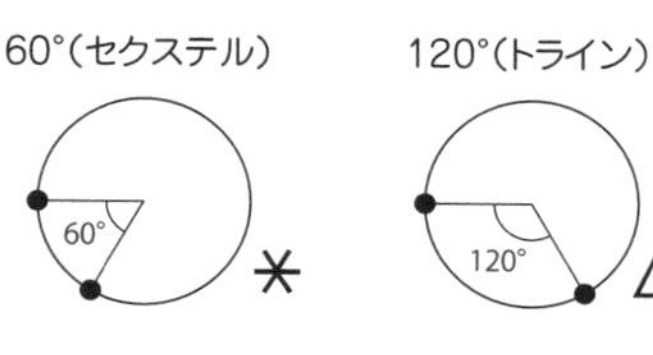

Chapter 2 あなたの惑星と相手の惑星の関係を読む

それではいよいよ、ここまでで描き上がった、あなたと相手の相性ホロスコープから二人の関係性を読み解いてみましょう。48ページからは、あなたの出生ホロスコープの中にある惑星と相手の出生ホロスコープの中にある惑星のアスペクトが示す意味を解説します。

とくに重要なアスペクトの意味を、ハードアスペクトとソフトアスペクトに分けて解説していますが、ここでのハードとソフトの分類は一応の便宜的なものと考えてください。

相性アスペクトの種類と読み方

二人のホロスコープを重ね合わせ、お互いの惑星が作り出すアスペクト（角度）が相性判断の鍵になります。

アスペクトには何種類もありますが、基本的にはコンジャンクション、ソフトアスペクト、ハードアスペクトの3種類に分類が可能です。

コンジャンクションとは0度。つまりホロスコープ上で、お互いの星が同じかすぐそばにある場合です。このときには星の力がダイレクトにブレンドされ、二人は強く反応し合います。その効果

◉ハードアスペクト

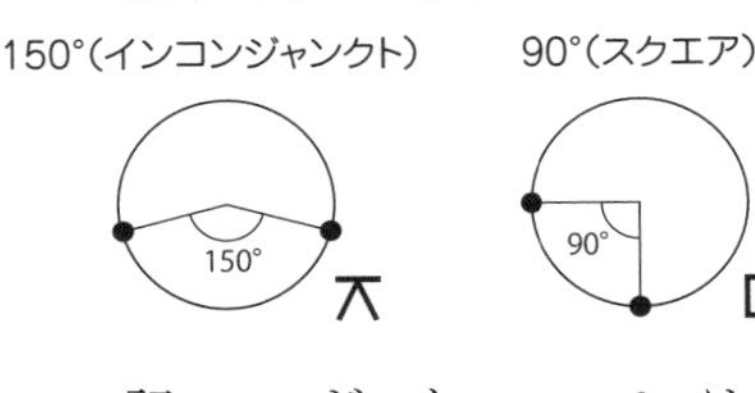

はふたつの惑星の性質によって大きく変わってきます。

ソフト・アスペクトは主にトライン（120度）とセクステル（60度）。古くは「吉」のアスペクトと呼ばれていました。星の力がマイルドにブレンドされ、互いの可能性のよい面が引き出されやすいと考えられます。しかしその一方で、イージーな馴れ合いの関係になりやすい面もあります。

ハード・アスペクトは主にオポジション（180度）とスクエア（90度）、加えてインコンジャンクト（150度）です。古くは「凶」のアスペクトとも呼ばれていて、互いの星のマイナス面を引き出しやすいとされます。しかし、それはお互いの関係を成熟させるための試練であるとも考えられます。

ただ、相性関係の場合、180度は必ずしもマイナスではなく、とりわけ太陽と月、月と月、あるいは太陽と木星などの場合、伝統的にも吉兆として考えられてきました。180度は「向かい合う」関係であり、人間関係そのものを象徴するともイメージできるからでしょう。

本書では、この3種類のアスペクトに分類して組み合わせを解釈していますが、いずれの場合にもコンジャンクションの項目をまず読み、そのあとで該当するソフト、ハードの項目をお読みいただくことを推奨します。そのほうが星のコンビネーションの意味がよくわかるはずです。

解説では、「Hard Aspect」「Soft Aspect」の分類の下に、各アスペクトに該当する角度を、記号で記載しています。その記号を見ると「なぜコンジャンクションはソフトにもハードにも入っているの？」と不思議に思われるかもしれません。実は、コンジャンクションは惑星のエネルギーがよくもわるくも直接的にブレンドされます。そのため、惑星同士の性質によって、作用の仕方が変わってくるのです。ここでは初学者のために、便宜上、ソフトとハードに振り分けました。

174ページからは実際のカップルのホロスコープで解説しています。参考になさってください。

たくさんのアスペクトからどれを選ぶか

シナストリー（相性占星術）のハードルが高いように感じられるのは、ホロスコープを2枚重ねることになるからです。ホロスコープが二枚になり、その組み合わせを考えるということは判断要素が単に倍になるのではなく、二乗になるのですから。判断すべきアスペクト（相互アスペクト）の数も、出生ホロスコープに比べて飛躍的に増えてしまいます。

初心者のうちはそのアスペクトの数にたじろいでしまうことでしょう。そこでごく基本的なルールをここで示しましょう。

①アスペクトの種類のうち、コンジャンクション、オポジションが相性では最も重要。ついでスクエア、トライン、セクステル、インコンジャンクトの順に弱くなる。
②アスペクトはオーブの狭い（正確な）ものが最も強力。①と合わせると、オーブが1度以内のコンジャンクション、オポジションがあればそれは極めて強力に働くことになる。
③太陽、月にたいしてのアスペクトは常に重要。
④恋愛に関しては金星、火星へのアスペクトも重要。
⑤『占星術の教科書Ⅰ』で示したような、それぞれのホロスコープでの重要天体（ＡＳＣ、ＭＣに近い天体やシングルトン）が形成するアスペクト。
⑥アスペクト・パターンを形成する惑星（出生図にＴスクエアがある人の場合、そのＴスクエアをグランドクロスにする位置に相手のある惑星がくるなど）。

アスペクトの強度グリッドを使う

たくさんのアスペクトから重要なものを拾い出す便宜的なツールとして、ここで「アスペクトの強度グリッド」をご紹介しておきましょう。

40ページのブランクチャート右下の表を見てください。横軸にアスペクトの種類、縦軸にオーブが記されています。このグリッドの中に、サイトやソフトで正確に計算された表から相互アスペクトを整理して書き込んでいくのです。

先の例で見てみましょう。月美さんと星矢さんの「両者間の座相」（33ページ）の表を見ると、月見さんの太陽と星矢さんの月はコンジャンクションですが、オーブは9度20分あることがわかります。この強度グリッドでは7度までを用いるので、これは強度グリッドに書き込むことができません。

月美さんの太陽の欄を下に追うと、星矢さんの水星とオポジションです。オーブは3度35分なので、強度グリッドのオポジション、オーブ2度から3度台の欄に書き込みます。このとき、アスペクト記号をはさんで左に内円の（主たる人の）惑星記号を、右に相手の惑星記号を記入すると決めておけば見やすいでしょう。

月美さんの太陽は星矢さんの金星とトライン、オーブは1度12分なので、この組み合わせをトライン、オーブ1度台の欄に書き込みます。この作業を続けていくのです。

Astrodienst の表ではマイナー・アスペクトや広いオーブのアスペクトも表示されていますが、こうしたものはこの強度グリッドには書き込みません（これらはより習熟してから使うようにしましょう）。

このようにして完成した強度グリッドの表は次ページのようになります。

このグリッドを見ていただくと、地にAからFまでのアルファベットの文字が敷いてあることがわかると思います。

このAからFまでが、アスペクトの強度を測るための目安になります。

Aは最強クラス、絶対に見逃すことができません。Bもかなりの強度でしょう。主要な判断をするにはCくらいまで見ておけばよく、D以下は参考程度にしておくということでいいと思います。

ただ、これはあくまでも便宜的なもの。アングル（ASC、MC）に近い天体は強力ですから、オーブは多少広くとれますし、また、シングルトンになっている天体もオーブを少し広めにすべきでしょう。アスペクトを相手からたくさん受けている天体も重要です。

こうしたことは順次慣れていくとして、初心者のうちはこのグリッドをひとつの参考に、とくにA、B、ついでCのアスペクトまでを見ていけばよいと思います。

	☌	☍	□	△	⚹	⚻
0°台	A ♇☌♂	A ☉☍♇ ASC☍♂	A ♇□♀ MC□☽ MC□ASC	B ASC△MC MC△♄	B ♃⚹☉ ♇⚹MC	B
1°台	A	A ☿☍☿	A ♂□☉ ASC□♀	B ☉△♀ ☉△♆ ♀△♄	B	B ☉⚻♅ ASC⚻♆
2°~3°台	B ♇☌♅ ♆☌MC	B ☉☍☿	C ☉□MC ♃□☽ ♃□ASC	C ♄△☉ MC△☉	D ♂⚹☽ ♀⚹♃ ♃⚹♄ ♆⚹♂	E ☉⚻♂ ☉⚻♃ ☿⚻♃ ♀⚻☽ ASC⚻♇
4°~5°台	C ☿☌☽ ☿☌ASC ♅☌MC	C ☿☍♇ ♀☍♅ ASC☍♅	D ☽□♆ ♆□♇ ♂□♄ ♄□☽ ♄□ASC MC□☿	E ☽△♂ ♀△☉ ♀△♃ ♄△♄ ASC△♃	F ☽⚹MC ♅⚹♂ ♂⚹ASC	
6°~7°台	E	E	E ♅□♇ ☿□MC	F ☿△♀ ☿△♆ ♆△♃ MC△♃		

あなたの
太陽について

the Sun

◆　◆　◆

◆太陽は相手に生命力を与える

太陽系の中で、あらゆる惑星の中心にあるのが、太陽。太陽は惑星の中では唯一、自ら熱を発し、他の惑星を照らしている特別な存在です。そのエネルギーは宇宙に大きな影響を及ぼし、太陽の光は明るく、希望に満ち溢れています。

西洋占星術でも、太陽は非常に重要な惑星として位置づけられています。太陽は生命力や活力を表し、その人のアイデンティティを司る惑星。つまり、「私」という存在を代表する象徴であり、「私」が生きるために必要なパワーを与えてくれる惑星と言えるでしょう。そして、個人が宿している太陽のエネルギーは外へと向けられる特徴があり、自己表現の源になっています。そのため占星術では、太陽がどの星座に入っているかを見ていくことで、自己表現の方法や、どういうことに自分のエネルギーを注ごうとするのか、あるいはその人の人生のモチベーションというものがわかるとされているのです。

実は、雑誌などの占いで使われている星座は、生まれたときに、この太陽が位置していた星座を表しています。

たとえば、4月1日生まれの人の場合、生まれた日に太陽がちょうど牡羊座の位置を通過します。そのため4月1日が誕生日の人は、「牡羊座」

となるわけです。厳密に言えば、天空には太陽以外にも火星、水星、金星、木星などいろいろな惑星がありますが、古くから太陽は個人に与える影響がとても大きいと考えられている惑星。それで一般的な星占いでは、太陽の通過していた星座にスポットを当てて書かれているのです。

この太陽のエネルギーがプラスに働いていると、自分に自信を持つことができます。人生を前向きにとらえ、自分の持てる能力や素質を十分に発揮して、「私」という個性を輝かせることができるのです。

しかし、太陽の力をうまく生かすことができないと、自分に自信がなくなり、自分の個性を発揮できなくなってしまいます。

他の人との相性においても同様です。太陽の力が相手に対してプラスに働いていれば、自分を素直にアピールしていくことができます。相手もそれを快く受け入れてくれるでしょう。

でも、太陽の力が相手に対してマイナスに働いていれば、同じように素直に自分をアピールしても、相手にとってはそれがうっとうしく感じられたり、自分勝手に思われたりして、うまく受け止めてもらえません。

自分の太陽のパワーが、相手のホロスコープ上の惑星に対してどう働くのか、それがわかると、相手と自分の本質的な相性が見えてきます。

あなたの太陽  相手の太陽

＝ 価値観の合致、あるいは相違

あなたの太陽と相手の太陽との位置関係には、自分の人生を切り開いていこうとするとき、相手からどのような影響を受けるかということが表れています。

二人の太陽のつながりがソフトな場合は、生きていくうえで人生のモチベーションを高め合うことができる相性です。一緒にいることで、ともに発展し、相手に対して臆することなく自分のアイデンティティを示すことができるでしょう。

しかし、お互いの太陽がハードなつながりを持っている場合は、相手のやる気や意欲を削いでしまったり、あるいは自分が相手によって意気消沈させられることがあります。お互いに人生の目標を見失ってしまうような関係になりやすくなります。

Soft Aspect

☌ ☍ △ ⚹

お互いに理解し合い、協力できる相性です。共通の目的を持つことも多く、価値観や考え方がとてもよく似ているため、スムーズに協調し合うことができます。二人の太陽の角度が180度の場合は、出会った瞬間に相手に魅力を感じ、強く惹かれていくでしょう。この二人が力を合わせれば、どんなに困難な状況も打開できるだけのパワーがあります。ただ、能力やレベルが同等なだけに、お互いに相手を意識し、ライバル視してしまうこともありそう。その場合でも、ともに切磋琢磨して向上していくことができるでしょう。友人としては深い友情が築ける関係です。

Hard Aspect

□ ⚻

本質的な価値観がぶつかる相手で、人生の方向や行動などで違和感が生まれやすい相性。お互いの理想や望みが一致しにくいので、一緒に何かを行おうとすると、考えがなかなか噛み合わず、どうしても衝突が多くなります。二人の関係性が、家族や結婚相手、恋人の場合は、どちらかが妥協したり、諦めたりしないとならないでしょう。また、この関係性は、お互いに相手に対する不信感を抱くこともあります。とは言いながらもなぜかお互いを強く意識し合い、無視するのは難しい相手。お互い学び合うことも多いのです。あまりガンコにならないことが大切です。

あなたの太陽 × 相手の月

＝

象徴的結婚

月は感情を司る惑星です。相手の月は、あなたの太陽に対して、感情面でさまざまな揺さぶりをかけてきます。相手の行動や態度は、あなたに喜び、怒り、悲しみ、愛情といった感情を引き起こさせ、あなたの心に刺激を与えるでしょう。〝結婚〟に象徴されるような強い絆が生じます。月は「無意識」の領域を象徴するため、相手のあなたに対する言動は、無意識のレベルで行っていることが多いのです。あなたの太陽と相手の月の位置関係がどのような角度をとっているかによって、相手の言動があなたの人生や価値観に多大な影響を与えることもあれば、相手の感情や態度に翻弄されてあなたのエネルギーが奪われてしまうこともあります。

Hard Aspect

□ ⊼

とりもなおさず強い縁はあります。ただ、気に障ることを言われたり、怒りを感じることも多そう。あなたが相手の言動に振り回されることもあります。この人といるとあなたは気が散って、自分のやりたいことに集中できないかもしれません。あなたの意志や考え方も、相手にはなかなか理解してもらえないでしょう。たとえばあなたが論理的に話そうとしても、相手は感情的に考えるため、話し合いが成立しないこともあります。相手からすると、あなたは思いやりに欠けていて、自分勝手な人だと思われそう。お互いに歩み寄る気持ちを持つことが必要でしょう。

Soft Aspect

☌ ☍ △ ⚹

非常によい相性です。相手の感情や愛情が、あなたの心に安らぎをもたらし、相手があなたに生きる喜びや充実感を与えてくれる存在になります。いわば象徴的結婚とも言える関係で、条件さえあえば永続的なパートナーになれることもあるはず。仕事などで社会的に活躍するあなたの精神面を、相手がしっかりと支えてくれます。あなたが落ち込んだときには、そばで慰めてくれるでしょうし、あなたが発展するためのアドバイスも与えてくれるはず。中でも0度、180度の角度の場合は、強い絆を感じて、自分にないものを補い合う関係になれそう。

あなたの太陽×相手の水星

＝

コミュニケーションの力

水星は知性を司る惑星です。この関係は、相手があなたの精神面や知的欲求を刺激する存在となります。相手はあなたの思考のしかたに影響を与え、良くも悪くもいろいろな知識や知恵を授けてくれるでしょう。

同時に、水星はコミュニケーションを表します。そのため、相手はあなたのコミュニケーション能力を引き出したり高めたりしてくれます。また、あなたのメッセンジャーとして、周囲の人にあなたの考えや意見を広める役割を担ってくれる相手です。とくに仕事面では、あなたの意見やアイデアを、相手がその巧みな表現力と知性によって形にしてくれます。このアスペクトがソフトであれば、作業や仕事が捗る相性です。

Hard Aspect

☍ □ ⚻

この相手とはコミュニケーションがうまくとれません。相手の考えていることが、あなたには今ひとつ理解できず、どうしても不安や不信感を抱いてしまいがちです。また、あなたの意欲が、相手によって減退させられることもあります。あなたの考えが相手に論破されたり批判されたりして、やる気を失ってしまうことも少なくないでしょう。ただし、粘り強く耳を傾ければ、あなたがふだん考えつかないようなアイデアを与えてもらえます。仕事面では、あなたが相手の面倒を見ることが多く、相手のミスの尻拭いをさせられるおそれもありそうです。

Soft Aspect

☌ △ ⚹

お互いの意思疎通がスムーズで、ツーカーの間柄になります。コンビを組むのには最適な相性です。あなたの太陽は、相手に理想と知的向上心を与え、相手の能力をより伸ばして、あらゆる面で生かすことができます。一方、相手のほうはあなたに必要な知識や知恵を授けてくれたり、周囲の人とのよりよいコミュニケーションのとり方を教えてくれるでしょう。二人の間にこのアスペクトがあれば、同じゴールに向かってともに努力し、自分たちの目標を成し遂げることができるはずです。また、親子関係や師弟関係などの場合にも、好ましい相性と言えます。

あなたの太陽 × 相手の金星

＝

好みのタイプ

金星は愛情や楽しみを与える惑星です。一方、太陽はあなたの意志や人生の方向性を表します。そこに相手の金星が関わってくると、あなたの人生に楽しさが加わることになります。この相手といると楽しいと感じたり、あなたが相手に喜びを与えることもあります。

恋愛や結婚の相性としても、このアスペクトはとても重要。あなたの太陽と相手の金星がソフトなアスペクトでつながっていれば、二人は深い愛情で結ばれる可能性が高いでしょう。

このアスペクトがハードだと、相手といることであなたの意志は弱くなってしまいそう。相手の誘惑に負けてしまったり、相手との性的快楽に溺れてしまうこともあります。

Soft Aspect

☌ △ ⚹

お互いに好意的な感情を持つことができる相性です。あなたは相手に魅力を感じ、心惹かれていくでしょう。相手はあなたの人間性に興味を抱きます。とくにあなたは、この相手と一緒にいると人生を楽しむことができ、気持ちも明るくなってきます。親しくなるにつれて、お互いに相手を求める気持ちがいっそう強まるでしょう。ただ、それが過剰になってしまうと、あなたは相手を支配したくなり、相手はあなたを自分のものにしたいという感情が湧いてきます。そして二人は離れがたい関係に。恋に落ちる可能性も高いはずで、相手の魅力に大きなときめきを感じることに。

Hard Aspect

□ ☍ ⚻

強い引力は働きますが、相手に対して愛情を素直に表現することができず、どちらもあまのじゃくな態度をとりやすい関係です。あなたが相手に対して嫉妬心を募らせたり、相手があなたを羨望のまなざしで見るあまり、近寄りがたく思うこともあります。また、金星はお金を司る惑星でもあるので、あなたが相手を贅沢にさせてしまうこともあるでしょう。人生の楽しみ方の価値観の相違には注意すべきでしょう。また、性的な関係に発展した場合には、その「享楽」のありように注意すべきかも。互いを甘やかす、ズルズルとした関係にならないような自制心が必要です。

あなたの太陽 × 相手の火星

＝

力強い励まし

火星はアグレッシブなパワーを持つ惑星です。行動力や情熱、闘争心といったエネルギッシュな力を司っています。

あなたの太陽に対して相手の火星が絡んでくると、良くも悪くも、相手の火星が持つアグレッシブなパワーに、あなた自身が煽られる形になります。いわゆるエンジンがかかったような状態になるわけです。

相手の火星の好影響を受けると、あなたのほうが行動的になり、前向きな闘争心や競争心が生まれてきます。そうしたパワフルな力が、物事を成就させる原動力にもなるでしょう。その一方で相手の火星の悪影響を受けてしまうと、あなた自身が暴走し、トラブルの火種を生んでしまう場合もあります。

Hard Aspect

☍ □ ⚻

反発し合う相性です。あなたのほうが相手に挑発されて暴走してしまったり、相手の勢いに翻弄されて無謀な決断や早まった行動をとってしまいがち。この相手といると感情や意志のコントロールがうまくできず、相手に対してイライラしたり、反抗したくなったりして、感情をぶつけてしまうことが多くなります。とくに、太陽と火星の角度が180度の場合は、お互いにライバル意識を燃やして、やることがヒートアップしがち。考え方や意見の相違も目立ってきます。うまくやっていくには、お互い冷静になり、クールダウンする必要があります。

Soft Aspect

☌ △ ⚹

あなたのほうが相手によってパワーや元気をもらうことができます。意欲や勇気、挑戦する気持ちを、奮い起こしてくれる相手です。相手もあなたといると前向きな発想をすることができ、自分の持っている火星のパワーを実生活の中で有効に使いこなせるようになります。ケンカや衝突も少なくありませんが、お互いに後腐れがなく、すぐ仲直りできるでしょう。恋愛の場合は互いの情熱が盛り上がり、刺激的かつホットな関係でいられそう。ビジネスでの相性もよく、協力すればお互いの能力を発揮でき、大きな仕事を成し遂げることができます。ともに発展していける関係です。

あなたの太陽 × 相手の木星

＝

幸運のもたらし手

木星は、幸運と発展を表す惑星です。本来、木星と太陽はどちらも明るくて大らかでポジティブなパワーを持っています。木星は太陽にとって幸運をもたらす惑星であり、太陽は木星にとって希望や進むべき道を示してくれる惑星なのです。

この太陽と木星がソフトなアスペクトでつながっていれば、木星は太陽にとって幸運やチャンスを運んでくれる存在になります。精神的な余裕を与えてもくれるでしょう。

けれど、ハードなアスペクトで結ばれていれば、木星の恩恵はあまり得られません。木星が持っている寛大さが裏目に出てしまい、太陽の側を甘やかしてしまったり、怠惰にさせてしまうこともありえるのです。

Soft Aspect

☌ ☍ △ ⚹

あなたの太陽と相手の木星がソフトなアスペクトで結ばれていたら、その相手はあなたにとってラッキーパーソンです。その人といると物事が成功したり、発展したりして、とても幸せな気持ちになります。金銭面でも富をもたらしてくれる存在で、結婚すれば、あなたの生活は物心両面で潤うことになるでしょう。一方、相手にとっても、あなたと関わることで希望が持てるようになり、自分のやりたいことや夢が明確になります。そしてそれを達成するための実践的なパワーも、あなたから得ることができるでしょう。ともに人生をより豊かにできる相性です。

Hard Aspect

□ ⚻

相手はあなたのことを大切に思い、とても可愛がってくれます。けれど、それが必ずしもあなたにとってプラスであるとは限りません。相手があなたを必要以上に甘やかして、あなたをわがままにさせてしまうこともあるからです。相手があなたに何でも与えてしまって、その結果、あなたが努力して自分の力で成功を勝ち取ったり、何かを我慢するという機会を、相手が奪ってしまうこともあるでしょう。あなたのほうも相手のことを甘く見がち。心地よい相手なのですが、厳しくされないので、一緒にいると生活がルーズになったり、怠けてしまうおそれもあります。

あなたの太陽 × 相手の土星

‖

厳しい教師

土星は抑圧や試練を表し、現実の世界で生き抜いていくための力を鍛え上げてくれる惑星です。たとえるなら、太陽が明るく寛大な父親だとしたら、土星は厳格で真面目な父親というイメージでしょう。つまり、太陽の側であるあなたにとって、この相手はいろいろな意味で厳しい存在になるわけです。

この二つがハードアスペクトをとっていると、相手からの圧力を感じやすくなりますが、反面、安定を得たり、現実的な能力を鍛えることができます。相手のほうはあなたと関わることで、気持ちが楽になったり、物事をポジティブにとらえられるようになります。お互いに相手から学ぶことが多い相性になるでしょう。

Hard Aspect

☍ □ ⊼

相手があなたのことを束縛したり、抑圧してくる関係です。あなたの行動ややりたいことが制限され、相手によって試練を与えられたり、厳しい助言をされることもあります。相手の行動が自分をしんどくさせてしまい、あなたはのびのびとできないでしょう。仕事面でも、この相手と行うと案件が停滞しやすく、トラブルも生じがちに。相手が上司の場合は、あなたの意見やアイデアが通りにくく、自分の能力が発揮できないと思うかもしれません。相手からするとあなたの行動や考えは楽観的すぎると感じます。お互いに厳しく現実を見つめるきっかけが生まれます。

Soft Aspect

☌ △ ⚹

相手があなたの無駄な活動をうまく抑え、現実的な方向へとエネルギーを使うように指南してくれます。そのおかげで、あなたは自分の能力を社会の中で役立てることができるようになり、自分の任務と使命を自覚するようになるでしょう。一方、相手は、あなたといることでネガティブにならずにすみ、生活が活気を帯びてきます。あなたにとってこの相手は、物事を堅実な方法で着実に遂行するために必要不可欠な存在。相手にとってあなたは自信と勇気を与えてくれる人です。ビジネスを行えば成功する相性。結婚は多少の重圧はあるもののよい関係が長続きします。

あなたの太陽 × 相手の天王星

＝

変化のもたらし手

天王星は革新をうながす星。あなたの人生のシンボルである太陽を刺激する天王星を持つ人との関係は、あなたの人生の方向性に大きな変化を起こす可能性を持っています。

この相手と一緒にいると、普段なら行かないような場所に向かうことになったり、驚きに満ちた体験をしたりすることになるでしょう。そうした刺激の積み重ねが、あなたの人生を今までと違う流れへと導いていくかもしれないのです。

二つの星の位置関係がソフトな角度になっていれば、変化がゆるやかに表れます。ハードな場合は、この人との出会いがあなたの人生に急転をもたらすことになる可能性が。予期しなかった展開が起こるでしょう。

Hard Aspect

☍ □ ⊼

惑星同士のつながりがハードな角度の場合は、その影響が強い形で表れます。あなたにとって、この人はちょっと強引なところがある人に映るかもしれません。こちらの常識を超えたアクションをとってくることも多いはず。この相性の相手には逆らいづらいので、どうしてもあなたが相手に合わせる形になりがち。疲れることもありますが、この相性をあまり否定的にとらえないでください。相手のことを「ユニークな経験をさせてくれる人」だと考えましょう。実際、この人は、あなたに貴重なチャンスをもたらしてくれる可能性もある人なのです。

Soft Aspect

☌ △ ⚹

この相手はあなたにとって適度にスリリングな経験を与えてくれる人になります。あなたがちょうど退屈しているときは、いつもこの人が面白い場所へと連れていってくれるかもしれません。一人では行ってみる勇気のなかった場所に同行してくれる場合も多いでしょう。とにかく、この人のそばにいれば、あなたの世界はどんどん広がっていくはずです。ただ、一緒にいると、ついハメを外したくなるので、時間管理は難しくなる傾向が見られます。生活が乱れてきたときは、この人とちょっと距離を置いてみるほうがいい場合も。自分のペースを取り戻してください。

あなたの太陽×相手の海王星

＝

夢の与え手

この組み合わせは基本的に「理想化と混乱」をもたらします。と言うのも、海王星は物事をあいまいにする働きを持つ星。あなたの太陽に相手の海王星のパワーが流れ込んでくると、人生の方向性に迷いが生まれたり、目的や目標を見失ってしまったりするかもしれません。

とはいえ、この相性はプラスに働くことも多いのです。たとえば、あなたの人生が煮詰まった状態にあるときなら、この人との出会いは、あなたにこれまでと違う可能性を与えてくれるでしょう。無味乾燥な日々に潤いをもたらしてくれる場合も。

ソフトな角度で二つの星が結びついているならプラスの形で表れるほうが多くなります。ハードな場合は少し注意を。

Hard Aspect

☍ □ ⚻

太陽と海王星がハードなアスペクトを作っている場合は、この人があなたの人生を何かとかき混ぜてくることになります。せっかく何か決意して、動き出そうとしても、この相手といると決断が鈍ったり、動きが遅くなったりします。現実的な判断能力を低下させられている可能性も。ただ、このアスペクトができる相手は、あなたに思いがけないインスピレーションを、しばしばもたらします。無味乾燥な毎日に魔法をかけてくれる相手であることは、まちがいありません。もちろん、魔法は永遠ではありませんが、それでも日々に潤いを与えてくれるでしょう。

Soft Aspect

☌ △ ⚹

あなたにとって、この人とのつき合いは基本的に楽しいものに違いありません。行き詰まっているときには、うまく気晴らしをさせてくれるでしょう。必死になりすぎているときには、肩の力を抜くようにアドバイスをしてもらえるはずです。ただ、この人と密着した関係を作ってしまうと、あなたの性格にルーズさが表れてくる場合が。時間や締め切りを守れなくなるなど、現実的な生活に支障をきたす可能性もあるアスペクトなのです。ただし、あなたの芸術性を高めたり、大きなインスピレーションを与えてくれることも多いはず。あなたに高い理想を与えてくれます。

あなたの太陽 × 相手の冥王星

＝

変容する力の与え手

冥王星は、強力なパワーを持つ星。その力があなたの太陽に注がれると、とてつもない変容が起こるかもしれません。

つまり、この相手はあなたの生き方を大幅に変えてしまう可能性を持っているのです。

そのときはわからないかもしれませんが、あとで振り返ったとき、「あの人と出会わなければ、今、こういう人生を送っていなかったかも……」と思うことになるでしょう。

生き方が変わると、思いがけない障害やトラブルにぶつかるものです。そのため、この人から受けた影響を悲観的に受け止めたくなる時期もあるかもしれません。星の結びつきがハードな場合はとくに、そう思ってしまう傾向があるようです。

Hard Aspect

☍ □ ⊼

太陽と冥王星の結びつきがハードな角度な場合、あなたはこの人から強制的に生き方を変えられたという意識を抱きがちです。そのため、困難を前にすると、つい相手のせいにしてしまい、自分で責任を取ろうとしなくなってしまう心配があります。ああなったのも、こうなったのもすべて親のせい、彼のせい、あの子のせい……そんな不満を相手に抱いてしまいやすい相性なのです。けれども、この人によって変えられてしまった人生は、あなたの創意工夫次第で、素晴らしい結果に行きつくことが可能です。それができれば、この人に感謝する日が必ず来るでしょう。

Soft Aspect

☌ △ ⚹

この相手のそばにいると、今までの自分なら考えられないようなことをやってみたくなるかもしれません。この人に後押しされて起こした行動は、とてつもない結果を生む可能性があります。その過程で、あなたは自分の限界を超える経験をするでしょう。でも、ソフトなアスペクトの場合は、強制された感じがしないので、途中に苦労があったとしても、相手のせいにしてしまう心配はなさそう。また、このアスペクトを持つ相手との結婚は、あなたを生まれ育った環境から引き離すことになる場合があります。今までとは別の暮らしをすることになるでしょう。

あなたの月について

the Moon

◆　◆　◆

◆月は相手の感情を刺激する

月は古来、神秘的な星として知られています。満ちては欠けて、その姿を変えていく月の存在は、その引力によって海の潮の満ち引きを起こし、さらには多くの生物の生体リズムや本能にまで影響を与えていることが知られています。相性面でも極めて大切な天体です。

占星術の世界でも、月は太陽と並んでとても重要な星とされているのです。新月や満月、月食や日食も注目すべき日として、その人の運勢や性格に何らかの影響を与えていると考えられています。

月は、占星術では「感情」や「情緒」を司ります。その人がどういう感情を抱きやすいのか、感情がどう動いて、どんな反応を示すタイプなのかというのは、ホロスコープの中の月の配置を見ればわかるのです。

たとえば、生まれたときのホロスコープを見て、月が牡羊座に入っていたとします。そうすると、この人は「牡羊座的な感情」を抱きやすい性格だということがわかります。牡羊座の月には、「衝動的、情熱的、短絡的、せっかち、ストレート、攻撃的、エネルギッシュ」（第1部に詳しく載っています）といった特徴がありますから、この人はそうした性質に導かれる感情を抱きやすいと言えるわけです。

また、太陽が「意識」を象徴するのに対して、月は「無意識」を象徴しています。月が表す性質は、その人が無意識に起こしてしまう感情や反応であり、それはまだ自我が発達していない子どものころから、その人に備わっている情緒の傾向です。無意識のうちに出てしまう性質と言えるでしょう。

自我が発達して大人になると、自分で自分をコントロールするようになりますから、本当は情熱的なタイプなのに、それを抑えて理性的に振る舞おうとするなど、自分の性格を意識的につくっていきます。でも、月にはその人の本性や、無自覚な心の動きやクセ、理性では抑えきれない感情などが表れるので、太陽の星座より、月の星座を見たほうが本当の自分にあてはまるという人も多いでしょう。

相性を見る場合、自分の月が相手の惑星とどんな角度をとっているかによって、自分の感情が相手からどう刺激を受けているのかがわかります。相手の惑星と自分の月がソフトなアスペクトをとっていると、相手によって自分の感情面は安定します。相手が自分にとってホッとできる存在になるでしょう。一方、ハードなアスペクトをとっていれば、その人は自分の感情を乱す相手であり、無意識レベルで嫌悪感を抱く相手となります。一緒にいても心が落ち着かないことが多いでしょう。

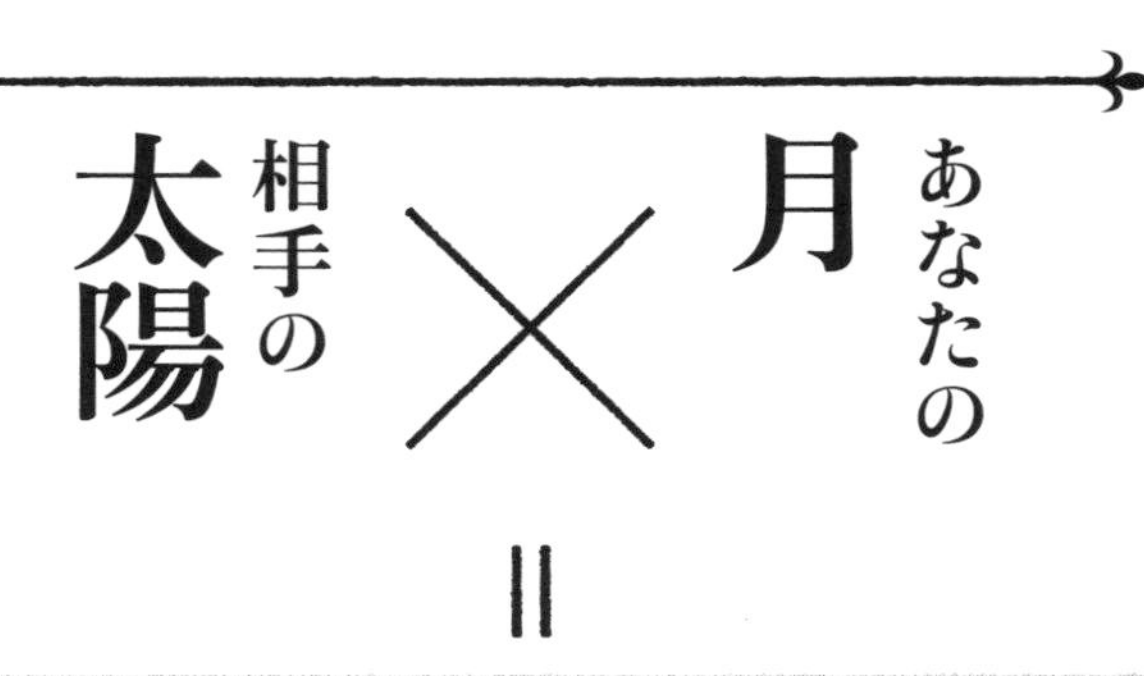

＝

象徴的結婚

太陽は人生を切り開いていく方向性を示します。そのため、この相手はあなたの人生設計に影響を与える人であり、この相手によってあなたの生き方が変わったり、進路が決定することもあるでしょう。とても縁が強い相性で、実際はともかく、象徴的な意味で「結婚」を表しています。

また、月は「感情」を表す惑星ですから、月がもたらすさまざまな感情を、太陽の側が理解し、受け止めていく関係になります。この二つがソフトな角度だと、あなたの感情を相手が理解しようと努めてくれます。しかし、この角度がハードだと、相手はあなたの感情を受け止めきれなくなり、あなたのほうが不満を抱くことになるでしょう。

Hard Aspect

□ ⊼

出会ってまもないころは、お互いに強く惹かれ合う相性です。けれど、時間が経つにつれて、あなたのほうが先に不満を抱くようになります。相手が自分の気持ちを理解してくれないと感じ始めるでしょう。相手のほうは、生き方の違いを何となく感じて、あなたとは、自分の望む人生設計や生活スタイルを実現することが難しいと思うようになります。だんだんとあなたが相手に感情をぶつけるようになり、相手を振り回してしまうかもしれません。お互いに理想の人生観が異なるので、お互いが自分の価値観を意識し、自分を変えていく勇気を持つ必要があります。

Soft Aspect

☌ ☍ △ ⚹

非常に相性がよく、理想的な組み合わせです。あなたの気持ちを相手が汲み取ってくれるので、あなたはこの人と一緒にいると、精神的に安定し、穏やかな心で過ごすことができます。この相手になら自分の気持ちを無理に抑えることもなく、素直に出していけるでしょう。一方、相手のほうも自分の人生設計を、あなたが協力して支援してくれますから、あなたといると生きる勇気や希望が湧いてきます。ともに人生の長い時間を、一緒に過ごしていける相性です。どちらかといえば、太陽の側である相手が、月の側であるあなたをリードしていくことになるでしょう。

あなたの月 × 相手の月

＝

ハート&ハート

月は「感情」を司ります。この月同士の組み合わせはお互いの感情面が合うかどうかを表します。たとえば、この二人が同じ映画を見たときに、どう感じるのか、好きな食べ物や嫌いなムードが似ているかどうか。そういった感情レベルの相性が、二人の月のアスペクトを見るとわかるわけです。

また、その人の生活習慣や生活態度といったものも、月が表します。生活がきちんとしているのか、それともわりと大雑把なほうなのか、そういうことも生まれたときの月の位置を見るとわかるわけです。そのため、二人の月の関係性を見れば、一緒に生活するうえでのメリットや、トラブルとなりそうな問題点などもわかってきます。

Hard Aspect

□ ⊼

感情面で共感を抱くことが難しい相性です。いわゆる「気が合わない」相手と言えます。あなたが面白いと感じても、相手はまったくつまらないと思ったりして、趣味や興味の方向性も、物事に対する反応のしかたも異なることが多いでしょう。しかし不思議なことにお互い強く意識し合い、スルーすることはできません。神経をさかなでされることも多いのですが、不思議と気になり、ケンカ友達のようになる可能性もあります。ちょっとした衝突は、実は無意識レベルでお互いを気にしている証拠。さざ波があっても二人の間には何かが交流しています。

Soft Aspect

☌ ☍ △ ⚹

二人の月の位置がソフトな角度だと、言葉にしなくても気持ちが通じ合い、相手の考えていることがよくわかります。相手が心地よいと思うことは、あなたも心地よいと感じ、相手が不快に思うことは、あなたも同じように不快だと感じるでしょう。お互いの気分や反応が似ているので、共感できる相性です。ただ、二人の月の角度が180度の場合は、お互いの趣味・嗜好や感じ方は異なることが多いでしょう。それでも自分にない魅力を相手に感じて、相手のことを面白がることができます。いずれにしてもこの相手とは強い縁で結ばれていて、運命の人と思える相性です。

あなたの月 × 相手の水星

＝

心と知性の交流

水星はコミュニケーションを司る惑星です。この関係は相手のコミュニケーションが、あなたの感情面を刺激することを表しています。相手の話し方や交流のしかたが、あなたの気持ちや気分を大きく左右します。この二つの星がソフトな角度をとっていれば、二人のコミュニケーションはとてもスムーズ。でも、ハードな角度で結ばれていたら、意思疎通が少しギクシャクします。

また、水星は知性や思考についても影響を与えます。そのため、この相手といると、あなたの知識が深まったり、知的好奇心が高まります。いろいろと考えさせられることも多くなるでしょう。あなたの知性を刺激し、磨いてくれる相手です。

Hard Aspect

☍ □ ⚻

最初はコミュニケーションがうまく噛み合わない相性なので、少し話しただけで自分とは合わないと感じることがあるでしょう。相手が何を言っているのかうまく理解できず、話の内容が今ひとつつかめないというようなことも起きてきます。また、相手の言葉があなたにとってはきつく感じるかもしれません。相手の心ない物言いに深く傷つくこともあれば、怒りを覚えることもあるでしょう。ただ、そのズレの形に気がつくようになれば、お互いが世界を広げていくきっかけにもつながります。相手があなたの知性や人間関係に刺激をもたらしてくれることもあります。

Soft Aspect

☌ △ ⚹

相手とのコミュニケーションがスムーズで、会話の弾む相性です。たとえあなたが無口なタイプであっても、相手が自然とあなたから話を聞き出してくれるので、自分の気持ちや考えを話しやすいでしょう。相手の言葉があなたの感情を深く揺さぶりますから、相手のセリフにものすごく感動することも多いはずです。この人の言うことは不思議とあなたの心の奥に強く残ります。また、相手が上司であれば、あなたの能力を引き出してくれて、仕事もうまくいくでしょう。相手からいろいろな知識を学ぶことになるので、理想的な師弟関係を築くこともできます。

あなたの月 × 相手の金星

＝

愉しい仲間

愛情を表す金星が、感情を支配する月に関わってくると、相手の愛情表現があなたの感情を深く揺さぶります。この二つの星がソフトアスペクトをとっていると、ロマンスが生まれる確率は高くなります。

ただ、それはロマンティックでドキドキするものというよりは、お互いに安心感を与えるおだやかなものになるでしょう。いずれにしても、相手の愛情があなたに注がれて、あなたは愛される側に回ることになるでしょう。

相手が同性でも、あなたにとってこの相手は大切な存在になります。この人の前では飾らずに自分を出すことができ、とてもリラックスできるでしょう。

Hard Aspect

☍ □ ⚻

この二人はお互いに惹かれ合うものの、愛情交換がスムーズにいきません。相手の愛情があなたにストレートに伝わらず、あなたが相手のことを誤解してしまうこともよくあります。あなたを愛するあまり相手の独占欲が強くなり、嫉妬であなたを束縛してくる場合もあるでしょう。つき合いが長くなるにつれて、あなたのほうは相手の愛情をうっとうしく感じて、冷たく突き放したくなり、相手はあなたに対して反発したり、すねた態度を見せるようにもなって、お互いに不愉快な思いをしやすい相性です。恋愛関係にはなっても結婚まではなかなか辿り着きにくいでしょう。

Soft Aspect

☌ △ ⚹

豊かな愛情の交歓ができる相性です。とくに相手が異性の場合は、あなたに深い愛情を注いでくれて、あなたも相手の愛情を受け入れることができます。恋愛関係に発展しやすい相性で、愛される喜びを実感できるでしょう。自然と相手に対する思いやりを持つことができるので、結婚の相性としてもベスト。結婚後もずっと仲睦まじい夫婦でいられます。相手が友人の場合も、この人はあなたにとって心地よい相手となるでしょう。あなたのわがままや甘えも許容してくれますから、この人には何でも遠慮なく話すことができます。喜びや悲しみをともに分かち合える関係です。

あなたの月×相手の火星

＝火をつけられる感情

ダイナミックな火星のパワーが、月が司るあなたの感情を煽ります。月の側のほうが受け身となり、相手があなたに刺激を与え、エネルギーを注ぎ込んでいく関係です。

この二つの星がソフトなアスペクトで結ばれていれば、相手から元気をもらい、行動力や意欲が増してくるでしょう。この相手といると自分に自信が湧き、いろいろなことに挑戦していく勇気を持つことができます。

しかし、ハードなアスペクトだとしたら、この人と一緒にいても安らぐことができません。いつも相手のペースに巻き込まれてしまい、急かされたり、行動を強いられたりするでしょう。相手があなたに対して支配的な態度に出てくる場合もあります。

Hard Aspect

☌ ☍ □ ⊼

相手の強引さやアグレッシブな部分に、あなたのほうが疲れてしまってついていけなくなります。行動パターンや生活リズムが合わず、相手がデリカシーに欠けるところも、あなたをイライラさせてしまうでしょう。長いこと一緒にいると、気に入らない部分がどんどん増えてきて、些細なことでも衝突しがちになります。しかも相手はあなたの言うことに対して聞く耳をまったく持ちません。相手のやることに振り回されて、あなたの感情は非常に不安定になってしまいます。相手の挑発にのらないようにすること、自分の感情をクールダウンさせることが必要です。

Soft Aspect

△ ⚹

相手があなたをエキサイトさせる関係です。この相手といると落ち着く暇がないくらい行動面も精神面も活発になります。気づいたら寝ないで遊んでいたなど、あちこちに引っ張り回されて疲れてしまいそうですが、生活はとても充実します。自分ひとりだと挫折してしまうことも、この人とならやり遂げられるはずです。セックスの相性もよく、あなたはこの相手によって性の喜びを教えられることになるでしょう。相手が上司の場合は、仕事でハードワークを強いられることに。へとへとになるまで働かされますが、その代わりあなたの能力を引き出してくれます。

あなたの月 × 相手の木星

||

穏やかなる感情

寛大で大らかなパワーを持つ木星が、繊細で傷つきやすい月を大きな愛情で包み込む関係です。月の側は木星の側からさまざまな恩恵を受け、木星の側は月の側から大切にされます。

そのためこの関係は、ソフトなアスペクトで結びついていれば非常に相性がよく、建設的な愛情が育まれていきます。相手にとってあなたは守ってあげたい存在であり、あなたは相手の欠点も含めて好きになります。

しかし、ハードなアスペクトで結びついていると、あなたが相手を買いかぶって、相手に過剰な期待を抱きがち。相手のほうはあなたに協力や援助を求め、それを強制することもあります。それでも、相手に対して恨みや敵意を抱くことはありません。

Soft Aspect

☌ △ ⚹

この関係はお互いの信頼度が非常に高い相性です。相手はあなたの性格を豊かにし、あなたの長所を引き出してくれます。この相手といると、あなたは輝きを増し、自分に自信が持てるようになります。しかも相手から幸運を授かることができるので、運勢もよくなっていくでしょう。ただ、相手があなたを身びいきしたり、甘やかしたりするうちに、相手の愛情をあなたが当たり前のように感じてしまうことがあります。そうなると相手が不満を抱きます。相手への感謝の気持ちや思いやりを失わず、なるべくそれを表現して、相手を喜ばせてあげることが大切です。

Hard Aspect

☍ □ ⚻

月と木星の相性は、アスペクトがソフトでもハードでも、基本的には木星の側が月の側を保護する関係になります。月の側は木星の庇護のもとで精神的な安定を得て、相手を頼りにします。ソフトであればそのバランスがよいのですが、ハードになるとその関係が微妙に崩れてくるのです。相手があなたを保護したいと思っても、あなたのほうがそれに反発や抵抗を示すことが多くなってきます。あなたが相手の好意に甘えすぎて、感情をもろにぶつけることも。その結果、悪気はなくても相手の仕事ややろうとしていることを邪魔してしまうおそれも出てきます。

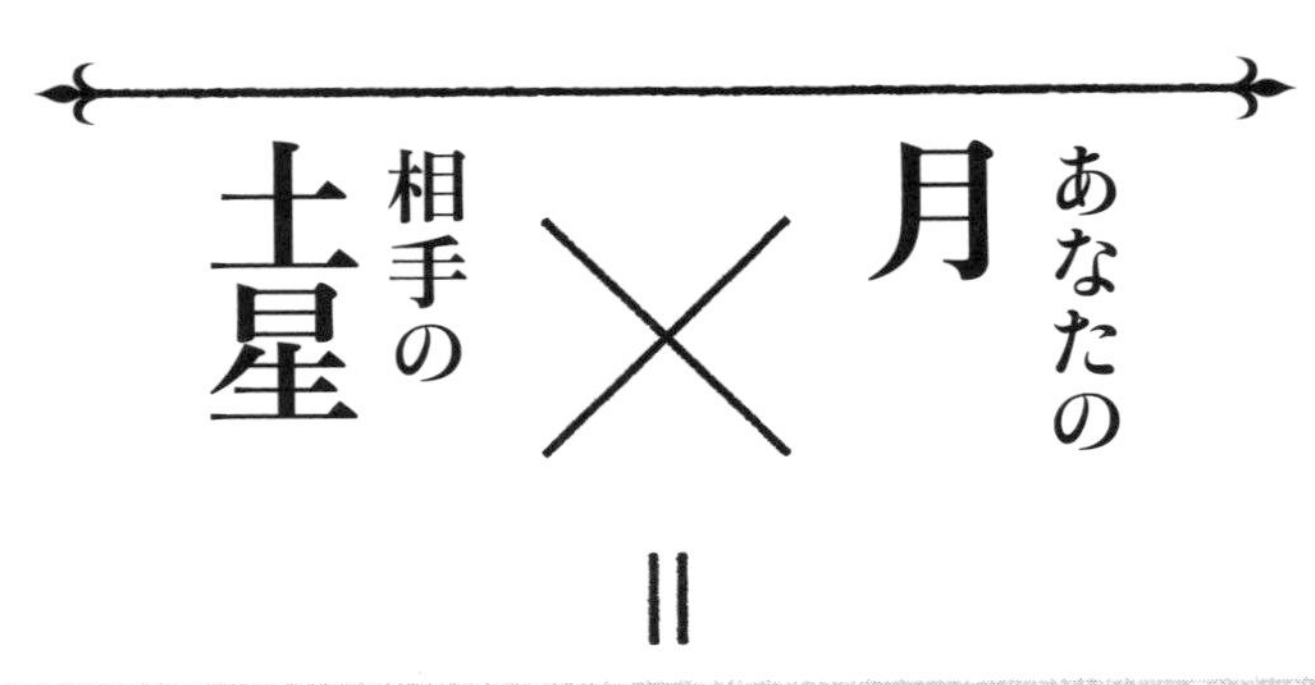

あなたの月×相手の土星

‖

気を引き締められる関係

極めて現実的で厳しさを表す土星。それが感情を司る月に絡んでくると、月の側は気持ちが引き締まり緊張します。月の側であるあなたが何となく感情や気分で動いていると、相手の土星は「そんないい加減な気持ちではダメだ」と言わんばかりに、厳しく接してきます。いろいろな意味で、この相手はあなたにプレッシャーを与えてくるでしょう。問題を認識し、それを解決するための努力をあなたに要求してくる相手です。

この二つの惑星がソフトな角度で結ばれていたら、相手の忠告や助言は、あなたにとってとても役立つものになります。ハードな角度の場合は、あなたの行動は相手によって制限され、ブレーキをかけられるでしょう。

Hard Aspect

☌ ☍ □ ⊼

束縛を感じる相手です。この人といるとあなたは自由を奪われて、のびのびと行動することができません。相手はあなたのやることにストップをかけてきたり、あなたの意見を批判したり、何かと干渉してくることが多いでしょう。感情的にも圧迫や緊張を感じるはずです。仕事面でもこの相手はあなたの能力を抑え込むため、一緒に仕事を行うとはかどらなかったり、遅れる傾向が出てきそう。結婚した場合は、忍耐を強いられるのはあなたのほうです。相手の思いやりの欠如や独善的な態度にあなたが不満を抱きます。その不満が爆発する前にうまくガス抜きを。

Soft Aspect

△ ⚹

あなたのほうが相手によって義務的なことをさせられる関係です。けれど、それは決して悪いことではありません。相手がいることであなたの生活態度が正されたり、計画や目的が真面目に遂行されたりしますから、あなたにとってはありがたい相手。感情の混乱を整理してくれ、生活の安定や実益を与えてくれる場合もあるでしょう。ただ、感情的には楽しさを感じられる相手ではありません。仕事関係の人であれば、厳しい指導はあるものの、仕事を着実に仕上げて目標を達成する手助けをしてくれます。年齢が離れていても、うまくいく相性です。

あなたの月×相手の天王星＝感情の大波

天王星のパワーは月のパワーに比べて、ずっと強いものです。そのため、あなたの月と相手の天王星との位置関係は、主にあなたの感情面に影響を与えるものとなります。

天王星は変化を引き起こす星ですから、あなたの感情は、相手の星からの影響を受けて、平静なときよりも高ぶることになります。二つの星の位置関係がソフトなものなら、その刺激は適度ですが、星の配置がハードな角度を作っていると、あなたはこの人に気持ちを乱されるシーンが多くなりがちです。

恋の場合、この組み合わせは「相手に対するあなたの気持ち」を乱します。大好きだと感じる日と大嫌いと思ってしまう日があったりするかもしれません。

Hard Aspect

☌ ☍ □ ⊼

この相手はあなたの感情を強く刺激します。星の配置がハードな角度を作っているので、あなたはこの人から気持ちを乱されることになりがちなのです。そばにいると気性が激しくなったり、情緒が不安定になる場合もありそう。あなたの感情に波を起こしやすい相手です。ただ、この人から受ける刺激は、あなたの情緒を思いがけない形で活性化してくれることが。ずっと言葉にできなかった想いを表現するキッカケを与えてもらえるなど、感情表現に関するハードルをクリアするチャンスを与えてくれるはず。そういう意味では決して悪い相性ではありません。

Soft Aspect

△ ⚹

あなたの感情は、この相手からソフトな形で刺激を受けるので、自然と活性化するでしょう。この人のそばにいると、なぜだかテンションが高まるかもしれません。また、あなたにとってこの人は、「気分を変えたい」と思うときに、とても頼りになる相手です。気持ちが緩んでいるときには、カツを入れてもらえるはず。落ち込んでいるときは、いい気分転換をさせてもらえたりするでしょう。ただ、この人から受ける刺激は、あなたの心の安定を乱しがちです。この相手との恋においては、穏やかな気持ちをキープし続けるのは難しいかもしれません。

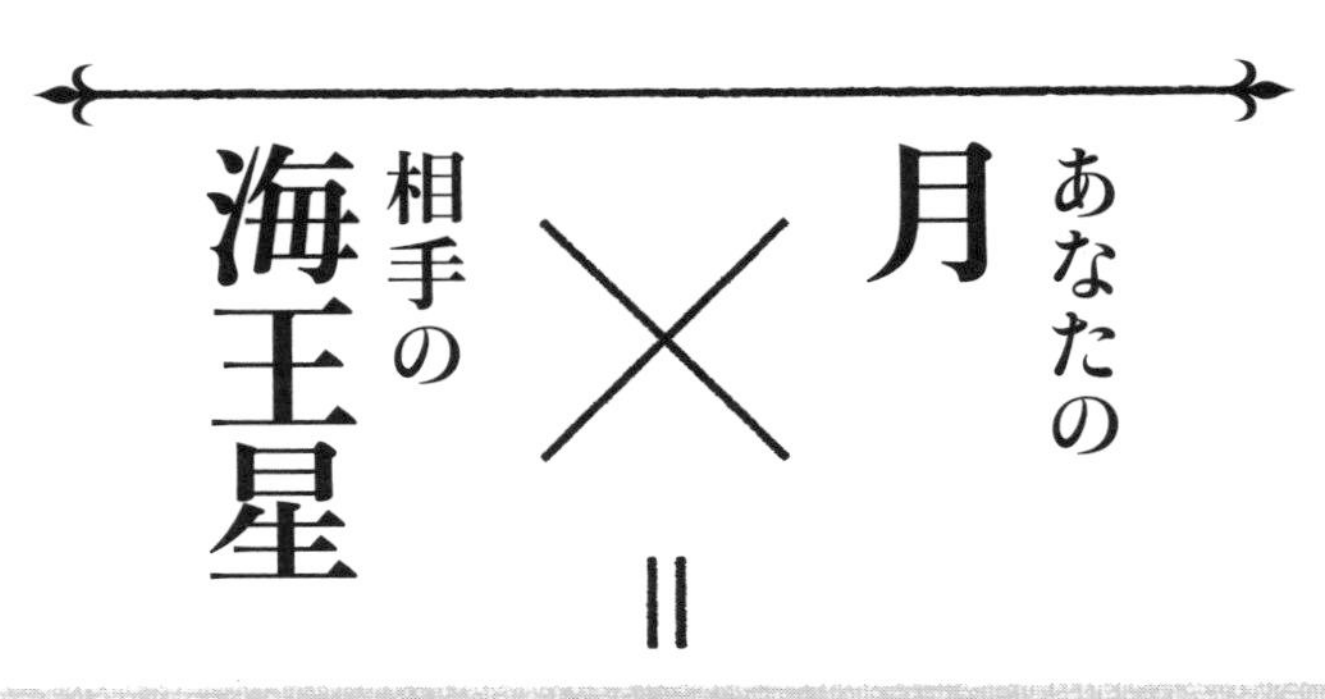

センシティブな感情

海王星と月は親和性が高い星同士です。どちらも人間の「理性」より「直感」を刺激する星だからです。

ただ、そのパワーは月よりも海王星のほうがずっと強いので、この星の組み合わせは主に、あなたの感情面に影響を与えるものとなります。

二つの星の角度がソフトな場合は、知らず知らずのうちに受けている影響が大きいでしょう。ハードな角度であれば、もっと意識的に、この星とのつながりを感じられるかもしれません。

この人に恋した場合、気持ちの面で一体感が強く感じられるため、離れられない気分になりがちです。不思議な魅力を感じ合って、わけもなく惹かれてしまう、ということも。

Hard Aspect

☍ □ ⊼

ハードなアスペクトが作られている場合、あなたのこの人に対する気持ちは混乱したものになりがちです。海王星はカオスを生み出すパワーを持っている星。この相性では、その作用があなたの感情に強く働きかけることになります。この人に対しては、「好きなのか嫌いなのか、自分でもよくわからない」という意識を持つかもしれません。あるいは、この人といると、夢見がちな気分になったり、「まぁ、なるようになるだろう」といった、ちょっと投げやりな気分が生まれたりします。そのため、いったん関係性が生じると離れづらくなってしまう相性と言えます。

Soft Aspect

☌ △ ⚹

海王星は境界を消し去る作用を持つ星です。あなたの感情を司る月に、相手の海王星がソフトに働きかけると、あなたの気持ちの垣根がスムーズに取り払われます。この相手には出会ったときから不思議と親しみを感じるでしょう。スッと素直に本音が言えてしまう場合もあります。また、この人はあなたをロマンティックな気分にさせるのが上手です。二人の関係性が恋愛であれば、なかなか素敵な恋ができるはず。あなたをうっとりさせてくれるのが上手な恋人になるでしょう。でも、仕事の関係性の場合は、判断が甘くなる傾向を与えられるので、そこに注意を。

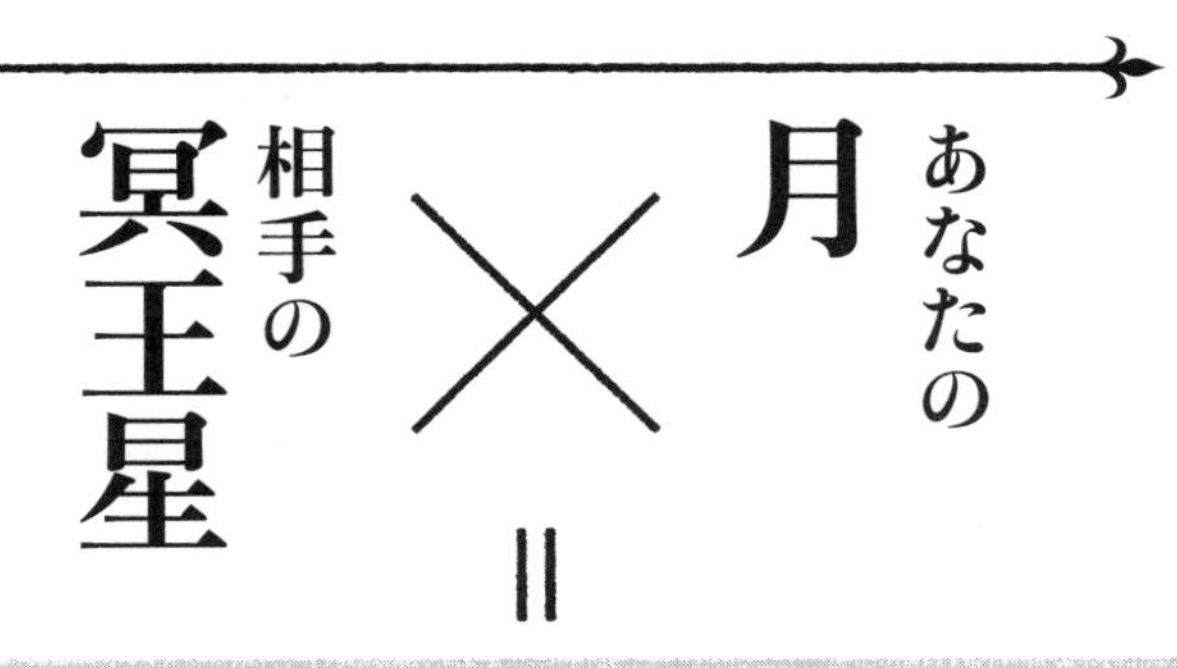

あなたの月×相手の冥王星＝深く変容する魂

占星術において、月と冥王星は最もパワーの差が大きい組み合わせです。そのため、二人のホロスコープにこのアスペクトがある場合、あなたの月は相手の冥王星から強烈な刺激を受けることになります。

冥王星が引力のように働くことも多いので、あなたはこのアスペクトを持つ相手に強く惹かれるかもしれません。怖いもの見たさのような不思議な感情で、相手の動向をついつい追い続けてしまうこともあるでしょう。

とくに、位置関係がハードな場合は、この影響が強く表れます。宿命的な出会いだと感じるかもしれません。ソフトな角度で結ばれている場合でも、あなたの心をとらえて離さない不思議な力を相手に感じるはずです。

Hard Aspect

☌ ☍ □ ⊼

月と冥王星の角度がハードな場合、この相性は宿縁的なものを感じさせるでしょう。とくに、あなたはこの人のことを特別視しがちです。なにかしら逆らいがたいムードや、自分の感情を抑えつけられているような感じを持つこともあるでしょう。相手のほうは、あなたに対して何かを強制しているつもりはないのですが、あなたにとって「あらがえないもの」を感じさせる相手なのです。また、この人から受けたアドバイスや、なにげなく発せられた言葉は、あなたの心に強烈な印象を残す場合が。恋の場合、生涯、忘れられない思い出をくれることもあります。

Soft Aspect

△ ⚹

あなたにとって、この相手は気にかけずにいられない人です。恋人や友達といった親しい関係性でなくても、なぜだかときどきこの人のことが頭に浮かんでくるかもしれません。意識の外へと押し出してしまうのが難しい相性なのです。ただ、トラブルやハプニングのシーンでは、この人の存在があなたの心をとても落ち着かせてくれる場合があります。パニックになりそうなときでも、この相手がそばにいてくれると、余計なことを考えず、目の前のことに集中できるでしょう。一方、この人への恋は盲目的なものになりがち。わけもなくあなたを惹きつける人です。

あなたの水星について

Mercury

◆　◆　◆

◆水星は相手の興味をかき立てる

人間が他の生物と異なるのは、高度な「知性」を授かっているということでしょう。この知性があるからこそ、人間は言葉を使って他人と「コミュニケーション」をとることができます。

占星術では、そうした「知性」や「コミュニケーション」といった知的能力を司っているのが水星です。

水星は、太陽系の中で、最も太陽に近い惑星。そのため、占星術の世界では、太陽が象徴する「意志」を、この水星が知性を使って他の人に伝えるという、いわばメッセンジャーとしての役割を担っています。

ギリシャ神話でも、水星は知恵の神様が支配しています。水星を表す神はヘルメス。この神様はなかなかの知恵者であり、頭の回転がすばやく、非常に賢い神様でした。ヘルメスは太陽の神・アポロンからもらった魔法の杖を使って、天界、地上、冥界の三つの世界を自在に行き来することができたのです。そして、占星術と同様に、神々の使いとして、さまざまな情報を伝えるメッセンジャーの役割を果たしていました。

占星術では、水星は知性やコミュニケーションといった知的能力全般を司っているので、思考力、言語能力、判断力、表現力、理解力なども、水星の領域に入ります。仕事の能力や適性、技術、学力にも、水星が影響を及ぼします。

個人のホロスコープを見たとき、この水星がどの星座に入っているか、あるいは他の惑星とどういうアスペクトをとっているかによって、その人がどのような知性を持ち、どんな思考をし、どういう仕事や分野で能力を発揮するのか、また、他人とはどんなコミュニケーションのとり方をするタイプなのかといったことが見えてくるわけです。

相性を見る場合は、自分の水星が相手の惑星とどんなアスペクトをとっているのかを見ていきます。そうすると、相手とのコミュニケーションがうまくとれるかどうか、意思疎通がスムーズかどうかがわかります。自分の考えや意見が相手にうまく伝わらない、いつも誤解やすれ違いが生じてしまうという場合は、あなたの水星が相手の惑星とハードなアスペクトをとっていることが多いでしょう。

そして、この相手が自分の関心をかき立ててくれる人なのか、自分の抱いている知的な興味を共有できる人かどうか、そういうことが見えてきます。自分の水星が相手の惑星とソフトなアスペクトをとっていれば、あなたはこの相手からさまざまな知的刺激を受けるでしょう。会話が弾み、一緒にいて面白いと感じる相手となるはずです。

あなたの水星×相手の太陽

＝太陽

太陽の大らかで健全なパワーが、水星の司る知性やコミュニケーションを刺激します。この組み合わせは、お互いのコミュニケーションがスムーズにとれ、しかもそのエネルギーが前向きな方向に向かいます。そのため、共通した興味が生まれ、物事を達成するうえで協力や援助をし合うことができる関係です。

とくに仕事関係では、あなたの能力や才能を相手が引き出してくれます。この二つの星がソフトなアスペクトで結ばれていれば、事業を成功させたり、利益をあげられる可能性が非常に高まります。

恋愛の場合は、肉体的より精神的なつながりが強まる相性です。お互いの考えを深く理解できるでしょう。

Hard Aspect

☍ □ ⊼

目的に対する理想や興味が一致せず、コミュニケーションがうまくとれない関係です。あなたが相手のことを愚かに思ってしまったり、相手もあなたに対して無関心だったりする相性と言えます。仕事面ではポリシーや方法論などでぶつかることが多く、なかなか成果があがりません。相手が上司なら、あなたの能力を仕事に生かし切れないかも。恋愛関係の場合は、つき合ううちにお互いに相手への興味や関心が薄れてくるでしょう。たとえばあなたは相手をバカにしてしまい、相手はあなたの愛情を感じられなくなりそう。お互い異色スタイルの思考をしていると考えて。

Soft Aspect

☌ △ ⚹

あなたの知的活動が、相手の存在によって活発になります。あなたにさまざまな知識や情報を教えてくれたり、知的好奇心をかき立てるような場を与えてくれたりして、世界を広げてくれる相手です。この人といるとあなたのコミュニケーション能力が素晴らしく開花するので、人脈が広がり、社交センスがよくなります。友人関係であれば、適度な距離感を保ちつつもお互いを尊重し合い、協力関係を築くことができるでしょう。仕事でも成果をあげられる相性です。恋愛では友情が愛情に変わるパターンになりそう。燃えるような恋にはなりにくいでしょう。

あなたの水星 × 相手の月

＝

親密な言葉を交わす相手

月は感情を司る惑星です。その月が知性やコミュニケーションを表す水星を、良くも悪くも挑発し、刺激します。この組み合わせは、相手が繊細な感情であなたの言いたいことや考えを理解し、その気持ちや意見などを引き出していきます。あなたも相手に対して妙な遠慮や躊躇をしないため、思っていることを話しやすい状態になります。

この二つがソフトな位置関係であれば、お互いの気持ちや考えを理解するのが早く、意思疎通がスムーズ。相手があなたの気持ちを汲み取ってくれるので、誤解が生じにくいでしょう。

ハードな位置をとっていれば、あなたの微妙な気持ちは言葉にしても相手に届きにくく、誤解されることも多いでしょう。

Soft Aspect

☌ △ ⚹

あなたはこの相手に対して、自分の感情や考えをストレートに表現することができます。そのため本音で話ができる相手です。相手もあなたとのコミュニケーションを大切にしてくれるので、相互理解を図るのが早いでしょう。とくにこの二つの惑星が０度の角度をとっている場合は、あなたが一を言えば十を知る相手となります。まさにあうんの呼吸。あなたのほうも相手の感情や心の動きが手にとるようにわかります。また、相手はあなたから知識や情報を得ることができ、あなたは相手に知的であることを求めます。お互いの精神的な活動が活発になるでしょう。

Hard Aspect

☍ □ ⚻

この相手とは非常にコミュニケーションがとりにくい相性です。いくらていねいに言葉を尽くしても、相手に自分の言葉がしみ込んでいく気がしません。相手が自分の言うことを理解しているのかどうかわからないことが多いでしょう。相手のほうは、あなたの言葉に疑念を抱きやすく、信用できないと思います。軽率に思われることもありそう。あなたからすると相手の反応が鈍く感じられ、やりとりがポンポンと進まないことに苛立ちを感じることもあるでしょう。言葉だけがカラ回りすることもあるので、言葉尻だけをとらえずに相手の表情をよく見つめて。

あなたの水星×相手の水星

＝知性の交流

水星同士の組み合わせは、それぞれの知性面でつながりが生まれることを示します。

二つの水星がソフトなアスペクトで結ばれていれば、お互いの精神レベルが似通っていることが多く、一緒に何かを学ぶにはちょうどいい相手となります。

コミュニケーション能力や社交能力も同じようなレベルなので、非常につき合いやすい相手と感じるでしょう。

ハードなアスペクトで結ばれている場合は、お互いの精神レベルが合わなくなってきます。どちらかが精神的に優位であったり、教育レベルや知的能力に差があることも往々にしてあります。そのためお互いに相手を理解することが難しく、誤解を生じやすい関係です。

Hard Aspect

☍ □ ⊼

お互いの精神レベルが異なることが多く、意見や考え方に相違が生まれやすい相性です。最初から話し合いにならない場合もあります。対話が少なくなりがちで、何を話していいのか戸惑ってしまうかもしれません。水星は神経に影響を与えるので、神経に障る相手にもなりやすく、何となく虫が好かなかったり、煙たい相手になったりすることが多そう。相手が仕事関係者の場合は、緊張した雰囲気になりがち。ただ、話のリズムや関心の方向が異なる相手であるということは、逆に言えばお互いの関心の領域を広げ合う関係だということ。切り捨てるのはもったいないです。

Soft Aspect

☌ △ ⚹

興味の対象が似ている場合が多い相手です。思考のしかたも似ています。話し合いをたくさん行うことで相互理解が深まり、お互いを認めることができる相性です。この相手と議論すると、あなたは自分自身の考えがまとまってくるのを感じるでしょう。相手と意見が合わない場合でも、両者とも相手に悪感情を抱きませんから、お互いにうまく譲歩することができます。最終的にはベストの解決策を得られるでしょう。お互いに知的向上心が高く、とても生産的なので、ひとりでは成し遂げることができないことも、二人なら成功へと導くことができるはずです。

あなたの水星 × 相手の金星

‖

知的な愉しみ

金星は愛情を示す惑星です。この組み合わせは、あなたの知性やコミュニケーション能力が、相手の愛情によって刺激されることを表しています。

相手はあなたに好感を抱き、愛情を与えます。それによって、あなたの愛情表現はとても豊かになり、自分の気持ちを言葉や態度で上手に表すことができるようになるでしょう。

また、金星は芸術や文化も象徴します。そのため、この相手はあなたに芸術や文化の素晴らしさを教えてくれる場合もあります。相手の影響で芸術的・文化的な才能が目覚めることもあるでしょう。さらに、金星は財運を支配するので、この相手と関わることで、あなたの金銭面が左右される可能性もあります。

Hard Aspect

☍ □ ⊼

表面的なつき合いであれば問題ありませんが、深く関わると気持ちのすれ違いが目立ってきます。あなたは相手の愛情を疎ましく感じることがあり、相手はあなたを冷たい人だと思う傾向が出てきます。あなたのほうが約束を守らなかったりすると、相手はあなたを嘘つきだとか信用できないと感じるでしょう。恋愛関係の場合は、あなたのほうがクール。愛情を求める相手が、あなたを束縛したり、嫉妬心を募らせることになります。お金の面での価値観が大きく異なる場合もありそう。相手のセンスや消費傾向に口を出すのはNG。相手を不愉快にさせるので控えましょう。

Soft Aspect

☌ △ ⚹

この相手といると、あなたは精神的な安定を得られ、とてもリラックスできます。相手の優しさを感じることができ、自分の気持ちや愛情を素直に表現できるでしょう。仕事面でも相手があなたの中のクリエイティブな能力や芸術的な才能を引き出してくれるので、創造的な仕事ができる組み合わせです。恋愛関係では一緒にいると楽しいと感じられ、会話も弾みます。いつまでも仲のよいカップルでいられる相性です。また、この相手はあなたに財運をもたらしてくれます。昇給やお金につながる仕事を与えてくれることもあります。結婚すれば家計が潤うでしょう。

あなたの水星 × 相手の火星

＝

挑発される相手

火星はアグレッシブなパワーや行動力を司る惑星です。この関係は、相手のパワフルな力が、あなたの知性やコミュニケーション能力を煽り、活発にさせます。この関係は、コミュニケーションのテンポが速く、話がポンポンと進みやすい反面、衝突も多い相性です。

二つの惑星の位置関係がソフトな角度をとっていれば、相手の積極的なアプローチによって二人はすぐに意気投合し、急速に親しくなっていくでしょう。

ハードな角度を形成している場合は、あなたが相手の言動にカチンとくることが多く、反発したくなります。相手もあなたに対しては強気で出てくるので、会えば角を突き合わせるような関係になりやすいでしょう。

Hard Aspect

☌ ☍ □ ⊼

相手の言動があなたの神経を逆なでし、あなたの言動は相手を攻撃的にさせます。あなたのほうが理性的で、相手のほうは衝動的。この関係性では、あなたは問題を理知的に解決しようとするタイプですが、相手は力技で何とかしようとするでしょう。物事に対するアプローチのしかたがまったく異なるため、衝突も多く、まとまる話もぶち壊しになることがよくあります。仕事ではお互いにライバル意識を抱き、話し合いの場では激論となりがちです。恋愛関係では、相手に挑発されてトラブルになる場合もあるので冷静に対応することが大切です。

Soft Aspect

△ ⚹

物事がとんとん拍子で進む相性です。あなたがアイデアを出し、相手が素早い行動でそれを実現していきます。とくに仕事で組むと、非常に成果をあげられる間柄でしょう。活気のある相性ですが、相手が物事を性急に進めようとするので、あなたがそれに焦りや危機感を覚えることも若干ありそう。相手のアグレッシブな勢いをあなたが知恵を使ってうまくコントロールできれば、失敗の少ない発展性のある関係が築いていけるはずです。友人であれ伴侶であれ、何時間話していても飽きません。相手のほうが行動力はあるので、ついていければ楽しい時間が過ごせます。

あなたの水星 × 相手の木星

＝

知性の引き出し手

木星は寛大さを与え、ポジティブな作用をもたらす惑星です。この関係は、木星の側が水星の側の知性やコミュニケーションに影響を与えていきます。

この二つの惑星がソフトなアスペクトを形成していると、水星の側は木星の側のサポートを受けることができるでしょう。たとえば、相手の木星が、あなたの知識の幅を広げてくれると同時に、穏やかなコミュニケーションを引き出してくれます。

しかし、二つの惑星の位置関係がハードだと、寛大な木星のパワーがマイナスに働いてしまいます。相手があなたを無条件に受け入れてしまい、あなたがわがままになったり、相手を振り回しがち。相手の好意に甘えすぎないようにすることです。

Hard Aspect

☍ □ ⚻

木星の側である相手が、水星の側であるあなたに対して寛大すぎる傾向が強まります。ともするとそれが放任主義になることもあり、そのため、あなたはこの相手のもとではやりたい放題になってしまうおそれが出てきます。どうせ何をやっても相手は怒らないだろうという気持ちが、心の奥に生まれてくるでしょう。あなたからすると、相手のルーズさやいいかげんなところが目立ってしまい、それがあなたの神経を苛立たせる場合もあります。仕事面では、この組み合わせは計画性に乏しいので、横道に脱線したりして仕事が予定通りにはかどらないことも。気をひきしめて。

Soft Aspect

☌ △ ⚹

この相手は、あなたに多くのものを与えてくれる人です。相手はあなたの考えや意見を理解し、それを快く受け入れます。この人と話していると、あなたの知的欲求が刺激されて、知的好奇心や向上心が生まれてきます。何かを学んでみたくなるかもしれません。あなたのほうが相手を頼りにすることが多く、一緒にいて安心できる相性です。恋愛関係であれば、木星の側である相手が、水星の側のあなたを庇護し、大きな愛で包み込みます。仕事関係でも相手があなたの意見を尊重してくれるので、仕事がしやすいでしょう。相手が上司や先輩であれば可愛がってもらえます。

あなたの水星 × 相手の土星

‖

シリアスな教師

土星は厳しさを与える惑星です。あなたの水星に相手の土星が関わってくると、あなたは厳格な土星の影響を受けて、とても真面目になったり、堅実な考えをするようになります。水星が司るあなたの知性も、現実的、実際的なことに使われるようになるでしょう。とくに仕事面では、あなたの知識やスキルが十分に生かせる環境を、相手が与えてくれます。

ただ、この関係性がハードなアスペクトを形成している場合は、相手があなたにプレッシャーを与えてきます。あなたの能力を相手が抑え込んでしまうこともあり、へたをするとあなたが萎縮してしまったり、相手の反応を気にして神経質になってしまうこともあります。

Hard Aspect

☍ □ ⚻

相手の厳しい考え方や威圧的な態度に、あなたがついていけません。土星のほうが影響力は強いので、あなたのほうが相手の言動に混乱させられたり、不満に思いながらも相手に従わざるを得ない状況になりがちです。この相手といると考え方が悲観的になる傾向があり、心配性になったり、妙に臆病になったりして、自分に自信が持てなくなることもあります。また、友人関係の場合、相手の小言や愚痴を聞かされて、うんざりすることも多いでしょう。あなたのほうが相手を軽蔑しがちになっていき、怒りを溜め込んでしまいそう。ガマンしすぎないで。

Soft Aspect

☌ △ ⚹

現実的で合理的な土星の側が、水星側のあなたの知性をうまく活用していく相性です。あなたのアイデアや意見を相手が引き出し、それを実生活の中で生かしてくれます。あなたも相手の経験的知識から学ぶことが多く、とくに相手が年上であれば、とても尊敬できる相手となるでしょう。結婚した場合は、生活が非常に安定します。それぞれが自分の時間も大切にすることができ、仕事にも打ち込める家庭になりそう。相手はあなたに厳しい要求をする場合もありますが、あなたはそれをあまり苦に感じず、相手の要求を満たす努力をすることができます。

あなたの水星×相手の天王星

‖

知性を刺激される相手

これは相手の天王星があなたの知性や知的活動に大きな影響をもたらす相性です。

この人との出会いにより、未知のことに対する知的欲求が目覚めてくるでしょう。まったく知らないジャンルを学ぶ気になり、それを極めてしまえる場合も。二つの星のアスペクトがハードな場合はとくに、あなたの知性に激変を起こす可能性があります。

ソフトな結びつきの場合や、関係性が薄かったりする場合は、この人から知的なひらめきを受け取るだけで終わるかもしれません。それでも十分、あなたの頭を活性化してくれるので、好相性の人だと言えます。

ただ、四六時中この人といると、知的な消耗が激しくなる場合もあるようです。

Hard Aspect

☍ □ ⚻

この相性の人と知り合ったら、あなたの知性には爆発的な変化が起こるでしょう。この人の影響を受けて、あなたの知的なストックはどんどん豊富になっていくはずです。ただ、この人との会話は、たいていの場合すっ飛んだものになりがちです。次から次へとトピックスが変わっていくので、周りは二人が何を話しているのか、サッパリわからないこともありそうです。また、相手の天王星に強く刺激されることにより、あなたの知能は回転数を上げ続けます。ときどき頭を休めないと、グッタリしてしまうかもしれません。長くつき合っていきたいなら、この点に気をつけて。

Soft Aspect

☌ △ ⚹

常識をくつがえすパワーを持つ天王星が、あなたの水星を優しく刺激してくれます。そのため、この人のそばにいると、硬くなっていた頭が柔らかくなり、ひらめきが冴えるようになってくるでしょう。できないと思い込んでいた勉強や技術の習得にチャレンジしたくなることも。また、この人がもたらしてくれたニュースや情報が、あなたの仕事や生活を変えるキッカケとなる場合もあるでしょう。ただ、精神的なバランスを崩しているときに、この相性の人に近づくのは危険です。突飛な発想を吹き込まれてしまい、無茶な行動を起こしたくなってしまう心配が。

あなたの水星 × 相手の海王星
＝
夢見るコミュニケーション

知性を司る水星が相手の海王星から刺激を受ける状態というのは、お酒を飲んでいるときの会話に似ています。適度な刺激であれば、頭も舌もよく回って会話を弾ませてくれますが、刺激がすぎると、ろれつが回らなくなってしまい、思考回路もカオスに飲み込まれてしまう、というわけです。

水星と海王星のアスペクトがソフトな場合は前者です。この相手は、適度なアルコールのように、あなたの知性をほどよく刺激し、思索や知的生活を豊かにしてくれるでしょう。

星同士の結びつきがハードな場合は意思疎通に間違いが起こりやすい相性となります。以心伝心ができているつもりでも誤解が生じている心配があります。

Soft Aspect
☌ △ ⚹

これは相手の海王星が、あなたの水星のパワーを高めてくれるアスペクトです。海王星はイマジネーションを豊かにしてくれる星。この人と恋をしているときは詩人になれてしまうかもしれません。普段は言えないロマンティックなセリフが自然と口から出てくるでしょう。そのため相手はあなたの言葉に夢中になります。あなたも自分の言葉に酔っていき、大恋愛に発展しそう。ただ、恋が冷めたあと、気まずい思いをすることも。相手との関係が仕事の場合は、その人がイメージしていることを言葉や形にして見せてあげられるので、きっと好評を得られるでしょう。

Hard Aspect
☍ □ ⚻

ハードなつながりの場合は、海王星が持っている陶酔作用が水星に対して強く働きすぎてしまいます。そのため、二人のコミュニケーションはどこかあいまいで、わかったような、わかっていないような不安定なものになりがち。この相手からの要求はあなたを混乱させることも多く、期待に応えるつもりが失望させる結果になるなど、意思疎通が難しい相性かもしれません。この相手とは話がまったくかみ合わないかと思えば、目と目で心が通じ合う瞬間も確かにあって、恋や仕事が不思議と続いていくことも。一緒にいると気持ちが和むと感じる場合もあるようです。

あなたの水星×相手の冥王星
=
精神分析の相手

この星の組み合わせから影響を受けるのは確実にあなたのほうです。というのも水星と冥王星では、圧倒的に冥王星のほうが、そのパワーが強いのです。

このアスペクトが二人の関係にうまく働いた場合、あなたは「考え抜く力」を身につけることができるでしょう。相手のほうがあなたを指導するような立場にある場合なども、冥王星のパワーがあなたの知性の逃げ場を奪い、鍛え上げてくれる可能性があります。

ただ、この相手から受けた教えや知識を妄信すると、あなたの知性に偏りが出る場合が。他の人の意見を受け入れられなくなってしまうので危険です。この人の言葉だけを頼りに物事を判断するのはリスク大です。

Hard Aspect

☌ ☍ □ ⊼

水星と冥王星がハードなアスペクトでつながっている場合、その影響もキツいものになりがちです。この人と出会い、接するうちに、あなたの中で価値観の急転が起こり、今まで信じていたことが信じられなくなってしまう、なんていうことも起こります。恋に落ちた場合は、一時的に思考が停止し、もうこの人のことしか考えられなくなってしまうかもしれません。この影響を小さくするには、二人のあいだに入ってくれる第三者を見つけるといいでしょう。そうすれば、あなたの理性に平常心が少し戻ります。二人だけの世界に引きこもらないようにしてください。

Soft Aspect

△ ⚹

惑星同士の結びつきがソフトだと、冥王星のパワーはゆるやかにあなたの水星に注がれます。この人からじっくりと教えを受けたり、技術を伝授されたりする関係になるでしょう。生涯にわたり「師」とあおぐ関係性が生まれやすい相性ですが、相手の知性に偏りがあると、あなたの考え方も狭くなる心配があります。他の人の考えや情報をシャットアウトせず、広い見解を持つように心がけてください。また、この相手との関係性が親密すぎると、「この人にだけわかってもらえればいいや」という知的怠慢が起こりがち。他の人にもあなたの知識や情報を発信して。

あなたの金星について

Venus

◆　◆　◆

◆金星は相手に愛をもたらす

ホロスコープに表示される金星のマークを見てください。金星は♀というマークで表されています。これは女性を意味するマークとして、すでに広く一般的に使われています。実はこれは占星術が起源。

占星術の世界では、金星は女性性を象徴する惑星です。女性の持つ優しさや愛情、美しさや魅力といったものは、すべて金星が司っています。そこから派生して、ロマンスや芸術、音楽、楽しみ、快楽、エロティシズム、生活の豊かさ、財産といったものも、金星のエネルギーが影響する領域です。

ギリシャ神話でも、金星を支配する神様は、アフロディーテという女神。美しい容姿をもつアフロディーテは、愛と美、そして豊穣を司る女神として、神話に登場します。ローマ神話でいうと、アフロディーテはヴィーナスという名前になります。金星は英語で「Venus（ヴィーナス）」と言いますが、その由来はこの女神の名前からきているのです。

個人のホロスコープでは、この金星の位置を見ていくと、その人の愛情の傾向や魅力の特徴、美的センスや芸術性などがわかります。実は、恋愛の運勢も、この金星の位置から読み解いていきます。金星がどの星座に入っているか、あるいは金星と他の惑星との位置関係を見ることで、その人がどんな相手を好きになり、どういうふうに愛情表現をするタイプなのか、その人の恋愛観が見えてくるのです。

この金星のエネルギーがプラスに働いていると、その人はとても魅力的で、協調性や親和性のある穏やかな性質をもち、周囲の人から愛される人物になります。芸術を愛し、美しいものを愛で、精神的にも経済的にも幸福に満ちた豊かな生活を送ることができるでしょう。

けれど、金星の影響がマイナスに作用してしまえば、快楽志向が強すぎて遊び好きになったり、怠け心やルーズな面が出てきます。美への関心が薄れ、愛情表現も屈折してしまい、自分の魅力が十分に発揮できません。恋愛面でも愛情交換がスムーズにできず、誤解や嫉妬などが生まれやすくなります。

相性の場合は、自分の金星が、相手の惑星とどういうアスペクトで結ばれているかを見ていきます。その関係性を解読することによって、自分が相手に幸せや楽しみ、豊かさを与えられるかどうか、相手との愛情関係がどのように展開していくのかといった相性がわかってくるわけです。金星の働きは、相手との愛情関係を豊かにするうえで欠かせないものだと言えるでしょう。

あなたの金星×相手の太陽

＝

魅力を引き出してくれる相手

大らかなパワーを持つ太陽が、金星の愛情を引き出していく関係です。太陽の側にとって、金星の側はとても魅力的に映り、接近したくなる相手です。金星の側も、相手に対して力強さと優しさを感じて、非常に好感を抱くでしょう。どんなアスペクトをとっていても、お互いに惹かれ合い急接近していく相性ですが、とくに0度の角度をとっていると結びつきがより一層強まります。恋愛関係では、一目ぼれしやすい相性となります。深くつき合うようになると、アスペクトがソフトかハードかによって関係性が微妙に変わってきます。しかし、いずれにしても結合力が強い相性であり、仕事でもプライベートでも調和しやすい関係と言えるでしょう。

Hard Aspect

□ ⊼

基本的には惹かれ合う相性ですが、長くつき合うと、微妙なすれ違いが起きたり、問題も生じてきます。相手の愛情があなたにとって重たく感じられたり、相手の考え方が悲観的に思えることもあるでしょう。相手があなたを贅沢にさせてしまい、あなたがわがままになることもあります。性的な関係では、相手があなたの魅力にメロメロになって、肉体的な快楽に溺れてしまうという傾向も出てきそう。あなたのほうはそんなに愛されているのにもかかわらず、なぜか寂しさや孤独感が募ってしまうかも。お互いの魅力や愛情を伝えるために努力が必要な相手です。

Soft Aspect

☌ ☍ △ ⚹

お互いに好感を抱き、相手のことを好きになっていきます。あなたの魅力が相手にストレートに響きやすく、あなたのほうは相手から好意を受けたことが自信につながるはずです。金星の側が受け身なので、あなたが相手のアプローチを受けやすい関係です。あなたにとっても恋愛相手としてベストで、相手はあなたのことを心から愛してくれます。十分に楽しませてくれるし、一緒にいるとあなたは自分の魅力に自信が持てて、美しさに磨きがかかります。ビジネスでも、この相手と組むと、苦労を伴う仕事でも楽しんで行うことができ、協力態勢を築けるでしょう。

あなたの金星 × 相手の月

＝ 心許せる仲間

感情を表す相手の月が、あなたの金星に影響を及ぼす相性です。この関係は、金星側の魅力によって、月の側が心身ともにリラックスできることを表しています。金星の側も相手の感情をすんなりと受け入れられて、お互いにいたわりや思いやりを与え合える関係になります。この二つの星が、どんなアスペクトを形成していても、お互いに惹かれ合う相性です。恋愛に発展する可能性も大。ただしトキメキより安定が基本になる関係。

また、金星は美的な感性を表すので、この相手の情緒や感情は、あなたの美意識に影響を及ぼします。美的センスを発揮する仕事の場合は、この人と組むと相手からインスパイアされることがあるかもしれません。

Hard Aspect

☍ □ ⚻

お互いに惹かれ合う相性ですが、深い関係になると、微妙なすれ違いが生じます。あなたは相手の感情の揺れや気持ちの変化に不安を覚えることが多くなります。相手の気持ちを考えすぎて、行動が鈍ることも出てくるでしょう。相手はあなたの愛情が信じられなくなったり、愛されている実感を得られなくなりそう。一緒に生活すると、相手の性格や行動の些細なことが気になり始め、楽しい気分が台無しになったり、相手があなたの機嫌を損ねるケースも増えます。一緒にいると楽しいけれど何か違う……そんな気がしたら、キチンと話し合ってみるといいでしょう。

Soft Aspect

☌ △ ⚹

あなたの存在が相手に幸福感を与えます。あなたといると相手はとてもリラックスでき、喜びや楽しさを感じるでしょう。あなたのほうは、相手によって自分の中のさまざまな感情を喚起させられて、感性の豊かな人間になっていきます。一緒にいることで生活が楽しくなり、喜びが増す関係なので、この二人がひとたび恋に落ちれば、自然と結婚を考えるようになります。相手はあなたによって経済的な向上も得られるでしょう。仕事関係でも、この相手と組むと働くことが楽しくなります。相手があなたの気持ちを十分汲み取ってくれるので、ケンカにもなりにくいでしょう。

あなたの金星 × 相手の水星

＝

親近感を抱く相手

水星は知性やコミュニケーションを司る惑星です。この関係は、相手の知性やコミュニケーションが、あなたの愛情面を刺激します。相手の話し方やコミュニケーションによっては、あなたはこの人のことを好きになるかもしれないし、逆に嫌悪感を覚えるかもしれません。

いずれにしても、この関係の場合は、相手があなたに話しかけるなどして、コンタクトをとってくる場合が多いでしょう。

仕事面では、あなたの美的センスが相手の能力によって開花したり、相手があなたのアイデアをうまく表現してアピールしてくれるということがあります。アスペクトがハードであれば、相手があなたの人気を妬んで邪魔してくることもあるでしょう。

Hard Aspect

☍ □ ⊼

相手の話し方やコミュニケーションのとり方に、あなたのほうが違和感を抱きやすくなります。相手のことが口先だけの人間に思え、信用できないと感じることも多いでしょう。相手はあなたの愛情に対して誠実に応えようとしないときがあり、自分が忙しいとあなたのことを放置したり、メールの返信なども遅くなりがちです。行動や生活のテンポが違い、あなたはのんびりしたいのに、相手はあちこち動き回りたいタイプで、あなたのほうが息切れしがち。とくに大きなトラブルは起こりませんが、お互いの好みの違いに対して常に意識的であるべき相性でしょう。

Soft Aspect

☌ △ ⚹

この関係は、出会ってすぐに親近感を抱きます。あなたは相手の話し方やコミュニケーションのしかたに興味を抱き、会うたびにその社交センスに魅了されていきます。相手のことをとても知的な人だと思うでしょう。一方、相手はあなたのしぐさやルックスに魅力を感じ、話していて楽しいと感じます。この相手といると、あなたはいつまでも若々しくいられそう。共通の友人を持つことが多く、友達から恋人に発展する可能性も高いでしょう。この人と結婚すれば、自然と友達が家に集まってくるような、明るくて会話の絶えない家庭を築くことができそうです。

あなたの金星×相手の金星

＝

魅力の交流

愛情を司る金星同士が共鳴し合う関係です。金星同士がなんらかのアスペクトを形成していると、強い愛情で結びついていきます。ソフトなアスペクトで結ばれていれば、相手を好きになるタイミングやきっかけも同じことが多いでしょう。恋のチャンスも生まれやすく、どちらからともなく好意を伝え合い、自然とカップルになっていくパターンです。

また、金星は五感を司る惑星でもありますから、相手とあなたは好きな食べ物や音楽、香りなどが似ていることも多いはず。感覚的な嗜好が似通っているので、お互いに相手のことを運命の人のように感じてしまうことがあります。逆に、感覚が似すぎていて相手に対して嫌悪感を抱く場合もあるでしょう。

Hard Aspect

□ ⊼

ハードなアスペクトをとっていても、お互いに相手のことを魅力的に感じて惹かれ合う相性です。ただ、愛情表現のしかたは異なります。相手の愛情表現を、あなたのほうがそれとは気づかずに見過ごしてしまったり、あなたの愛情が誤解されて伝わってしまうこともありそう。二人とも相手の出方を待つほうなので、親しくなるのに時間がかかるおそれもあります。また、趣味や嗜好が異なるため、好みやセンスが違い、食べたいものや行きたい場所も相手と合わないことが多くなります。お互いに譲歩して、相手に合わせる努力をしていかないと、気持ちが離れてしまうでしょう。

Soft Aspect

☌ ⚹ △ ✳

二人とも愛情傾向がとてもよく似ていて、同じような愛し方をするタイプです。恋愛関係になれば、相手の喜ぶ愛し方をお互いに熟知しているので、心地よい関係が長続きします。セックスでも一体感を味わえる相性です。仕事面でも楽しく働ける間柄で、とくに美的センスが問われる仕事では、お互いの才能を引き出し合うことができます。ただ、仕事の生産性はダウンしそう。楽しい相手なだけに享楽的になりやすく、一緒にいると遊びのほうに気持ちが向いて仕事がはかどりません。結婚した場合は、楽しみを追求してしまい、遊びや趣味に浪費する傾向が強まります。

あなたの金星 × 相手の火星

＝

愛の点火

金星と火星のアスペクトは、性的な結びつきを引き起こす相性です。火星側の精力的なパワーを、金星側が受け止めていく関係で、お互いに相手に強いセックスアピールを感じるでしょう。相手のほうがあなたを挑発してきます。その誘惑にあなたもあらがうことはできそうにありません。セックスだけの関係になることも多く、愛情が育ちにくいケースもあります。

友人関係の場合でも、相手の積極的なリードによって、急速に仲良くなっていくでしょう。ただ、あなたが相手を束縛したり、相手があなたを支配したがる傾向も出てきます。そうなると衝突も多くなりますが、それでも不思議と離れられない相性。腐れ縁になりやすい関係です。

Soft Aspect

☌ △ ⚹

お互いに相手に性的な関心を抱きます。相手によってあなたの性欲が刺激され、この人の前では羞恥心を捨てて大胆に体を開いていくことができそう。夢のようなひとときを過ごせるかも。さらに、この相手とはセックスだけでは終わらない相性。セックスによって体が結びつくことで、お互いの愛情も深まっていきます。また、性的な関係以外でもこの相手はいろいろな場面であなたの背中をポンと押してくれる人。何かに飛び込む勇気や行動力を与えてくれます。あなたがイニシアチブをとるよりも相手のリードに任せたほうが楽しく過ごせ、良好な関係が築けるでしょう。

Hard Aspect

☍ □ ⚻

ハードな角度をとっていても、セクシャルな関係になりやすい相性です。ただ、ソフトな角度の場合と違って、愛のない体だけの関係になってしまったり、性的快楽に溺れてしまうこともあります。心では相手と別れようと思っても、相手に求められると拒めず、体を許してしまいがち。友達関係の場合は、相手のほうが強く、あなたが相手に従うことが多いでしょう。仕事では、あなたにとって扱いにくい相手となります。相手が上司の場合はハードワークになりやすいかもしれません。いずれにしても互いに感じ合う磁力によって関係が複雑になりがちです。

あなたの金星 × 相手の木星

＝

愛の喜び

木星の側が寛大な心で金星の側をサポートし、その愛情を引き出していく関係です。木星は拡大や発展をもたらす惑星であり、金星の側にとってこの相手はラッキーパーソン。木星側の恩恵を金星側が受けることができます。この相手といると、あなたは自分の中の金星的な性質、たとえば愛情や美的センス、人気、社交術といったものを相手によって引き出してもらえ、運勢が発展します。

ただ、金星は快楽や贅沢を象徴する惑星でもあり、あなたのそういう部分を相手が助長してしまうこともあります。快楽に耽り、贅沢三昧させてくれる相手は、あなたを甘やかしたり、ルーズにしてしまうこともあるでしょう。

Hard Aspect

☍ □ ⚻

ハードなアスペクトをとっていても、お互いに魅力を感じて惹かれ合う相性です。とくに180度の位置の場合は、お互いに自分にないものを相手の中に見出し、そこに惹かれていきます。しかし、深くつき合うと、趣味・嗜好が合わないことに気づきます。その場合は相手があなたに合わせることが多いでしょう。また、あなたのほうが相手のことを甘く見る傾向があり、それが相手に伝わると、相手が不愉快に感じてあなたから離れていきます。相手があなたをわがままにさせたり、あなたが相手に甘えすぎる傾向も出てくるでしょう。お互い、気を引きしめ合う必要が。

Soft Aspect

☌ △ ⚹

相手があなたに幸運を与えてくれる相性です。あなたに対してとても好意的で、惜しみない援助をしてくれます。この相手といると、あなたはチャンスに恵まれ、得をすることが多いでしょう。精神的にも解放感を与えてくれるはずです。また、金運を上げてくれる相手でもあり、相手があなたに投資したり、収入を上げるきっかけをつくってくれることもあります。この人と結婚すれば、経済的に余裕のある生活が送れるでしょう。傍から見ると、相手があなたを甘やかしているように見えますが、当人同士は深い愛情で結ばれていて、お互いに相手を大切にします。

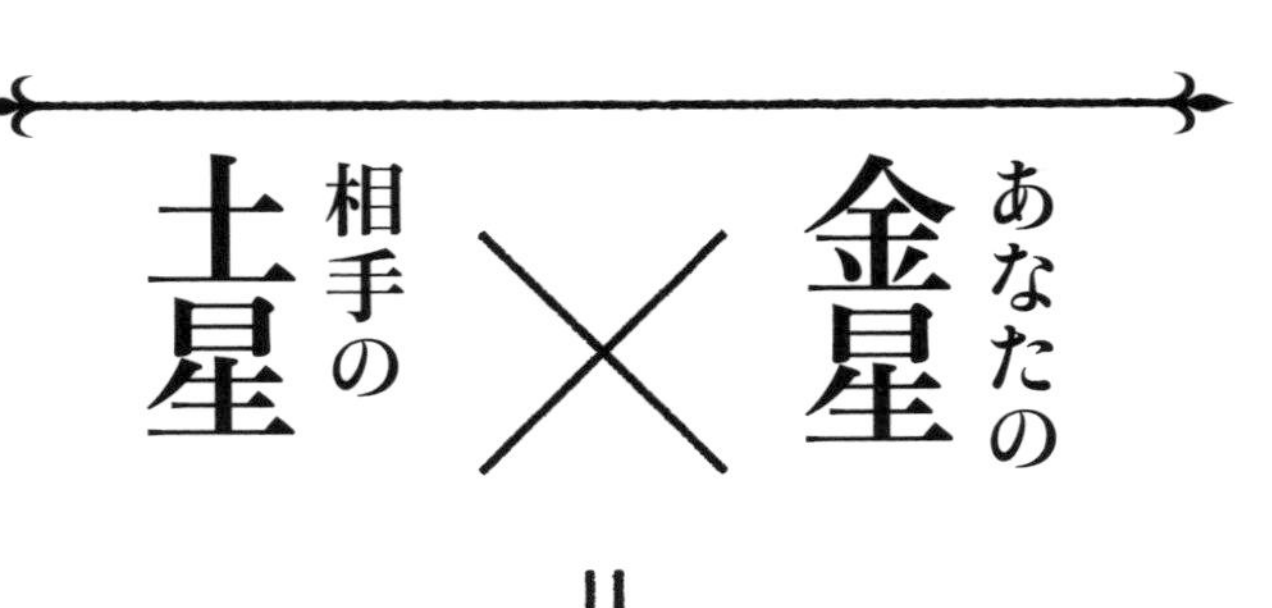

あなたの金星×相手の土星

＝

父性的な愛

土星は厳しさを与える惑星です。それがあなたの金星に絡んでくると、あなたはこの相手によってプレッシャーを感じることが多くなります。あなたの楽しみたいという気持ちを、相手が抑え込んでしまうのです。

ただ、マイナス面ばかりでもありません。土星の側が二人の関係をリードして、相手に対して責任を持ち、金星の側が土星の側に安らぎと癒しを与えることができれば、心地よい安定した関係を築くことができます。

また、この組み合わせは、アスペクトがソフトであれば、ビジネスで成果と利益を生みやすい相性です。相手の管理のもとで、あなたが自分の能力をうまく発揮することができ、それが実益につながっていきます。

Hard Aspect

☍ □ ⚻

相手の管理や要求が厳しく、あなたが窮屈に感じたり、萎縮してしまう関係になりがちな相性です。あなたのほうが相手の顔色を見て動くようになりやすく、感情を自由に表したり、思っていることを遠慮なく話したりすることができないと感じます。恋愛関係の場合は、あなたのほうが先に愛情が冷めてしまうでしょう。また、相手が上司や目上の場合は、自分の実力を十分発揮することができず、その下で働くことはあなたにとって苦痛かもしれません。金銭的な損失を被ることもあります。相手から与えられる束縛や重荷にどう向き合うかがテーマです。

Soft Aspect

☌ △ ⚹

誠実で堅実な関係が築ける相性です。恋愛関係になれば、相手は責任を持ってあなたを守る義務を果たそうとします。あなたは相手の真面目で誠実な態度に安心感を抱くでしょう。この人といるとあなたは精神的に落ち着き、浮ついた気持ちがなくなります。そのため自分の愛情を相手だけに注ぐように。結婚すれば経済的な向上が望めます。相手によってあなたの無駄遣いが抑えられ、金銭感覚も身についていくはず。ただ、初対面の印象がお互いにあまりよくなく、親しくなるには少し時間がかかります。仕事などで関わるうちに相手のよさに気づき、関係を深めていく相性です。

あなたの金星×相手の天王星

‖

スリルに満ちた愛

あなたの愛情生活、快楽を読み解くポイントの金星と、相手の天王星との位置関係からわかるのは、二人の関係性がどんなものになるか、という点です。

この相性にはスリリングさが伴います。相手が異性であれば、ドキドキする恋をさせてくれる人となるでしょう。また、ちょっと危険な遊びや刺激的な娯楽にあなたを誘う相手となる場合もあります。

アスペクトがハードな場合は刺激が強すぎるかもしれません。スパイスの効きすぎた料理のように、この人との関係は、あなたの心をヒリヒリさせる可能性が。ソフトな角度であれば、ピリッとした刺激を楽しめる関係となるでしょう。ちょっと風変わりなカップルになることも。

Hard Aspect

☍ □ ⚻

ハードな角度のつながりの場合、天王星が与える刺激が強いので、二人の関係は波乱に満ちたものになるかもしれません。とくに愛情関係はそうです。また、アスペクトが0度の場合は、この人との恋の初期は刺激的なものになります。唐突な形で出会う場合が多く、この人は一瞬であなたをトリコにしてしまうかもしれません。ただ、別れてはヨリを戻すことを繰り返すカップルになる場合があるので、周りはハラハラするでしょう。恋愛以外の関係だと、この人からあなたは人生の享楽を教わることになりがち。生活の規律を正す必要が出てきます。

Soft Aspect

☌ △ ⚹

この相手はあなたの金星パワーを活性化してくれます。恋人同士なら倦怠期とは無縁のつき合いができるはず。友人としても刺激的な相手であり、次から次へとあなたに新しい楽しみを与えてくれるでしょう。また、恋人以外なら型にハマらない関係を築くことになる傾向が。親子なのに友達のような二人だったり、上司と部下なのに役割があべこべになったり、といったことが起こりがち。周りはヘンな目で見るかもしれませんが、本人同士は自分たちのユニークなつながりを自慢に思っていたりするので、そのために問題が起こることはないでしょう。

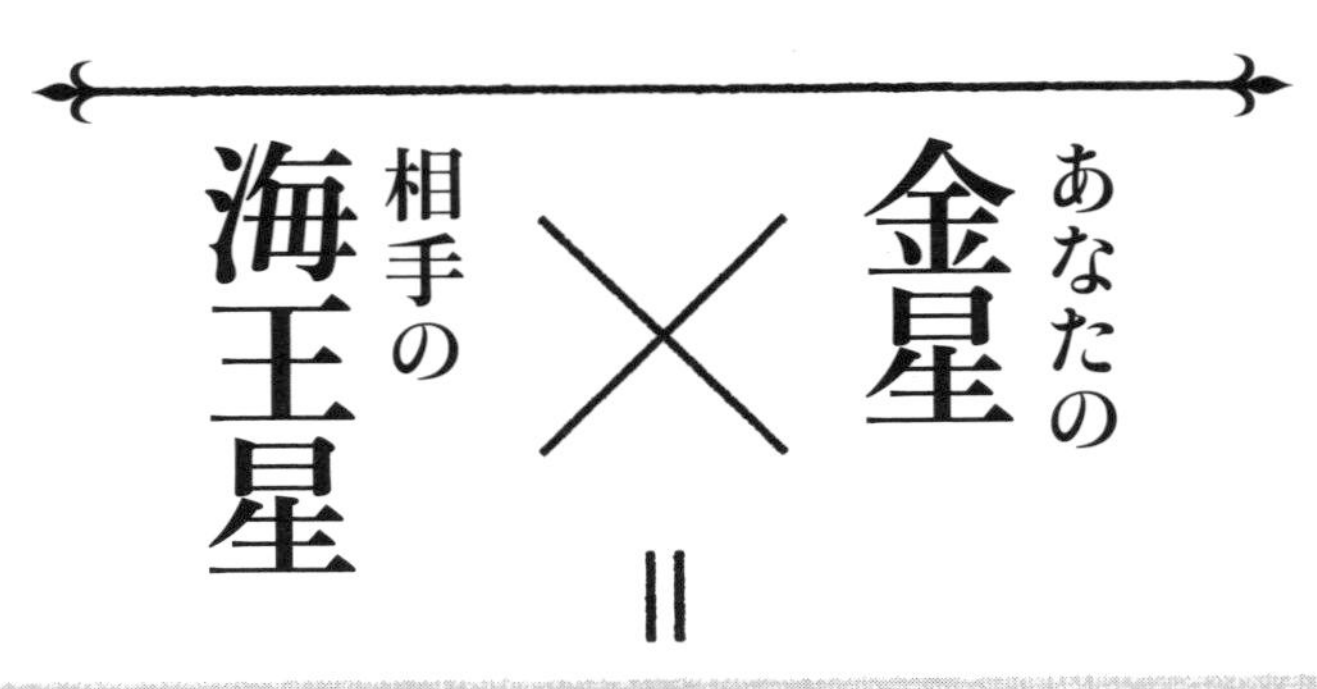

無条件の愛

金星と海王星の結びつきは、二人の関係にロマンティックなムードをもたらすものです。

金星が司っている五感が、相手の海王星がもたらす陶酔作用によって高ぶるので、あなたにとって、この人との関係は快感を共有するものとなる傾向が。恋が生まれる可能性が極めて高い相性だと言えます。この相性があなたの美意識や芸術的な感性を高めてくれる場合も。

ただ、惑星同士の結びつきがハードだと、ちょっと現実離れした理想を相手に抱いてしまう心配もあります。どこかで現実に直面しないと本当の絆は育たないかもしれません。ソフトな結びつきであれば問題は小さいはず。生涯、あなたの理想の人であり続けてくれる可能性大。

Hard Aspect

☍ □ ⚻

妄想を引き起こす海王星があなたの金星を強く刺激するので、あなたはこの人を理想化しがち。そのため等身大の相手が見えてきたとき、幻滅を覚えてしまうかもしれません。相手のいい面も悪い面も見るように心がけておけば、あとになって失望せずにすむでしょう。また、この人はあなたのアーティスティックな感性に新たな刺激を与えてくれる人物になることもあります。これまで興味のなかった音楽や文学、アートの世界の扉をこの人が開けてくれるでしょう。ただ、仕事の関係の場合、この相手のせいで、あなたはラクすることを覚えてしまうかもしれません。

Soft Aspect

☌ △ ⚹

あなたにとって、この人はいつまでも魅力のあせない素晴らしい恋人、あるいは憧れの対象、または崇拝するアーティストとなるでしょう。他の人がどう思おうと、あなたの目にはこの人こそが理想だと映ります。恋をすれば完全に一途になるかもしれません。また、うまい具合に夢から覚めることはなさそうなので、ずっとこの人を愛し続けることが可能です。二人の関係が恋愛以外の場合でも、この相手はあなたに快感や喜びを与えてくれるはず。あなたの外見やセンスを心からほめてくれる場合も多いので、そういう意味でも気持ちよくさせてくれる相手です。

あなたの金星×相手の冥王星

＝毒を食らわば……、の愛

これは愛憎関係が生まれやすい相性です。あなたはこの人のことを愛しすぎる傾向があります。冥王星は圧倒的な力を持つ星なので、そのパワーに翻弄され、あなたの愛にブレーキが利かなくなってしまうのです。

苦い経験になるかもしれませんが、この愛から生まれる喜びも、ひときわ大きなものになるでしょう。生涯で最も忘れられない恋になりそうです。

二人が同性同士でライバル関係にあったりする場合は、あなたのほうが相手に刺激され、猛烈な進化を遂げることになるかもしれません。どうしても勝てない相手に映る場合もありますが、この人のおかげであなたの美は磨かれるし、金銭的な豊かさがもたらされる可能性も。

Hard Aspect

☍ □ ⊼

金星と冥王星のハードな角度はあなたの愛情生活に困難をもたらしがち。この人からの欲求は際限がなく、どれほど愛を注いでも満足してもらえないように感じます。周囲から激しい嫉妬を向けられるかもしれません。それでもあなたはこの人にできる限りの愛を注ごうと努力するはず。この経験によって、あなたの情愛はとても深まります。愛の喜びも苦しみも味わいつくすことができるでしょう。ただ、惑星同士の位置関係が90度の場合、この人との関係の継続はあなたを消耗させます。不倫など、人に言えないストレスの溜まる関係は作らないようにしたい相性です。

Soft Aspect

☌ △ ⚹

恋愛の場合、このソフトなアスペクトは二人の関係性を継続させるものとして働きます。相手の冥王星のパワーはあなたから惜しみない愛を引き出すからです。つき合い始めてしまえば、ちょっとやそっとのことでは終わらない恋となるでしょう。ただ、結婚後に出会ってしまうと、遊びではすませられない関係になる場合が。あなたの愛はこの人にまっすぐ注がれます。相手はそれを当然のように受け止めるので、ちょっと不満に感じることも。けれども、この相手は豊かさをもたらす人。物質面も精神面も充実するでしょう。これは恋愛以外の関係の場合も同じです。

あなたの火星について

Mars

◆　◆　◆

◆火星は相手をエキサイトさせる

火星は、その名の如く、赤々と燃える炎のような激しさを表す惑星です。占星術の世界では、闘争心や攻撃性、怒り、情熱といった強いパワーを司り、積極的な行動力や欲望を促す働きをしています。

ホロスコープの火星のマークを見てください。火星は♂というマークで表されています。このマークが「男性」を表すマークであることは、みなさんもすでにご存じでしょう。火星は闘争心や攻撃性といった、長らく男性にわりあてられてきたエネルギーを表すものであり、生物学上の♂の記号は占星術上の火星のマークを借用しています。

ギリシャ神話でも、火星は戦いの神、アレスが支配しています。このアレスという神様はとても凶暴で残忍。あちこちで紛争を巻き起こし、神々の間では厄介者扱いされていました。ところが、ローマ神話では、火星の神様はマルスと呼ばれるようになり、ローマの平和を守る軍神として崇められるようになります。

占星術での火星の解釈も、まさにこれら神話と同じです。個人のホロスコープを見たとき、火星のパワーがマイナスに作用していれば、攻撃的で怒りっぽく、すぐ人と争うような闘争的な性質が前面に出やすくなります。しかし、この荒々しい火星のパワーがプラスに働いていれば、逞しくて力強く、物怖じしない行動力と、苦難にも立ち向かっていくポジティブな積極性が発揮されます。

相性を見る場合、火星は相手とのエネルギーの交換のしかたや力関係を表します。自分の火星と相手の惑星との位置関係を見ていくと、あなたが相手にどんなエネルギーを注いでいくのか、あるいは相手からどんなエネルギーを与えてもらえるのかがわかります。そして、二人の力関係はどのような状態になっているのか、それも見えてくるでしょう。

もうひとつ、火星には象徴するものがあります。それはセックス。火星は性的エネルギーを司り、性欲をもたらす働きがあるとされています。つまり、ホロスコープ上で火星がどの星座に入っているかを見ることで、その人の性欲の強さやセックスの傾向がわかるわけです。相性の場合も、あなたの火星と相手の惑星とのアスペクトを解釈していくと、あなたと相手とのセックスの相性が見えてきます。体の相性がいいかどうか、性欲を刺激される相手かどうか、あるいは、自分が相手にセックスで満足感を与えられるのか、そういったことも火星との関係性を読み解いていくことで推しはかることができるのです。

あなたの火星×相手の太陽

＝

パワーの与え手

太陽の側のポジティブな影響を受けることによって、火星の側が持っているアグレッシブな行動力やパワーを建設的な方向に使うことができる相性です。

この相手は、あなたに目的意識を与え、それを実現するために自分の力をどう使えばいいのかを教えてくれます。あなたの人生を何倍も豊かにしてくれ、有意義に過ごすための方法を学ぶことができる相手です。

この関係がソフトな角度で結ばれていれば、太陽の側の創造的な力と、火星の側の勇気や行動力がうまく噛み合い、大きなことを成し遂げられます。しかし、ハードな位置関係だと、あなたが相手に競争心を燃やしやすく、相手はあなたに反発や嫌悪を抱くことになるでしょう。

Hard Aspect
☍ □ ⊼

あなたが故意に相手のモチベーションを下げてしまったり、相手の意欲を削ぐようなことをしやすくなります。相手のほうもあなたの行動ややり方に反発を抱きがち。最初のうちは相手のほうが我慢していますが、あなたがあまり身勝手だと断固とした態度に出てくるでしょう。とくに恋愛関係になると、そのつもりはなくともあなたの行動パターンが相手を驚かせることも多く、相手はときにそれを持て余すようになることがあるかもしれません。相手が不満を溜め込みすぎないうちに、相手のペースをときどき確認しておくことが賢明でしょう。

Soft Aspect
☌ △ ⚹

お互いに魅力を感じ、短時間で親しくなっていきます。この人にとってあなたは刺激的な相手であり、意欲をかき立てられます。あなたのほうはこの人といると気持ちが大らかになり、怒りやストレスが解消されるでしょう。愚痴をこぼしやすい相手でもあり、悩みを相談するのにもベスト。性的な相性もよく、相手の性欲をあなたがかき立て、あなたも相手とのセックスで満足を得られます。物事に対する感じ方が違うので衝突もしますが、後腐れがなく、ケンカするほど仲良くなっていくでしょう。目的が同じであれば、協力して必ず達成できる相性です。

あなたの火星 × 相手の月

＝

沸き立つ感情とエネルギー

月は感情を表す惑星。その月の感情を、アグレッシブなパワーを持つ火星が煽っていく関係です。この二つの惑星では月のほうが受け身なので、火星の側が月に積極的に働きかけることになります。

火星と月がソフトなアスペクトをとる場合は、火星の側であるあなたが月の側に精力を与え、相手を励ましたり元気づけたりして引っ張っていくでしょう。しかし、ハードなアスペクトをとっていると、親しくなるほど衝突やトラブルが後を絶ちません。あなたの言動が相手を苛立たせることも多いでしょう。

性的な関係になった場合、火星の側のあなたが相手に官能的な快感を与えることができ、月の側の性感帯を開発していきます。

Hard Aspect

☌ ☍ □ ⊼

お互いに相容れない相性。相手からするとあなたの態度が攻撃的で支配的に感じられます。あなたの様子を窺うようになったり、あなたの自己中心的な行動や感情的な言葉に傷つくこともあるでしょう。あなたのほうは相手の言動がもどかしく感じられ、イライラさせられます。相手の立場があなたより弱い場合は、からかったり意地悪をしたくなることもありそう。ずっと一緒にいると相手のことを面倒だと思ってしまうかもしれません。ストレスが溜まる相性ですが、セックスの相性は悪くありません。激しい攻撃的な関係が生まれることも。

Soft Aspect

△ ⚹

あなたのほうが相手をリードすることでうまくいく関係です。相手の情感や想像力をあなたが刺激し、相手に自信と行動力を与えていきます。この人はあなたにとって何とも言えない魅力を湛えている存在。ちょっかいを出したくなったり、放っておけずに面倒を見ることになりやすい相性です。あなたのほうが強く出られるはずなのに、気がつくと相手に心を持っていかれているようなところがあります。あなたが相手を追いかけてしまうこともあるでしょう。セックスの相性もよく、あなたが相手に奉仕する関係。あなたが官能を刺激し、相手を気持ちよくさせます。

あなたの火星 × 相手の水星 ＝ 計画と行動

知性を表す水星が、行動力を表すあなたの火星に絡んでくると、あなたは相手の影響を受けて、非常に理性的に行動するようになります。相手があなたの衝動的な行動を抑える役割を果たすこともあるでしょう。

この二つの星がソフトなアスペクトを形成していれば、火星の持つアグレッシブなパワーと水星の司る知性がうまく噛み合って、難しい問題や課題も協力して見事に突破できます。

しかし、ハードなアスペクトをとっていると、火星の側のエネルギッシュな情熱や意欲に対して、水星の側が理詰めで論戦をふっかけることも。お互いに相手のやることを批判したり、気に入らないと感じてしまうでしょう。

Hard Aspect

☌ ☍ □ ⊼

あなたは相手のことを口うるさく感じてしまい、相手はあなたを浅はかな人間だと感じがち。相手の辛辣な言葉があなたの感情を激しく刺激するので、反感を抱きやすい相性です。カップルになった場合には時間がたつほどに、相手が批判ばかりで行動が伴わない、愚痴が多い、などといった印象を持ちやすく、また相手もあなたのことをなんでも勝手に決めてしまうと不満を抱きがち。些細な言葉のすれ違いから衝突がヒートアップすることもありそうで、親しいからこそ注意する必要が。しかし、寛大さを忘れなければその言葉の応酬から互いの理解が深まる可能性も。

Soft Aspect

△ ⚹

あなたはこの相手といると行動の目標がはっきりしてきます。何のために動いているのかがはっきりしてくるのです。相手があなたの知性や思考を刺激するので思慮深くなり、行動する前によく考えるようにもなります。相手のほうはあなたの積極的な行動力を見習うでしょう。二人のコミュニケーションは活発になりますから、会話も弾みます。長電話になったり、会うと何時間も話し込んだりしそう。ただ、言いたいことを遠慮なく言える関係だけに、口論になることも少なくありません。でも、感情が尾を引かないので、仲直りも早いでしょう。

あなたの火星 × 相手の金星

＝

一目ぼれ

この関係はとてもセクシャルです。相手がどんなタイプでも恋愛関係に結びつきやすく、お互いに魅力を感じます。この二つの惑星が何らかのアスペクトをとっていれば、たとえ相手が仕事関係の人であっても、あるいは既婚者であっても、お互いに異性として意識してしまうでしょう。相手が恋愛上手なタイプであれば、あなたのほうが骨抜きにされてしまうことも十分ありえます。

アスペクトがソフトでもハードでも結びつきが強いだけに、いったんセクシャルな関係になると、なかなか離れることができません。愛情は冷めているのに体の関係は続くということにもなりがちなので、気をつける必要があるでしょう。

Hard Aspect

☍ □ ⚻

ハードなアスペクトでも、お互いに性的魅力を感じる相性です。しかし、ベッドを共にすると、セックスの相性は必ずしもいいとは限りません。相手の愛撫にあなたが満足しなかったり、絶頂のタイミングが噛み合わず、セックスが思ったほど盛り上がらないこともあるでしょう。体の相性がいい場合は、セックスに溺れて、あなたが理性を失うこともあります。相手の気を惹くためにわざと浮気に走るなど、複雑な愛情のもつれがあり、それが二人の関係を危うくします。友人関係でも、相手のベッタリした友情に、あなたが束縛を感じて逃げ出したくなりそう。

Soft Aspect

☌ △ ⚹

あなたは相手に色気を感じ、相手はあなたによって性欲を刺激されます。あなたが一目ぼれすることもありそう。お互いに本能的に抱かれたい、抱いてみたいと感じる相性です。きっかけさえあれば、すぐに肉体関係が結ばれるでしょう。おそらくそのきっかけは、行動力を司る火星側のあなたがつくることになりそうです。恋愛以外の関係でも、このアスペクトで結ばれた相手は、あなたに深い愛情を注いでくれます。あなたはその愛情に安らぎを感じると同時に、相手の愛情に応えていきたいと思うでしょう。友達であれば多くのことを一緒に楽しめる関係になります。

あなたの火星 × 相手の火星

＝

エネルギーの融合

二人の火星同士が何らかのアスペクトをとっていると、二人のエネルギーが相乗効果で増幅されます。この相手と一緒にいると、どちらもひとりのときよりパワフルになるわけです。

この火星同士がソフトな角度なら、エネルギーを発散する方向が同じことを表します。何をするにもこの相手となら、ひとりのときより倍の威力とスピードで物事が進んでいくでしょう。

ハードなアスペクトをとっていると、お互いのエネルギーがぶつかり合い、摩擦が生じやすくなります。相手に対する反発が強まり、それが度を超せば、トラブルを引き起こすでしょう。

この関係はお互いの性的な衝動を高める相性でもあり、セックスでは激しく求め合います。

Soft Aspect

☌ △ ⚹

双方とも相手にエネルギーを与えることができ、元気になれる相性です。この相手と一緒にいると、生きる力が増してきて、希望や夢を実現したり、問題を突破したりするガッツが湧いてきます。仕事で関わる相手なら、お互いに切磋琢磨し合って、共に成績や利益をどんどん上げていくことができるでしょう。カップルの場合も、お互いに相手から刺激をもらうことができ、新鮮な関係が長続きします。ただ、どちらも気が短くなるので、ケンカは日常茶飯事。言いたいことをバンバン言い合います。でも、そんなケンカすらも楽しめる率直な関係を目指すのがベストでしょう。

Hard Aspect

☍ □ ⚻

一触即発の相性です。どちらも相手に対して嫌悪感や違和感を抱きやすく、そりが合いません。相手のやることや発言にカチンとくることが多く、不愉快な気分にさせられます。このアスペクトを持った二人が恋愛関係になると、最初のうちは意気投合して盛り上がることもありますが、つき合いが深くなるにつれて愛情がもつれ始め、摩擦が生じやすくなるでしょう。相手のことを恨んだり、愛するあまり憎しみが生まれてしまうことさえあります。仕事のシーンでも、お互いに相手の足を引っ張り合い、生産性をダウンさせがちです。相手の能力を認める姿勢が必要です。

あなたの火星 × 相手の木星

＝

前進する力の与え手

木星は拡大と発展をもたらし、幸運を運んでくる惑星です。あなたの火星に相手の木星が絡んでくると、あなたは相手からさまざまな恩恵を受け、それによって良くも悪くもパワーアップしていきます。

この二つの惑星がソフトなアスペクトをとっていれば、木星側から受け取る恩恵を、火星側のあなたはプラスの方向に活用できます。火星の持つ個性やエネルギーを相手がのびのびと押し広げてくれて、それによってあなた自身が成功や発展をつかむでしょう。

ハードな場合は、相手に煽られてあなたが自分の能力を過信してしまう傾向があります。そのため無謀なチャレンジをして失敗することがあるかも。

Hard Aspect

☍ □ ⚻

相手があなたを過大評価し、あなたのほうが自信過剰になりやすい相性です。そのため相手に煽られて、自分の能力以上のことに手を出してしまったり、分不相応なことをしがちになります。冷静な判断力を失いやすくなり、根拠のない自信だけで突っ走ってしまうこともあるでしょう。とくに仕事では損失を招くことがあるので、注意が必要です。また、現実的な問題に直面すると、双方ともうまく対処できず、問題を放置したりこじらせたりしそう。恋愛では二人とも性に奔放になるので、セックスは楽しめるかもしれませんが、スポーツ的なものになるかも。

Soft Aspect

☌ △ ⚹

木星の持つ発展性と火星の持つ行動力が相乗効果を生み、共に向上していける関係です。相手はあなたが意欲的になれるようなチャンスを運んできてくれます。あなたもそれに応えるように、自分の目標や願望を叶えていくでしょう。この相手といるとあなたは自信が持て、大胆になれます。また、娯楽への興味や活動を広げ合える相性なので、一緒に旅行したりスポーツをしたりして楽しみを共有します。さらに、相手の影響で社会的、政治的な活動に関わることもありそう。恋愛では、開放的なセックスができる相性で、セックスの楽しみ方を教えてくれる相手となります。

あなたの火星×相手の土星

＝

ハードワーク

この関係性は、抑圧のパワーを持つ土星の側が、火星のアグレッシブな行動力や勢いを抑え込みます。あなたのほうはこの相手といると窮屈な感じがするかもしれません。

けれど、ソフトなアスペクトを形成している場合は、あなたのパワーが相手によって程よくコントロールされて、あなたは自分のエネルギーを適切に使うことができます。相手の影響で忍耐強くなったり、物事にじっくり取り組めるようになるなどメリットも多いでしょう。

しかし、ハードなアスペクトをとっていると、相手の抑圧に対して反発が出てきます。力の不均衡が起き、トラブルや争いを引き起こしやすい関係と言えるでしょう。

Hard Aspect

☌ ☍ □ ⊼

相手の圧倒的な力に、あなたがストレスを感じる相性です。あなたは拘束感を強く抱き、相手に頭を押さえつけられて身動きがとれません。一度にらまれたら怖い相手です。相手が年上だったり力のある人だったら、抵抗しても黙殺されそう。相手のほうはあなたのせっかちな行動や短絡的な考え方にイライラします。あなたが相手の指示を待たずに勝手な行動をとりがちなことも、相手を怒らせる原因となります。この相手といると、あなたは邪魔されているような気持ちになり、自分の個性や能力を思うように発揮できないでしょう。不完全燃焼を起こしやすい相性です。

Soft Aspect

△ ⚹

相手はあなたのエネルギーが現実的な方向へ使われるよう導いてくれます。あなたは相手に活力を与え、アクションを起こさせます。あなたが相手に自信を与え、相手はあなたに落ち着きを与えながら、二人で現実のさまざまな問題を解決していくことができる相性です。この関係性はとくに仕事の面で生かされることが多く、達成すべき目標や課題がある場合は連帯感が生まれ、役割分担がうまくできて仕事を成功させます。結婚の相性も意外と良好。相手があなたのはやる心や性急な行動をうまく抑え、あなたは単調になりがちな二人の生活に活気と変化を与えます。

あなたの火星×相手の天王星

＝

潜在的な爆発力

火星と天王星は比較的、親和性の高い組み合わせです。この二つの星の結びつきは両者に精力的パワーを与えてくれます。

ただ、そのパワーの使い方を間違えると、予想外のアクシデントや事件、事故を引き起こしてしまうことがあるので、注意が必要です。とくにハードな角度の場合はトラブルに発展しがち。ネガティブな感情をこの人に煽られると、あなたのパッションが燃え上がり、暴走してしまうおそれがあります。

火星は性的なエネルギーを表す星でもあるので、相手の天王星から受ける刺激があなたの性生活に影響する場合も。この人と過ごす一夜は、理性のすべてがハジけ飛ぶような強烈な体験となるかもしれません。

Hard Aspect

☌ ☍ □ ⊼

あなたにとって、この相手は劇薬かもしれません。火星と天王星というエネルギッシュな星同士の角度がハードだと、その表れ方もハードなものになりがちだからです。この人から指摘されたことが気に入らないと、つい躍起になって反論してしまいがち。親密な関係なはずが思いがけないことで大ゲンカをしてしまったり、周りを巻き込む大論争のキッカケを作ってしまったりする可能性があります。また、このアスペクトは突発的な肉体の結びつきをうながす場合も。この人の前では奔放になりすぎてしまうので、自分をよくコントロールする必要があります。

Soft Aspect

△ ⚹

火星と天王星のつながりがソフトなら、この相性はそれほど危険ではありません。二人の結びつきは互いの気力や精力を増す形で表れてくるでしょう。ただ、ケンカは激しくなります。あなたのほうが相手にたきつけられて攻撃的になりますが、なんとなく乗せられている感じがするかもしれません。確かにこの人には、あなたが興奮する姿を喜ぶ傾向があるようです。恋人同士であれば、激しいケンカのあとのセックスに強い快楽を見出す二人になる可能性も。一方、仕事で結びつく関係の場合、この相性が業務の進行具合を早める作用をもたらすかもしれません。

あなたの火星×相手の海王星

＝

矛盾をかかえた相手

火星と海王星の組み合わせは少しばかり厄介です。

火星は燃え盛る炎のようなパワーを持つ星ですが、海王星は「海」の文字通り水に近い性質の力を放つ星。このため、あなたの火星パワーは相手の海王星から水を差され、下火になってしまうのです。

たとえば、あなたがいくら怒っても、相手の心にはちっとも響かない、ということがあるかも。また、この相手といると、集中できなかったり、フラストレーションが溜まったりする場合があります。妙な罪悪感を抱かせられる場合も。

ただ、自制心に自信を持てないタイプの人にとっては、この相手は救い主。暴走を食い止めてくれるでしょう。

Hard Aspect

☌ ☍ □ ⊼

ハードな角度で二つの星が結びついていると、二人の関係はギクシャクしたものになりがちです。仕事でも恋でも、なぜかタイミングが合わないことが多いかもしれません。こちらが相手を求めている日は肩透かしを食らわされるし、向こうがあなたに接近しようとすると、なぜだかあなたの機嫌が悪い、といった感じになりやすいのです。この関係をうまく進めるには、あなたのほうが肩の力を抜き、相手のペースに任せるのがベスト。こちらがリードをしようとすると、この人に振り回されてしまいます。じっくりつき合い、呼吸を合わせていきましょう。

Soft Aspect

△ ⚹

この結びつきは、お互いになんらかの利益をもたらすはずです。あなたにとって、この相手は、いわば調整役。自分自身でコントロールしづらい欲望や攻撃性をうまく鎮めてくれる人です。一方、あなたはこの相手の散漫になりがちな意識をフォーカスさせるために役に立ってあげられます。ちょっとしたカツを入れてあげるようなイメージです。ただ、二人が異性の場合、このアスペクトは恋の成就を妨げる働きをすることが。誰かが橋渡し役をしてくれないと、お互い思い合っているのに、すれ違いが続いてしまう心配が。恋のキューピッドを探してください。

あなたの火星 × 相手の冥王星 ＝ 強大な力を引き出す相手

これは宿命的なものを感じさせる相性です。あなたとこの人はまさに、切っても切れない縁で結びついている可能性が。

気楽な気持ちでつき合うのは危険です。恋にしても友情にしても、この人といったん結びついたら、相手との関係を大切にしてください。この相手はあなたの中に眠るエネルギーや攻撃性などを極限まで引き出してくる可能性が高いのです。中途半端ではすみそうもありません。関係性が深いものなら、この人との縁はますます切りがたいでしょう。

いずれにせよ、あなたにとって、この相手は強大なライバルになりうる一方、強力な味方になる可能性も秘めています。とにかく慎重につき合うべきです。

Hard Aspect

☌ ☍ □ ⊼

闘争的な火星と強烈なパワーを持つ冥王星がハードに結びつくと、爆発的な力が生まれることが。とはいえ、このアスペクトは「二人だけの関係」にはそれほど影響しないかもしれません。社会の動きをも変えてしまうような相性ゆえ、日常的なつき合いの範囲では、このアスペクトを意識せずに過ごすことになるでしょう。とはいえ、長い人生のなかで、何度も顔を合わせる場合はあります。この人と不倫などの危険な関係を持つことは避けてください。互いの生活を完全に壊してしまうかもしれません。それほど強いパワーをこの相性は秘めているのです。

Soft Aspect

△ ✳

火星も冥王星もパワフルな星なので、この結びつきは巨大なエネルギーの源になります。ソフトな角度で結びついているなら、この人はあなたに強力な推進力を与えてくれるでしょう。仕事で関係を持った場合は、いずれ二人で事業を起こすことになったりします。ひとりでは不可能なことを可能にしてくれる相性と言えるでしょう。ただし、敵に回すと大変です。どこまでいっても邪魔をされてしまうかもしれません。恋愛が始まったら、二人の仲は誰にも引き裂くことのできないものになるでしょう。なんとしても結ばれようと、お互い必死になるはずです。

あなたの木星について

Jupiter

◆　◆　◆

◆木星は相手に希望を与える

古来、木星は「幸運の星」と言われてきました。占星術の世界では、木星は「大吉星（グレーター・ベネフィック）」とされていて、木星が自分の太陽星座に入ってくることは「幸運期の到来」を表します。

雑誌によくある年末の占い特集で、「来年の牡羊座は12年に一度の幸運期」というようなフレーズを見かけたことはないでしょうか？　その根拠となっているのが、この木星。たとえば幸運の星・木星が牡羊座に巡ってくる年は、牡羊座に幸運が訪れる年になるわけです。

では、どうして幸運期が「12年に一度」なのか？　それは木星の運行速度と関係しています。

占星術では、天空は12の区分に分けられていて、それぞれの位置に12星座が配置されています。一方、木星は約1年かけてひとつの星座を通過してきます。そして約12年かけて、12星座をひと回りするわけです。そのため、それぞれの星座に幸運の木星が巡ってくるのは、12年に一度ということになり、「12年に一度の幸運期」と考えるわけです。

ホロスコープ上での木星の位置は、人生の中で得られる幸せを教えてくれます。この星は、物事を拡張・発展させるパワーに満ちています。その力をうまく使えば、あなたは幸運のチャンスをつかみ、人生を切り開いていくことができるでしょう。

相性を読み解く場合には、あなたの木星の持っているパワーが相手に対してどう働きかけるのか、あるいは、相手の木星があなたに対してどんなふうに働くのかを見ていくことになります。

ここでひとつ押さえておかなければならないのは、運勢の幸運期を読み解くときと違って、相性における木星は単純な「幸運」だけを意味するのではないということです。「幸運を与える」という解釈だけではなく、前述したように良くも悪くも物事を拡張させる働きがあるのです。

その拡張させるパワーが、相手との関係性の中でプラスに働けば、相手の財産や知性、社会的な地位などに発展をもたらすでしょう。でも、木星のパワーがマイナスに働いてしまうこともあります。なぜなら、人間の自意識や快楽などは、拡大していくことが必ずしもよいとは言えないからです。物事を拡張させる木星のパワーが、相手との関係で過剰になったり、いびつな形で働いてしまうこともあり、そうなれば相手を必要以上に甘やかしてしまい、その相手といることで快楽に溺れてしまったりということが起きる場合があります。そういう点も意識しながら、この星がもたらす相性への影響を見ていくことにしましょう。

あなたの木星×相手の太陽
＝
保護者になれる相手

木星も太陽もポジティブで発展的なパワーがある惑星です。そのため自分の木星と相手の太陽の間に何らかのアスペクトを持っている場合は、強い力でお互いを引き合います。

二つの惑星がソフトなアスペクトでつながっている場合は、有益な関係を築くことができる相性です。木星の側にとって、太陽の側は応援したくなる相手となり、太陽の側も木星の人といると解放感を覚え、希望を持つことができます。

ハードなアスペクトで結ばれている場合は、どちらも寛大な性質を与える惑星だけに、お互いに相手に対して甘えが出てしまいがち。緊張感がなくなり、一緒にいると生活態度もルーズになりやすいでしょう。

Hard Aspect
□ ⊼

木星の側のあなたのほうがパワーがあり、相手への影響力が強く出ます。そのため、あなたの愛情や好意が過剰になりすぎて、相手のためを思ってしたことが、かえって相手を甘やかしてダメにしたり、わがままにしてしまうかもしれません。相手はあなたに反発を感じつつも、甘えさせてくれるという居心地のよさに安住して、あなたのもとからなかなか抜け出すことができないでしょう。恋愛関係の場合は、きっぱりと別れる決断がつかないまま、ズルズルと不毛な関係を続けてしまいそう。お互いどこかで一線を引くことが必要な相手です。

Soft Aspect
☌☍△⚹

お互いにプラスになる相性ですが、木星の側であるあなたのほうが、太陽の側である相手に幸運を与えることになります。あなたは相手に対して自分のできることは何でもしてあげたいと感じ、物心両面で多くのものを相手に授けることになるでしょう。あなたの援助によって、相手は成功をつかんだり、収入が上がったりしそう。結婚すればお互いの生活が向上します。仕事でも成果をあげられる相性です。このアスペクトは非常に強力で、相手とのホロスコープで他に悪いアスペクトがあったとしても、それを帳消しにしてくれるくらいのパワーがあります。

あなたの木星 × 相手の月

＝

魂の守り人になれる相手

月の側が、木星の側に対して理想を抱きます。繊細さを持つ月の側にとって、楽観的な思考と大らかな心を持つように見える木星側は、優しい両親に映るでしょう。月の持つ傷つきやすい内面を、木星の側が大らかな心で優しく包み込み、癒していくような関係です。

この二つがソフトなアスペクトで結ばれていれば、相手はあなたの寛容なところと援助に感謝を示し、あなたは相手から大切にされるでしょう。

しかし、アスペクトがハードだと、相手があなたに不安定な感情をぶつけてきたりして、あなたはそれに振り回されてしまいがちに。相手はあなたの楽観的すぎるところに不安と苛立ちを覚えます。

Hard Aspect

☍ □ ⚻

あなたにとってこの相手はお荷物になりやすい相性です。あなたの鷹揚さが相手を自由奔放にさせがちで、相手はあなたに遠慮せず好き勝手なことをしてしまうかもしれません。あなたはそれに振り回されないよう、相手に対して少し強く出ることも必要でしょう。相手がルール違反をしたときは、簡単に許してしまわず、しっかりとしつけることが大事です。あなたのほうが相手の言いなりになりやすいところがあるので、気をつけましょう。ただ、アスペクトが180度の場合はとくに結びつきが強く、ケンカや衝突が多少あっても結果的に相手に甘い面が出てきます。

Soft Aspect

☌ △ ⚹

あなたのほうが相手をいろいろな面で守ってあげる相性です。相手が落ち込んだときには励まし、相手の気持ちを前向きにさせ、ときには相手をかばうことも必要となるでしょう。相手はあなたなしでは生きられないと感じるかもしれません。それほど二人の間には強い信頼関係が生まれます。仕事関係の場合でも、あなたのほうが相手の面倒を見たり、世話を焼くような関係になりやすいでしょう。仕事がしやすい相手ではありますが、あまり生産性は高くならなそうです。結婚相手としては理想的。相手があなたに従ってくれるので、あなたは結婚後も比較的自由にできます。

あなたの木星 × 相手の水星

＝

よき知的同志

水星は知性やコミュニケーションを表す惑星です。それが木星に絡んでくると、水星の側の知性やコミュニケーション能力を、木星の側がサポートして、押し広げていきます。

　つまり、この関係ではあなたのほうが相手の知性を刺激する存在となります。そして相手のコミュニケーション能力を高めて、相手が人脈を広げたり、人間関係をスムーズに運べるよう援助する側に回ります。どちらかというと、あなたのほうが相手にとってプラスのものを与えていく関係になるでしょう。

　この人といるとユーモアのある会話が弾むことが多く、一緒にいて楽しい相手です。あなたも自分の意見や考えを言いやすいと感じるでしょう。

Hard Aspect

☍ □ ⚻

あなたが相手の知的欲求や人間関係を刺激して、どんどん広げていくので、相手のほうが精神的に疲れやすくなります。相手はあなたのことを無神経な人に感じ、あなたは相手のことを神経質に思うかもしれません。あなたにとってこの相手はあまり重要ではなく、軽く見てしまう傾向があります。そのため相手との約束をすっぽかしたり、口にしたことを守らなかったりという軽率な行動に出て、相手を怒らせてしまうこともあるでしょう。よい関係を維持していくには、あなたが相手の個性や意見を尊重し、相手の気分を害さないように気配りすることが必要でしょう。

Soft Aspect

☌ △ ⚹

木星の側であるあなたが、水星の側である相手の知性を刺激し、創造性をもたらします。あなたといると相手はいろいろなアイデアが浮かび、クリエイティブなことにも興味を持ちます。知的欲求や向学心も高まるでしょう。あなたのほうもこの相手といると、自然と知的好奇心をそそられます。仕事関係であれば、相手はあなたの理想を形にしてくれる人で、あなたと組めば素晴らしい活躍を見せてくれるでしょう。あなたは相手の行動範囲を広げ、相手にとってプラスとなる人物を紹介し、相手の世界を広げていくでしょう。それによってあなたの人間関係も豊かになります。

あなたの木星 × 相手の金星

＝

恵みを与え合う相手

あなたの木星のパワーが相手の魅力を高めていくという相性です。木星の側であるあなたのほうが、相手に幸運を与えていく関係ですから、相手はあなたといることで自分の魅力を磨いていきます。あなたの影響を受けて美しくなっていった相手は、同時に周囲からの人気も高まるでしょう。

あなたもこの相手をとても気に入り、目をかけたり、可愛がったりして愛情を注いでいきます。相手が異性であれば恋愛関係になりやすく、あなたのほうがいろいろと面倒を見てあげるようになるでしょう。

この相性はお互いの愛情が過剰になりがちで、嫉妬や束縛、妬みといった感情を双方にもたらす傾向も出てきます。

Hard Aspect

☍ □ ⚻

ハードなアスペクトだと、あなたの木星の影響力が強すぎてしまい、相手にとってそれがマイナスに働きやすくなります。あなたが相手を愛するあまり、相手を束縛することもあるでしょう。恋愛関係なら相手が他の異性と仲良く話しているだけで、嫉妬を感じてしまうこともあるはずです。また、あなたが相手を身びいきしたり、特別扱いしたために、相手が他の人から後ろ指を差されるということもありそう。相手もあなたが厳しくないのをいいことに、図に乗ってやりたい放題になることがあるので、どんなに相手が好きでも、あまり甘やかさないことが大切です。

Soft Aspect

☌ △ ⚹

恋愛感情が芽生えやすい相性です。あなたは相手に好感を抱き、いっぺんで好きになってしまうかもしれません。相手もあなたといるとリラックスでき、飾らずにありのままの自分を出していくことができます。相手はあなたといるとラッキーな思いをすることも多いでしょう。また、この二人は人生を楽しもうとする姿勢が共通していて、遊びを通して仲の良い関係になれそう。友達であれば一緒に旅行したり、同じ趣味を持ったりするととても波長が合います。結婚すれば、どこへ行くのも一緒にというような仲の良い夫婦になるでしょう。

あなたの木星 × 相手の火星

＝

チャレンジする力を共にできる人

火星はアグレッシブなパワーを司る惑星です。あなたの木星と相手の火星がアスペクトをとると、あなたのほうが相手の行動力や積極性を増幅させる関係になります。

　相手はあなたと関わることで活力を吹き込まれ、何かにチャレンジする気持ちや勇気が湧いてくるでしょう。あなたもそういう相手を応援し、相手が成功できるように導いていきます。金銭的、物質的な援助をしていくこともあるでしょう。

　ただ、この関係は危険もはらんでいて、ハードなアスペクトをとる場合は、あなたの言動によって相手の攻撃性が高まり、それがあなたに向けられることもありえます。不毛な関係に陥りやすい相性とも言えるのです。

Hard Aspect

☍ □ ⚻

あなたの木星の力が過剰に相手の火星のエネルギーを増大させます。よかれと思ってしたことが逆効果になったり、相手を増長させることにつながる傾向が。知らず知らずのうちに相手を興奮させたり、アグレッシブにさせすぎるということも。ときにはクールにお互いの距離をとることも必要かもしれません。一方、お互いにエネルギーと刺激を与えることは確かなので、逆境や変化の絶えない環境においてはかえって強みになるかもしれません。例えば相手がスポーツ選手やタレント、小さな会社の社長など競争の激しい社会でならあなたが大きなエネルギー源に。

Soft Aspect

☌ △ ⚹

　あなたが相手の精力をかき立て、チャレンジ精神や闘争心、野心などを抱かせます。相手はあなたの言動によってとてもやる気になり、成功願望が生まれてきそう。あなたには相手の社会的地位を上げられるパワーが備わっています。この二人が一緒に仕事をすれば、あなたのやりたいことや理想を、相手が積極的に動いて叶えてくれます。大きな仕事も成功させられるでしょう。恋愛関係であれば、あなたが相手の性欲を刺激し、奔放なセックスが楽しめる相性です。また、この二人はスポーツに関する相性もよく、相手が選手、あなたがコーチや支援者であるとベストでしょう。

あなたの木星 × 相手の木星

＝

よき先輩、後輩

二人の木星同士が結ばれていると、良くも悪くも、望んでいることや希望、理想といったものが似ています。そのため、共感し合う部分も多く、同じ目標を持っていれば、お互いに協力して、発展していくことができるでしょう。

けれど、この関係は安定感に欠けるところがあります。共感を呼び合って急速に親しくなることも多いのですが、その反面、相手に対する興味が失せれば、あっという間に離れてしまうでしょう。どちらも相手に執着しないし、自分から積極的にコンタクトをとっていくほどではないので、関係が希薄になるのも早いのです。じっくりとつき合えれば、お互いに幸運を与え合えるよい関係が築けます。

Hard Aspect

☍ □ ⚻

木星はマイナスに作用すると、寛大すぎてしまったり、緊張を緩めてしまう場合があります。この二人の場合も、お互いに相手に甘くなるところが欠点。約束を守らなくても許してくれるし、ルール違反をしても大目に見てくれるだけに、お互いにどんどんルーズになってしまいます。仕事関係の場合は、どちらかが社会常識や仕事上の契約などを破るおそれがあり、それによってもう一方が物心両面で損害を被ることもありそう。また、思想や理想、価値観がぶつかれば、お互いに譲らないでしょう。さらに、お互いの精神性のレベルが違いすぎることもあります。

Soft Aspect

☌ △ ⚹

どちらも相手に対して寛大な気持ちで接することができる相性です。悩みや問題があっても、この相手といるとそれが小さなことに思えて、気持ちが明るくなるでしょう。お互いに相手の人生をハッピーにできるので、結婚にも最適。育児や家事なども二人三脚で協力し合え、あなたも相手も家庭のことでストレスを溜めずにすみます。しかもお互いにやりたいことを支援し合えますから、結婚によって自分を犠牲にすることが少ないでしょう。友達としても最高の相性ですが、仕事関係だとお互いに甘えが出て、仕事のしかたが甘くなるかもしれません。

あなたの木星×相手の土星

＝

社会的信頼

あなたの木星と相手の土星がアスペクトをとっている場合は、個人的な関係よりも社会的な関係に影響を及ぼします。土星は社会性を司る惑星なので、あなたが社会の中でどう位置づけられるかということに、相手が関わってきます。

相手があなたの能力を認めて、引き立ててくれるかもしれません。あるいは、相手があなたに社会的な責任のあるポジションを任せることもあるでしょう。

いずれにしてもこの関係性では、相手のほうがパワーがあり、あなたの社会的な地位に何らかの影響を与えてきます。ただ、アスペクトがハードであれば、あなたが相手からプレッシャーを受けやすく、相手の期待に応えられない場合も出てきます。

Hard Aspect

☍ □ ⚻

相手の保守的な価値観が、あなたの目標達成や出世を邪魔することになる相性です。直接的な実害はなくても、この相手が自分の勤める会社の上司であったりすると、あなたの活躍する場面がなかなかなく、自分の思うような仕事ができないかもしれません。会社への不満も多くなりそう。ビジネス関係では、この人とは運営方法や方針が合わないでしょう。社会的な場面では、相手があなたのチャンスを奪ったり、不利益を与えたりして、足かせになることもあります。相手の与えるプレッシャーを楽観的な姿勢で軽く流すことができれば、大きな影響は受けずにすみます。

Soft Aspect

☌ △ ⚹

お互いを大人にし合える相性です。あなたはこの相手によって、社会の一員としての責任や義務をまっとうすることを教えられます。相手にとってあなたは発展をもたらしてくれる人で、ワンランク上の世界へと導いてくれる存在です。また、あなたのほうはストレスを感じないですむ相手なので、管理しやすいとも感じるでしょう。仕事など社会生活の場面では、この組み合わせはとてもよく機能し、大きな成果を生みやすい相性です。相手が年上であれば、あなたのことを引き立ててくれる人になり、この人のもとで働くと出世や昇格、成功を得られる可能性が高まります。

あなたの木星×相手の天王星＝ハイリスク・ハイリターン

あなたの可能性を広げるパワーを持つ木星が、急進的な作用をもたらす相手の天王星から刺激を受けると、「ハイリスク・ハイリターンな結果」が生まれやすくなります。

たとえば、あなたが新たなことに挑戦しようと夢を膨らませていたとします。その夢について、この相手といろいろと語り合っていくうち、あなたの大胆さがどんどん強まっていったとしたら、それはこのアスペクトの影響かもしれません。その結果、大きな勝ちを収められるかもしれませんが、大失敗となる危険性も増すわけです。

二つの星のつながりがソフトな角度の場合より、ハードな場合のほうが、リスクもリターンもより大きなものとなります。

Hard Aspect

☍ □ ⊼

あなたからすると、この人はちょっとばかり理解できないところがある人です。木星は寛容さを持つ星ですから、この人の天王星的な奇抜さを受け入れようとするものの、星の結びつきがハードなので、ちょっと無理やりな感じが出てしまうでしょう。相手が言っていることをムチャクチャだと思いつつ、まあでも、受け入れてみよう、といったムードが生まれます。そのため、あなたはこの人からの申し出によって大冒険をすることに。まったくわからないジャンルの仕事に挑戦することになったりします。それが大成功する場合もありますが、失敗のリスクも覚悟して。

Soft Aspect

☌ △ ⚹

この相手はあなたの世代の人たちから見ると奇抜なところが目につく人かも。でも、そこが魅力的に感じられるはずです。木星はポジティブな思考を促す星。その木星が相手の天王星とソフトにつながっている場合、あなたはこの人の「斬新さ」を肯定的に受け止めることができるのです。そのため、この人の画期的なところを、あなたは自分の生活や仕事に取り込もうとするでしょう。そうするうちに、だんだんあなたも個性的な人になってくるでしょう。その個性がうまく生きれば活躍シーンが増えますが、悪くすると同じ世代の人たちから浮いてしまう場合があります。

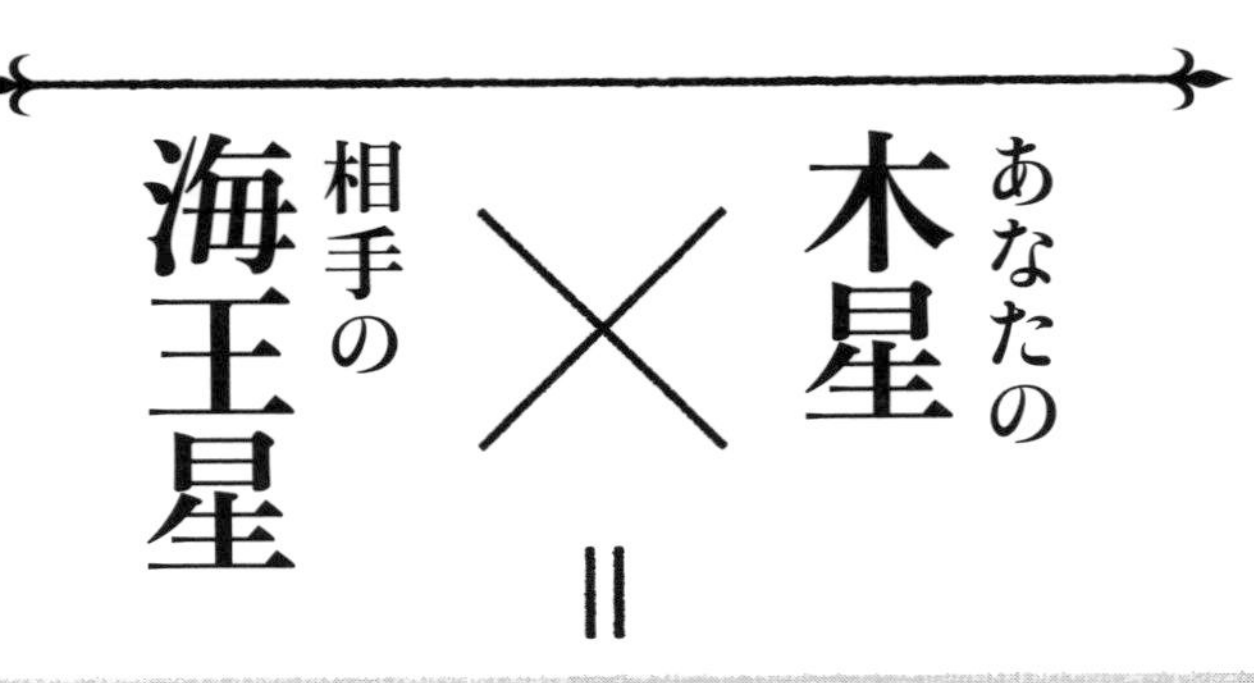

あなたの木星×相手の海王星＝スピリチュアルな関係

木星と海王星のアスペクトは二人の関係性において「精神的な結びつき」という面に表れてくるものです。

二人の関係が恋人や友人なら、社会に対する高い理想、あるいは崇高なものへの憧れを共有することになるでしょう。仕事での結びつきの場合は、高尚なビジョンを胸に抱き、その目標のために一緒に働く、といった形になるかもしれません。

というのも木星は上昇パワーを持つ星であり、海王星は膨張パワーを持っている星。この二つが結びつくと、より高く、より広く精神を発展させていこうとする意欲が生まれるわけです。

ただ、星のつながりがハードな場合は理想が高くなりすぎる傾向が出るかもしれません。

Hard Aspect

☍ □ ⚻

この結びつきは、精神的な豊かさと高い理想をあなたにもたらすものです。ただ、その反面、現実に根ざさない生き方をこのアスペクトがもたらす場合があるので注意を。たとえば、この人と結婚すると、理想の住まいや環境を求めて、転居を繰り返すことになるかもしれません。いつまで経っても「ここよりもっといいところがあるはず」という意識が捨てられなかったりするからです。仕事の場合も理想に走りすぎると業務に支障をきたすので気をつけて。ただ、二人のホロスコープ上に、他にもっと現実的なパワーを生むアスペクトがあれば問題ないかもしれません。

Soft Aspect

☌ △ ⚹

相手の海王星が、あなたのうちにある善意やポジティブな精神をソフトに刺激してくれます。辛い時期でもこの人のそばにいると、不思議と希望が心に湧いてくるはず。二人でいるときは、理想的な人生や社会、お互いの未来などについて語り合うことが多くなるでしょう。このように、精神面の充実感を与えてくれる相手ですから、この人はあなたにとって特別な存在だと思えるはずです。自分の胸のうちにある壮大な夢についても「この人ならわかってくれる」と感じられるので、他の人には話せないことを打ち明ける機会も多くなるかもしれません。

あなたの木星×相手の冥王星

＝

善の力、闇の力

冥王星は最もパワーの強い星です。破壊と再生のシンボルであり、物事の変容を促します。そんな冥王星とあなたの木星とのつながりは、あなたの人生に大きな影響をもたらすもの。ただ、それが吉と出るかどうかは、二つの星の位置関係によって変わってきます。

また、二人の関係性によっても、この相性は表れ方が違います。相手があなたの上司や親など、上の立場にあれば、「逆らえないけれど、恩恵をくれる人」となるのですが、それは関係性の性質上、当たり前に近いこと。でも、相手が部下や後輩だった場合、思いがけない関係になるかもしれません。その人によって、あなたの仕事運は急変する可能性があります。

Hard Aspect

☍ □ ⚻

相手があなたよりも立場が上である場合、このアスペクトはあなたにとって宿縁的なものを感じさせるでしょう。この人がそばにいることによる恩恵が大きすぎて、自分の好きにできない人生を歩んでいるような気分にさせられる可能性が。たとえば「親の七光り」といった現象として表れてくるかもしれません。恋の相性にはあまり影響しませんが、結婚すれば離れがたい事情が生じるかも。アスペクトが180度の場合はとくに、この人といると、あなたの楽観性が抑制されます。ただ、相手のほうは、あなたといることで人生の危機を免れるかもしれません。

Soft Aspect

☌ △ ⚹

これはあなたに、とてつもない出世をもたらすかもしれない相性です。というのも、発展性のシンボルである木星に、強大な力を持つ相手の冥王星がパワーを与えてくれるからです。ただし、同い年の同期がたくさんいる会社の中では、この人はあなたの同期のほぼ全員にチャンスをもたらす人。あなたひとりを取り立ててくれるとは限りません。相手が親や恋人の場合、あなたはこの人の力に守られて、自分の向かっていきたい方向へと容易に進んでいけるでしょう。単なる友人など、つき合いの浅い相手である場合には、この相性の影響を感じることはないかもしれません。

あなたの土星について

Saturn

◆　◆　◆

◆土星は相手に試練を与える

制限、抑圧、限度、制約、限定……どれもこれも、あまりうれしい響きを持たない言葉かもしれません。でも実は、こうした言葉に象徴されるのが土星の放つパワーの本質です。

イメージ的には、土星は「文鎮」や「錨」。ちょっとやそっとでは押しのけることのできない圧力のかたまりです。そのため、土星は「試練の星」と解釈されて、その存在を嫌われがちでした。「大凶星（グレーター・マレフィック）」と呼ばれていた時代もあるのです。

けれども、土星の作用を悪いほうにばかり捉えてしまうのは、あきらかに間違いでしょう。

たとえば、あなたが恋人に対していつも願っているのは、「いつかは結婚したい」ということではないでしょうか？　愛を感じたいだけなら、結婚という「形式」にはこだわらずにすむはず。しかし、それでも多くの人が結婚を選ぶのは社会的な安定のため。

そんな社会的責任と安定は、この土星がもたらす力なのです。この星の力がプラスに働けば、物事はその場に落ち着きます。散漫な意識はひとつにまとまり、人との絆も深まるのです。

でも、そのパワーがマイナスに働くと、土星のことを越えられない壁、あるいは自由を奪う制約として、「渋々ながら受け入れざるを得ないもの」と感じることになってしまいます。あなたのホロスコープのどこに土星が位置しているかを見れば、もっと具体的にこの星の作用をイメージできるかもしれません。ただ、あなたの土星がマイナスな働き方をしていても、この星を単なる「凶星」とみなすことはできないでしょう。

ギリシャ神話においては、土星は時間を司っているクロノスの神に重ねて考えられていました。この時間というものにしても地球の資源にしても、どんな世界にも限界はあるのですから、それを意識させてくれる土星はありがたい存在です。土星が与えてくれる制限のパワーは、あなたの暴走を防いでくれるのです。

相性においては、この土星のパワーが二人の結びつきを強めてくれる場合が数多く見られます。

ただ、星同士の結びつきがハードな場合は、お互いに対する反発が起こるかもしれません。あなたの土星が相手のどの星と、どんな結びつきを持っているか。これを知っておくことは、とても有益なことでしょう。二人の縁を、有限な時間や環境の中で育てていくためのポイントを見出すヒントになるはずです。

あなたの土星×相手の太陽
＝光のもたらし手

明るく輝く太陽と厳しさを秘めた土星は、とても対照的な惑星です。この関係では、土星のパワーのほうが強いので、あなたのほうが相手に影響力を及ぼすことになります。ポジティブな力を持つ相手の太陽に対して、あなたの土星が制限や限度を与える相性です。

こう言うと、あなたが相手を抑え込むような関係性に聞こえますが、それはハードなアスペクトをとった場合です。ソフトなアスペクトであれば、相手が社会の中できちんと活躍できるよう、あなたが支援していく関係になります。土星の側は、太陽の側に安定感と根気を与え、太陽の側は土星のおかげで自信を深めて、いろいろなことに挑戦していくでしょう。

Hard Aspect

☍ □ ⊼

のびのびとしたパワーを持つ太陽を、厳しい土星が抑え込む相性です。あなたのほうが相手を抑圧し、相手があなたに反発を抱きやすくなります。あなたは相手の楽観的な言動に不安を感じ、相手のやることに反対したり、ストップをかけたりしがち。相手はあなたに邪魔されるような気持ちになり、物事がスムーズに進まないことに苛立ちを感じます。発展性に乏しい関係と言えるでしょう。また、この関係は土星の側の問題や負担を、太陽の側が負わされる場合もあります。たとえば、あなたの抱えたトラブルを、相手が解決してくれるということもあるでしょう。

Soft Aspect

☌ △ ⚹

あなたが相手に忍耐力や努力の大切さを教えます。それによって相手が自分の役割や使命を自覚して、社会の中で活躍していくという相性です。あなたのほうも相手から太陽の持つ健全なパワーを受けて、活力や勇気をもらえます。この関係はとくに仕事の場でプラスに働き、相手のやることをあなたが厳しくチェックしたり、しっかり管理することで、ミスや失敗を防ぐことができるでしょう。恋愛は盛り上がりに欠けますが、結婚には意外とよい相性。お互いに自分の責任と義務をまっとうするので、家庭は安定します。結婚してしまえば、離婚には至りにくい相性です。

あなたの土星 × 相手の月

＝

心のマッサージ

　どっしりとした安定感を表す土星と、繊細な感情を表す月とでは、その性質がまったく反対。正反対だからこそ引き合う相性でもあります。情緒豊かな月の側が、頑なになりやすい土星の心を解きほぐし、土星の側は月の心を安定させ、現実を見つめる目を与えてくれます。

　この場合は、土星のほうが影響力は強く、あなたが相手に対して力を発揮していく関係になるでしょう。そのパワーがプラスに働けば、あなたが相手を守り、相手もその庇護のもとで安心感を得ます。しかし、マイナスに作用すれば、あなたは相手に対して支配的になり、相手の感情を抑圧します。相手はあなたに自由を奪われて、息苦しさを感じるでしょう。

Hard Aspect

☌ ☍ □ ⊼

　あなたのほうが相手に対して厳しくなり、相手を萎縮させる相性です。あなたは相手が自分の義務や責任をきちんと果たしていないと感じることが多いでしょう。そのため、仕事などの社会的な関係の場合は、相手を心の奥では信用していません。重要な仕事は任せる気になれないでしょう。力関係で言えばあなたのほうが強いので、御しやすい相手ですが、どんなときも自分がイニシアチブをとる側に回ることが多く、そこにストレスを感じるかもしれません。恋愛関係では、相手があなたに従いやすく、あなたがわがままになり、相手を都合よく振り回していると感じがち。

Soft Aspect

△ ⚹

　あなたが相手を保護する関係です。あなたは相手の感情を落ち着かせることができ、相手にとってはとても頼もしい存在。相手はあなたのことを尊敬し、尽くしてくれたり、従ってくれたりするでしょう。主従関係になりやすい相性でもあります。あなたもこの相手といると気持ちが癒されそう。自分の弱い面も見せられ、ホッとできる相手です。結婚の相性としてもよく、生活感情が安定し、家庭に秩序と節度をもたらします。子どもに対する教育方針なども一致しやすいでしょう。仕事ではあなたが相手に技術や仕事のしかたなど、いろいろと教えていく関係になりそう。

あなたの土星 × 相手の水星

＝

知的利潤

水星は知性やコミュニケーション能力を司る惑星です。この相性は、土星側が相手の知性やコミュニケーションに影響を与える関係。土星は現実性を授けるパワーがありますから、これがソフトなアスペクトで結ばれていれば、土星の側であるあなたが、相手の知性やコミュニケーション能力を現実的に使えるように導いていきます。そのおかげで水星の側が才能を開花させたり、コミュニケーション能力をうまく生かして成功をつかめたりするでしょう。

しかし、ハードなアスペクトであれば、あなたの土星が水星側の知性を抑え込んでしまいます。あなたが相手の意見やアイデアに反対し、その行動にも目を光らせることになるでしょう。

Hard Aspect

☍ □ ⊼

あなたが知らず知らずのうちに、相手の知性やコミュニケーション能力を押さえつけてしまいます。相手はあなたに苦手意識を持っていて、近づきがたいと感じているかもしれません。あなたの前に出ると、思っていることをうまく話せない、自分の能力を存分に発揮できないと思いがちです。あなたのほうも相手のことが小賢しい人に思えたり、軽薄に感じることもあるでしょう。口うるさく叱り、相手の欠点を批判することもあります。この関係では、あなたのほうが相手への干渉や支配を慎むことが大切です。そうしなければ、相手は息が詰まってしまいます。

Soft Aspect

☌ △ ⚹

土星のほうがパワーが強く、水星の側にプラスの影響力を及ぼしていく関係です。相手が義務や責任をしっかり果たしていれば、あなたにとってこの人は扱いやすい相手となります。あなたの手足となって動いてくれるので、この相手には仕事や用事などを頼みやすいでしょう。少々厄介な問題も素早く処理してくれるはずです。ただ、この関係を良好に保つには、あなたが相手の能力や才能を認めることが絶対条件。この相手のアイデアや意見を取り入れたり、言い分に耳を傾けたりして、あなたのほうから相手を尊重する態度を見せることが必要でしょう。

あなたの土星 × 相手の金星

愛と矛盾

金星は愛情を司る惑星であり、土星は制限や抑圧を表す惑星です。この二つの惑星の組み合わせは、金星側の愛情を、土星の側が制限したり抑圧したりする関係です。

土星のほうが影響力は強いので、あなたのほうが相手の愛情を支配します。相手のことをあなたは愛しいと感じますが、その愛し方は一方的。愛するあまりに偏った愛情を注いでしまったり、相手を束縛することもよくあります。

それでもこのアスペクトがソフトであれば、あなたは相手のよき指導者や助言者となり、相手はあなたに敬意を払うでしょう。あなたも相手から人を愛することの喜びや、人生を楽しむことの大切さを学びます。

Hard Aspect

☍ □ ⚻

お互いにあまり魅力を感じない相性です。あなたは相手を軽いタイプにしか思えず、相手はあなたを面白みのない人に感じます。あまり接点のない間柄なら問題はありませんが、仕事などで関わらざるを得ない関係になると、あなたはどうしてもこの相手に厳しくなります。相手のあらが目立ち、口うるさく注意したくなるでしょう。ツッコミ所が多い人物なのに、なぜかあなたより人気があって、あなたは相手に嫉妬を抱くかもしれません。恋愛関係では、相手は窮屈さを感じ、あなたも相手の愛情を疑ったりして、いびつな愛情になりがち。相手を縛っていないか注意して。

Soft Aspect

☌ △ ⚹

あなたにとってこの相手はとても魅力的。自分のものにしたいという欲求を抱かせる相性です。でも、あなたはこの相手に対して不器用な愛情表現しかできません。相手の前に出ると、心にもない態度に出てしまったり、わざと冷たくすることもあるでしょう。それでも、この相手はあなたのその不器用な愛情を受け入れてくれます。そしてあなたに愛の素晴らしさを教えてくれるでしょう。ただ、長くつき合うと、あなたはだんだんと相手への思いやりを忘れがちになります。この結びつきは決して強くはないので、そうなれば相手の愛情は簡単に冷めてしまうでしょう。

あなたの土星×相手の火星

＝

エネルギーのコントロール

火星はダイナミックで男性的なパワーを表します。この火星のアグレッシブなパワーは、本来、土星が最も苦手とするものです。そのため、あなたはこの相手といると、居心地の悪さを感じるはず。自分ではどうにもコントロールができない相手で、相手の出方を予測することができません。あなたはこの相手によって、心を乱されることが多く、結果的に有無を言わさぬ力で相手を押さえつけてしまうこともあるでしょう。

けれど、このアスペクトがソフトであれば、こうした傾向は弱まります。あなたが相手の無尽蔵なエネルギーをプラスの方向に使うように教え、相手はあなたに勇気と活力を吹き込むことができるでしょう。

Hard Aspect

☌ ☍ □ ⊼

火星と土星の組み合わせはどちらもパワフルで、お互いのエネルギー交換が激しい相性。でも、力関係はあなたのほうが強くなります。そのため、あなたが相手を押さえつけて従わせる関係になるでしょう。それに対する相手の反発も大きく、お互いに相手を敵視してしまいます。あなたのほうが先に自分の視界から相手を排除しようとするでしょう。とても不安定な関係なので、結婚には向きませんが、恋愛の場合はときどき運命的な出来事によって結ばれることがあります。あなたが相手の性的欲求を抑えてしまう場合もあり、そうなると相手は欲求不満に陥るでしょう。

Soft Aspect

△ ⚹

あなたのほうが相手をうまく手なずけていく相性です。あなたはこの相手に自分の力をコントロールすることを教えていきます。目的を達成させるためにはどう動いたらいいのか、そうした実際的なエネルギーの使い方を、相手はいろいろな場面であなたから学ぶことになるでしょう。とくにこの関係は、師弟関係、上下関係、仕事関係などに有益な相性で、あなたの指示で相手が動き、素晴らしい成果を望めます。友達や恋愛関係の場合は衝突が多く、ケンカが絶えません。でも、「雨降って地固まる」という相性で、ぶつかることで絆や愛情が深まっていきます。

あなたの土星 × 相手の木星

＝

堅実な基盤

ネガティブなパワーを持つ土星と、ポジティブなパワーを持つ木星とでは、エネルギーの方向性がまったく違います。本来なら相反する相性ですが、この二つの惑星がソフトなアスペクトをとっていれば、欠点を補い合うという作用が働きます。

土星の側は、木星の側といると悲観的な気持ちが薄れ、前向きになれるでしょう。何かに挑戦したり、新しいことを始める勇気も生まれてきます。一方、木星側は、じっくりと物事に取り組む根気や忍耐力を土星側から学んでいきます。

しかし、ハードなアスペクトをとっていると、相手のことを理解できなくなりそう。木星の側が損失を被りやすいという傾向も出てくるでしょう。

Hard Aspect

☍ □ ⚻

土星の側のあなたが、木星の側の相手を抑圧します。相手はあなたといると自分の目標達成の障害になるような気がするでしょう。あなたは相手の楽観性や意欲を削いでしまうことが多く、相手が「いける！」と思っているところにストップをかけがちになります。あなたからすると相手の考えは危なっかしく思え、手放しで賛成などできないと思うでしょう。その一方で、金銭面に関しては、あなたが相手に損失を与える傾向が出てきます。相手があなたの尻拭いをすることもありそう。公的な関係では、お互いがフェアな立場であろうとすることが大切です。

Soft Aspect

☌ △ ⚹

社会的な関係の場合に、利益をもたらす相性です。土星側のあなたは、木星側の相手に対して社会的な規範や、社会で役立つための方法を教えていきます。相手はあなたの影響を受けて、社会的な活動を行うようになったり、仕事で出世や成功することも十分ありえます。また、あなたが相手を管理するような立場になることもあるでしょう。その場合も相手は反発せずに、あなたを受け入れていきます。友人同士の場合は、この相手と一緒に旅行したり勉強したりするのは楽しく、多くのことを相手から学べそう。あなたは相手の思想や価値観に影響を与えていきます。

あなたの土星×相手の土星

＝

切磋琢磨

あなたと相手の土星同士がアスペクトをとっていると、個人的な面よりも社会的な面で影響が表れてきます。土星は約2〜3年でひとつの星座を運行していきます。そのため同世代の人は、土星の星座がみんな同じということになるわけです。

たとえば、あなたの土星と相手の土星のアスペクトが0度であれば、その相手は自分と同じ世代のことが圧倒的に多いはずです。このように土星同士のアスペクトは、世代間にも影響を与えてきます。お互いの土星がソフトなアスペクトをとっていれば、社会性が似ているので、仕事など公的な相性がよくなります。ハードなアスペクトであれば、仕事への姿勢や社会的興味の示し方が違ってくるでしょう。

Hard Aspect

☍ □ ⊼

社会的な活動の部分で、お互いに対立や反発を生みやすい相性です。相手とは、仕事の取り組み方や責任の取り方などがまったく違います。一緒に仕事をすると「何でそんなことをするの？」と首をかしげたくなることが、お互いに多くあります。相手の考えを理解することが難しく、衝突も増えるでしょう。集中力や判断力もダウンさせる相性なので、ミスや失敗も招きやすくなります。また、この関係は仕事でのストレスを増やし、精神を消耗するので、お互いに体調を壊すこともなきにしもあらず。お互いに過大な期待をし合わないことが大切です。

Soft Aspect

☌ △ ⚹

この相手とはビジネスのシーンで絡むことが多く、共通の目的を持つことになりやすいのが特徴です。お互いに社会への責任感を引き出す相性なので、仕事を一緒に行えば、最後までしっかりやり遂げて、頑張っただけの成果を出すことができます。仕事のしかたも似ていますから、ビジネス上での相手の行動も理解できるでしょう。ただ、問題に直面したときは、思考回路が似ているため、同じような解決方法やアイデアしか浮かばないことが多そう。とくに0度の角度の場合は、その傾向が強まります。そうなると暗礁に乗り上げたり、問題の解決が遅れることもあるでしょう。

あなたの土星×相手の天王星

＝新旧のせめぎ合い

土星と天王星は、かなり性質を異にする星です。安定作用を持つ土星と、凡庸さを打ち壊すパワーを持つ天王星。この組み合わせは角度がよければ、互いの性質の弱点を補い合うことになるでしょう。結びつきが強すぎると、互いの性質を邪魔し合うので、衝突が増えます。

ただ、良くも悪くも、これは「別々の性質を持つ二人が、どう歩み寄っていくか」という課題を与えるアスペクト。あなたにとって、この人はペースを乱す相手かもしれませんが、うまくつき合っていく術を見つけましょう。また、この人はあなたの保守的な面を変えようとしてくることが多いはず。壁を打ち破るパワーを与えてくれる人だと考えてください。

Hard Aspect

☌ ☍ □ ⊼

土星の圧力と天王星の改革パワーがハードにぶつかり合うため、二人の関係にはケンカが多くなるかもしれません。とくに、大きなことをしようとするときは、この相性が影響してきます。あなたから見れば、相手のやり方は急進的すぎて危険だし、相手から見れば、あなたのやり方は保守的すぎて、つまらないのです。でも、お互いの考えをしっかりとまとめ上げて、妥協点へと導くのはあなたの役割です。あなたさえ最後まで話し合う姿勢を崩さなければ、この人は折れてくれます。ただ、長くつき合っていきたいなら、相手の意見にも耳を傾けるようにしてください。

Soft Aspect

△ ⚹

あなたの土星は、相手の天王星に刺激を受けて、いい意味で順応性が高まります。杓子定規な判断に任せようとすると、この人から反論されるかもしれませんが、的確な指摘だと感じるはず。自分のやり方を変えてみるキッカケをもらえるでしょう。いっぽう、相手の天王星は、あなたの土星の持つ安定性を得て、「改革パワー」が長続きするようになります。改革パワーというのは、この人の中にある人生を変えていこうとする力。あなたのおかげでこの人は、アイデアを形に変えていく力を手に入れるでしょう。双方ともにメリットがあります。

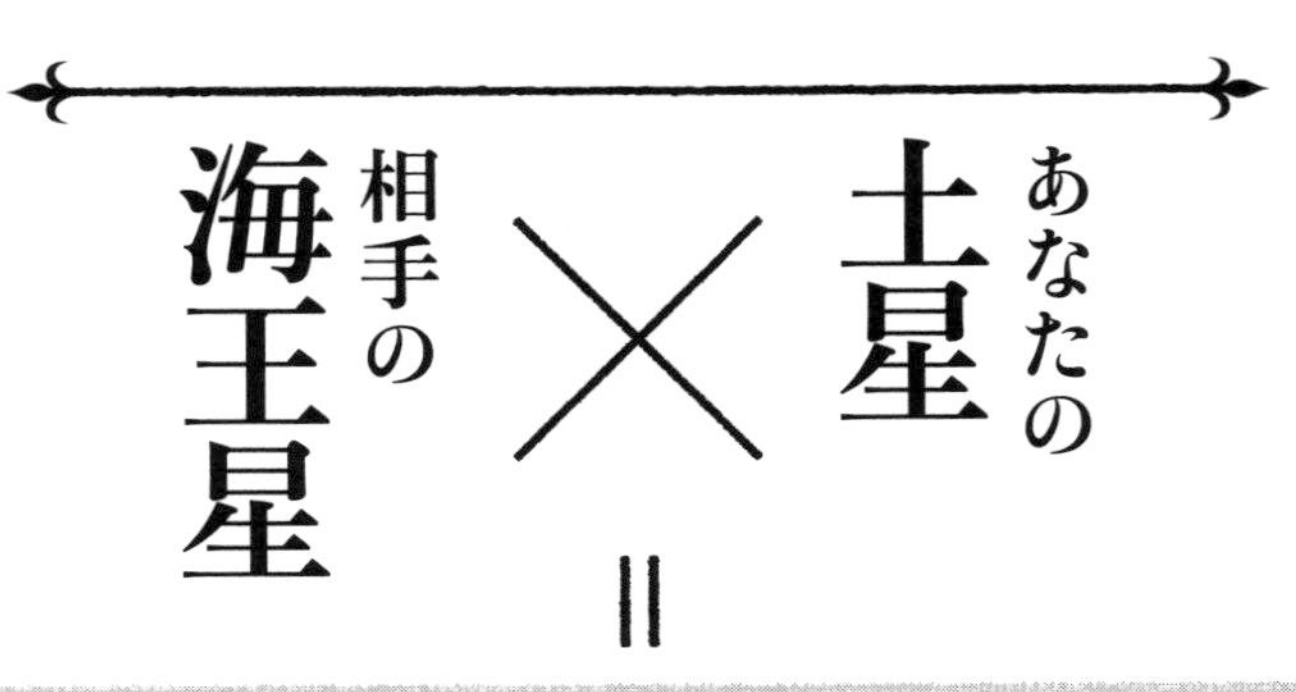

夢の具現

このアスペクトができあがる場合、相手のほうがあなたに苦手意識を感じがちです。

というのも、海王星は無限に広がっていく夢やビジョンを司る星。誰かに止められない限り、どこまでも夢想を広げていく力を持っています。ところが土星は、拡散する意識や目標を制限するパワーを持つ星です。つまり、あなたはこの人の理想のビジョンに対して「それは現実的に無理」という事実を突きつけて、シュンとさせてしまいがちなわけです。

ただ、あなたは、この人の無限に広がる夢にきちんとした現実感を与えてあげられることも。星同士の結びつきがソフトなら、あなたはこの人のよきアドバイザーになるでしょう。

Hard Aspect

☌ ☍ □ ⊼

無意識のうちに、あなたはこの人の行動のブレーキ役を引き受けています。もし、二人のつき合いが長いなら、あなたがいなくなると、この人はまさにブレーキを失った車のようになってしまうかもしれません。気持ちのいいこと、やりたいことに歯止めが利かなくなって暴走してしまう心配があります。ただ、あなたにしてみれば、この相手には何かとハラハラさせられることが多く、「それ以上、飲んじゃダメ」「そこまでやっちゃダメ」というように、口うるさいことを言わざるを得なくなります。そのせいで、なんだか自分のほうが悪者に思えてくるかもしれません。

Soft Aspect

△ ⚹

相手が親や夫、上司であっても、あなたからすればこの人はときどき「大きな子ども」に見えます。理性も分別もある人なのに、どうしてたまに我を忘れたように無茶なことをやりだすのか、不思議に思うかもしれません。それはこのアスペクトのせい。あなたの土星が、この人の理性を超えた部分を司る海王星のブレーキ役となる相性だからです。でも、いずれあなたはこの人の夢の実現に一役買うことになります。相手のビジョンを示す海王星にあなたの土星がゆるやかな形で働きかけ、方向性を確かにしてあげられるからです。あなたの存在に相手は感謝するはず。

あなたの土星×相手の冥王星＝パワートラブル

個人と個人の気持ちのうえでの親密なつき合い（たとえば恋人同士、友達同士など）であれば、この相性から悪い影響を受ける心配はありません。これは「パワーゲーム」が発生しやすい相性であり、社会的なポジションを巡るあつれきを生みだしやすい相性なのです。

土星も冥王星も相手に譲らない強さを持つ星ですから、互角のにらみ合いが発生しがち。うまくすると深いつき合いになりますが、下手をすると消耗戦を繰り広げるような関係となってしまう心配があります。

そういう場合は、二人が共同して成し遂げる事業に気持ちを向けてください。このタッグはとても強いので、強靭な意志と忍耐力で他を圧倒できるはず。

Hard Aspect

☌ ☍ □ ⚻

ハードな角度で土星と冥王星が結びついていると、家庭や社会の中でのポジション争いが長引きます。勝ったり負けたりを繰り返すうちに、恨みや妬みが心に溜まってくるかもしれません。けれど、それが表面に出てトラブルになることは、案外少ないでしょう。というのは、あなたの土星も相手の冥王星も忍耐力にとても優れているので、不平不満をグッとこらえがちなのです。その代わり、現実的な接戦は続くので、お互いに疲れ果ててしまう心配があります。ただ、そうやって互いを磨いていくことで、底知れないパワーが身につくという恩恵もあるでしょう。

Soft Aspect

△ ⚹

互いに切磋琢磨するなかで、深い絆が生まれてくるような相性です。あなたの土星をソフトに刺激してくる相手の冥王星は、あなたの忍耐力を強めてくれます。相手のほうも、あなたの土星から受けとるパワーによって持久力が増し、粘り強い活動が可能になるでしょう。ただ、周りから見ると、とても仲がいいとは言えないような関係になる場合もあります。でも、本人同士は相手の実力や強さを認めているので、見た目よりも心中は穏やかであるはず。もし、二人がひとつの目標を掲げることになれば、強力な「二本柱」として活躍していくことになるでしょう。

あなたの天王星について

Uranus

◆　◆　◆

◆天王星は相手に驚きと解放を与える

人間は太古の時代から空を見上げ、日々、動いている惑星が自分たちにもたらすパワーや影響を探究し続けてきました。

けれども、18世紀が訪れるまでの何千年という時間のなかで、人々が意識してきたのは太陽から土星までの七つの惑星だけ。天王星はまだ、その存在を知られていなかったのです。

この星が発見されたのは革命の世紀でした。フランス革命やアメリカの独立など、常識をくつがえす大きな動きを世界が見せていた時代です。そのころ初めて、それまで宇宙の果てにあると思われていた土星より遠いところに、この星の存在が明らかになったのです。

天文学の歴史的な常識をくつがえしてしまった天王星は「革新的なパワー」を司り、変化を生み出します。人生を大きく変えたいとき、こだわりを捨てたいとき、何かを革新したいとき、この天王星のパワーはあなたの強い味方になります。

あなたのホロスコープ上の天王星は、あなたの人生に起こる変革の時期を占う際にも重要なポイントになります。

ただ、天王星は個人的な性質についてはほとんど教えてくれません。というのも、この星は占星術において「外惑星」というくくりに入るものだからです（詳しくは170ページを参照してください）。

太陽を一周する公転周期が84年と大変長いため、この星の位置は地球から毎日眺めていても、ほとんど変化しません。つまり、同じ時代に生まれた人は、みんなホロスコープの同じ位置にこの星を持っているのです。ですから天王星は「同じ世代に共通する特徴」を暗示します。

人との相性を見る場合は基本的に、この天王星の位置は「相手に与える影響」とみなします。

あなたの天王星が相手にプラスの形で働けば、相手の性質や知性、人生にいい意味での変革が起こるでしょう。マイナスの形で働くと、相手はその変化にネガティブに反応することになります。

ただし、例外なのは三つの外惑星との組み合わせです。

あなたの天王星と、相手の天王星、海王星、冥王星との結びつきは、個人的な相性としてではなく、世代的な相性に働くもの。これについては、それぞれの項目にも書いていますから、ここではよくわからなくても大丈夫です。

まずは天王星が革新を起こす力を持つ星であることと、それが相手にどんな変化を引き起こすか。そこを意識しながら読んでいきましょう。

あなたの天王星×相手の太陽＝ブレークスルー

あなたの側の天王星の革新パワーが相手の太陽を刺激する位置関係です。

あなたの存在は、相手にとっては新鮮な驚きの源泉のようなものです。あなたの言動はこの人に「ときめき」や「ワクワク」を与え続けることになるでしょう。もちろん、それは相手に「理解できない」という感覚を与えてしまうという面もあります。相手からしてみると、あなたの言動は普通ではないからこそ、刺激的なのです。

あなたのほうは相手から、ありきたりの生活を打ち破ろうとする、あなた本来の勇気を呼び覚ますパワーを与えられます。とくに、一緒に住んでいるような場合は、この人から大きな影響を受けることになるでしょう。

Hard Aspect
☍ □ ⊼

天王星と太陽のハードな角度の結びつきは相手の人生に急変をもたらしやすいものです。あなたはこの人に対して、無意識のうちに強引な行動をとらせがちです。日常生活では、いきなりの呼び出しや、唐突なお願いごとをする機会が多いかもしれません。そのため、この人はあなたにちょっとばかり振り回されているように感じている可能性が。ただ、あなたはこの人を未知の世界に連れ出すことができる人です。なかば強制的かもしれませんが、その体験によって、この人は生き方や働き方を大きく変えることになるでしょう。あなたに感謝する日がいずれ訪れるかも。

Soft Aspect
☌ △ ⚹

天王星と太陽の結びつきがソフトなら、あなたがこの相手にもたらす影響はプラスに働きます。狭まっていた行動範囲を広げてあげたり、新たな可能性に目覚めさせてあげたりできるでしょう。あなたといると飽きないことを、この人は実感しているはずです。あなたとしても、この相手は自分の提案を素直に受け入れてくれるので、気分よくつき合えるでしょう。ただ、あなたはこの人の行動ペースを乱しがちです。二人の生活リズムがまるで違っていたりするなら、この人はあなたのリズムに引きずられて、自分の活動時間が狂ってきてしまうかもしれません。

あなたの天王星×相手の月

＝感情の波

この組み合わせからわかるのは、あなたが相手の感情や無意識に与える影響です。

相手の月に対して、あなたの天王星がハードな角度を取っていると、知らず知らずのうちに、あなたはこの相手の気持ちを乱すことになってしまいます。

ソフトな角度であっても、この惑星の組み合わせに関しては、あなたが相手の気持ちを振り回し、気分を害することがあるので、その点を覚えておきましょう。そうすれば急に相手が不機嫌になったときも、慌てずに「何か気に障った？」と聞くことができるはずです。

あなたからすれば些細なことでも、相手の気持ちが傷ついてしまうことがあるので、この相性の人には繊細な気配りを。

Hard Aspect

☍ □ ⚻

あなたから受ける情報に、この人は激しく反応しがちです。というのもこれは、あなたの天王星が相手の感情を強く刺激する角度だから。あなたのほうは無自覚なことが多いのですが、無意識のうちに挑発的な言葉を投げていたり、相手の不安な気持ちを煽るような行動を取ってしまっていたりするかもしれません。相手を動揺させないように気をつけてみると、この角度の影響を少し弱められるでしょう。唐突に誘いをかけたり、仕事を振ったりするのも避けてください。恋愛の場合は、相手の心の準備ができるまで、あまり急かさずに待ってあげることが大切です。

Soft Aspect

☌ △ ✶

ソフトな結びつきの場合、このアスペクトは、あなたに対する相手の気持ちを穏やかに揺さぶります。天王星は変革の星であり、それが相手の感情を司る月をソフトに刺激するわけです。あなたの言動は、この人の気持ちを引き立てたり、また落ち込ませたりもします。異性であれば、この人はあなたに恋している気分を一度は味わっているはず。同性同士であっても、あなたはこの相手にまるで恋の初期のようなジェットコースター気分を与えている可能性が。ときどき、つまらないことで相手を怒らせてしまうかもしれませんが、すぐに機嫌を直してくれるでしょう。

あなたの天王星 × 相手の水星 ＝ 変化の導き手

このアスペクトは恋愛関係にはそれほど影響しません。星のタッグが生むパワーは知的な交流に注がれます。そして、これはあなたにとってより、相手にとって意味を持つ相性です。

あなたとの出会いは、この人にとって、知的な興奮をもたらすでしょう。あなたの持っている知識や技能について、この人はとても大きな興味を抱くはずです。あなたとしては、この相手に自分の知性を思う存分披露できるので、この相手のことを好ましく感じるはず。

また、あなたがた二人が違う言語や風習を持っている場合、相手のほうがあなたの言葉や習慣を学ぼうとしてくれます。そういう意味では、あなたのほうがラクできる相性です。

Hard Aspect

☍ □ ⚻

あなたはこの人の知性に大きな変化を起こします。相手がまったく知らない領域について、あなたはとても詳しいはず。最初はそのことに、お互い気づかないかもしれません。でも、親しさが増していくうちに、その事実が明らかになるでしょう。あなたの知恵をこの人に伝えることは楽しい経験になるはずです。ただ、そのジャンルについて、二人の知識量には大きな差があるはず。自分が知っていることを相手も知っているはずだと踏んで話を進めていくと、支離滅裂な会話になってしまうことが。この人とのコミュニケーションはじっくり進めていくべきです。

Soft Aspect

☌ △ ⚹

この相手はあなたと出会うことで、少しずつ固定観念から解放されていきます。今までとは違う角度で物事を眺められるようになったり、興味のなかったことを学びたくなってきたりするようです。また、あなたはこの人に有益な情報を運んであげることができます。そのため、あなたは幸運の使者として好かれるでしょう。ただ、いつも期待のまなざしを向けられて、「何か面白い話はある？」などと聞かれると、あなたのほうはプレッシャーを感じるかも。とくに、この相手から好かれたい気持ちがあるときは、その期待に応えようとがんばりすぎてしまうかもしれません。

あなたの天王星 × 相手の金星

＝

新しい喜び

金星は恋愛の相性を読み解く大切なカギのひとつ。その金星にあなたの天王星がもたらす刺激は強烈です。相手が異性なら、この人はあなたに一目ぼれするかもしれません。あるいは、これまで得たことのない快楽をあなたから教わることに。

二人の関係性がどういう種類のものであれ、この相性は相手にスリルをもたらします。あなたとの仕事や交友は、この人にとってドキドキハラハラするものになるでしょう。

アスペクトがソフトな場合、それはいい刺激と言えますが、ハードな角度で星が結びついているなら、刺激が強すぎる可能性が。この人にとって、あなたはスパイスの効きすぎた料理のように映るようです。

Soft Aspect

☌ △ ⚹

あなたの天王星はこの人の金星のパワーを活性化する働きをします。金星のパワーとは愛や美を求め、楽しむ力です。あなたはこの相手にとって、刺激的な恋人や友達となるでしょう。あなたのほうも、この人といると陽気な気分、ウキウキした気分になれるかもしれません。退屈知らずのつき合いができるでしょう。また、あなたの天王星はこの人との関係性に「ユニークさ」を持ちこむので、ちょっと変わった関係ができあがることも。社会的な立場としては上司と部下、あるいは教師と生徒だったとしても、そういう枠に収まらない特別な親密さが生まれやすい相性です。

Hard Aspect

☍ □ ⚻

天王星のパワーがハードに働くので、二人の関係には波乱が起こりがちです。くっついたり離れたりを繰り返すことになるかもしれません。恋人同士の場合は性的な部分にアブノーマルさが表れることも。他の人とは体験できない刺激が得られますが、この相手はそれがクセになってしまい、あなた以外の相手との性的な営みには満足できなくなってしまうかもしれません。また、あなたはこの人の金銭感覚も狂わせがちです。あなたのほうも、この人と一緒にいると大胆になってしまうので、思わぬ散財をすることがありそうです。

あなたの天王星×相手の火星＝エキサイトする関係

これは性質に似たところのある星同士の組み合わせです。あなたの天王星が持っている革新的なパワーが、相手の火星の持つ本能的なパッションと結びつくので、相手は暴走を起こしがち。恋愛関係なら、性的な結びつきに影響します。仕事のつながりなら、過労といったことが起きてくることも。

アスペクトがハードな場合はこの人のなかの攻撃性をあなたが刺激するので注意が必要です。星のつながりがソフトであれば、このアスペクトは互いの活気の源となるので、それほど心配いりません。ただ、二人で何かに熱中すると、周りが見えなくなりがちです。ドライブの最中に熱心な議論を始めたりしないように気をつけてください。

Hard Aspect

☌ ☍ □ ⊼

あらゆる意味で、あなたの天王星はこの人の火星が放つパッションを焚きつけます。この相手とのつき合いには慎重になりましょう。たとえば、あなたの何気ないひと言は、この人の闘争心に火をつけがち。二人のケンカは周りのみんなに影響するほど大きなものになるおそれが。また、火星は性的なエネルギーを司っている星でもあります。そのため、この相手はあなたの仕草やファッションを挑発的だと感じる場合が。恋人同士であれば問題ありませんが、その気のない相手との関係では、余計な刺激を与えないよう、あなたが気をつける必要がありそうです。

Soft Aspect

△ ⚹

あなたの天王星はこの人の火星を適度に興奮させる位置にあります。異性であれば、あなたはこの相手をその気にさせやすく、ベッドのなかでも燃え立たせるのが上手でしょう。ただ、互いの気持ちを高ぶらせるために、わざとケンカをふっかけるようなところも、あなたにはあるかもしれません。仕事上の関係なら、あなたが上の立場のほうが好ましい相性です。というのも、この人はあなたから振られた新しい仕事については、いつも以上の熱心さで取り組んでくれるので、素晴らしい成果が生まれます。ただ、相手の機嫌が悪いときには、つい怒らせてしまうことも。

あなたの天王星 × 相手の木星 ＝ リスクテイキング

天王星と木星の結びつきはリスキーな展開を生みだします。というのも、木星というのは、楽観的な志向を高める作用を持つ星。そこをあなたの天王星が刺激するため、相手は一か八かの賭けに出たい気持ちが高まってしまうのです。

実際、あなたはこの人に対して冒険的な話を持ちかけがちでしょう。まったく無自覚かもしれませんが、この相手はあなたにとって「実験的な試み」に誘いやすい相手なのです。

星同士のつながりがソフトな場合よりハードな場合のほうがリスクもリターンも大きな話が持ち上がります。うまくすれば、この人とのタッグはあなたに大勝利をもたらすかもしれませんが、失敗の危険も覚悟して。

Hard Aspect

☍ □ ⚻

星の結びつきがハードな場合、二人が始める冒険はよりリスキーなものになります。というのも、この人はあなたの発想についていけないにもかかわらず、それを鵜呑みにして行動を共にしがちになります。「なんだかわからないけれど面白そうだから」という感じになってしまうわけです。あなたのほうは、自分の思いつきにこの人を無理やり巻き込んでいるつもりはないでしょう。相手はリスクを覚悟でつき合ってくれていると思うはず。でも、それは間違いです。この相手をリスキーなことに誘うときは、失敗する可能性があることを事前に必ず伝えておきましょう。

Soft Aspect

☌ △ ⚹

あなたはこの人にとって刺激的な存在です。あなたのセンスや考え方は、この人から見ると自分と異質で画期的に見えるのです。しかも、この相手はあなたの奇抜さを肯定的に受け止めてくれます。そして、あなたのスタイルを自分の生活や考え方に取り入れようと努めるでしょう。あなたの発想もポジティブにとらえてくれるので、自分の思いつきを、この人にはどんどん伝えたくなっていくでしょう。その結果、二人で事業を起こしたり、冒険的な旅行に出かけたり、といったリスキーなチャレンジが始まります。ハイリスク・ハイリターンな人生を共有するでしょう。

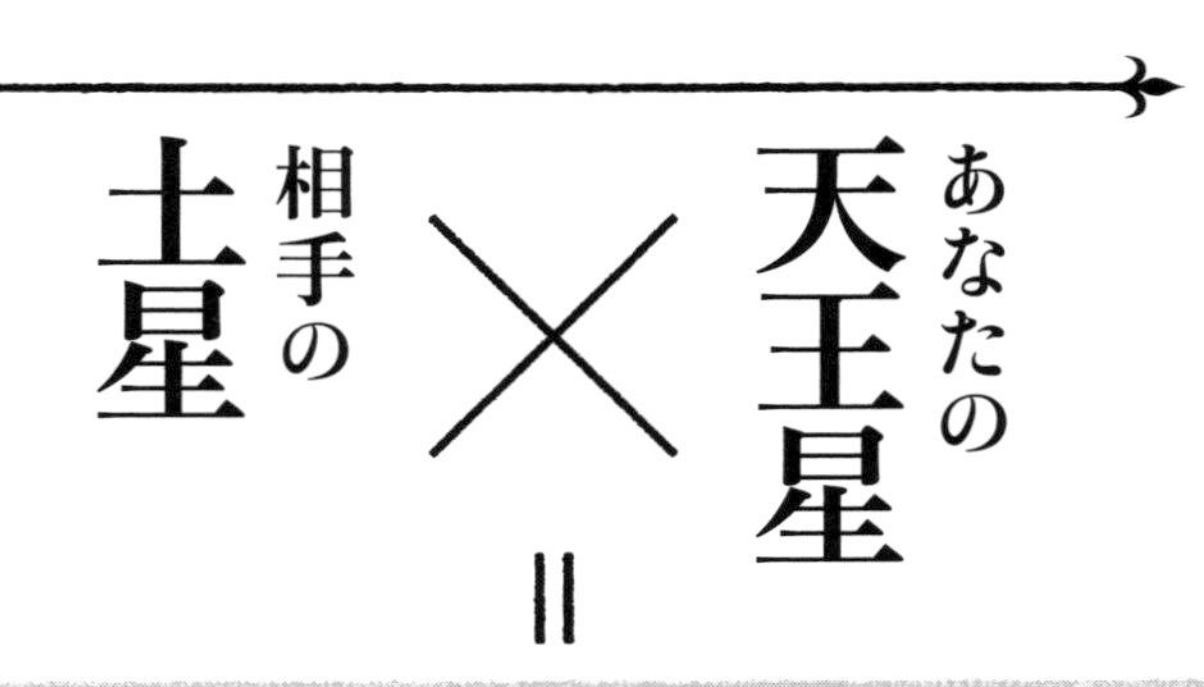

よき負荷の与え手

革新的な動きを求める天王星と、物事の安定のためのパワーの源である土星とは、基本的に相性がよくありません。この組み合わせは二人の関係に衝突をもたらしがちです。

相手から見るとあなたは、せっかく落ち着いてきた状態をひっかきまわす存在です。一方、あなたはこの相手にガンコさを感じがち。家庭や社内の改革を実行しようとすると、きまってこの人から不満が出たりして、頭を抱える場合も。

でも、この相性は互いのウィークポイントを補い合う作用をすることも。この人は、あなたが見逃しているポイントを指摘してくれる人です。相手の言い分に耳を傾ければ、買い物でも仕事でも失敗が減るでしょう。

Hard Aspect

☌ ☍ □ ⚻

天王星と土星のつながり方がハードな場合、互いの主張がぶつかりがちです。あなたが大きな変化を望むと、この人は必ず異議を申し立ててくるでしょう。しかも、このぶつかり合いはあなたにとって不利です。というのも、あなたは「やってみないことには、どういう結果になるかわからない話」をこの人に持ちかけがち。一方、相手は無理のない安全な方法を提案してきますから、あなたの話は説得力に欠けてしまいます。その結果、あなたが折れることになってしまうでしょう。それが続くと、あなたはこの人との関係にうんざりしてしまうかもしれません。

Soft Aspect

△ ⚹

これは互いの弱点を補い合えるアスペクトです。この相手は、あなたがつい性急な決断を下しそうになるシーンで必ず、「ちょっと待って。ゆっくり考えて」というメッセージを送ってくるでしょう。この人といると、あなたはむやみに生き急ぐことが少なくなります。おかげでじっくり腰を据えて、自分の人生改革を進めていけるでしょう。一方、相手のほうは、あなたのおかげで「生き方の柔軟性」が高まってきます。いつの間にか身についてしまった習慣的な言動をあなたから指摘されることが多く、その習慣を変えるキッカケを得ることになるでしょう。

あなたの天王星×相手の天王星＝世代感覚影響

天王星同士の位置関係は年齢で決まります。ひとつの星座を7年もかけて移動する星ですから、お互いの天王星の配置は歳が近ければ必然的に近いものになり、ひとつの世代の人は必ず別のある世代の人たちと天王星の結びつきを持つことになるのです。つまり、これは個人的な相性を読み解く大事なポイントにはならないアスペクトなわけです。

これは世代的な相性だと考えてください。あなたにとって親和的な世代もあれば、反発し合う世代もあるでしょう。「この世代の人とは何かと縁がある」と思うときは、天王星同士の結びつきがホロスコープに発見できるはずです。その場合、その世代があなたにとって特別なものであるのは確かです。

Hard Aspect

☍ □ ⚻

ハードなアスペクトのなかでも0度は同世代間に表れるもの。そのため、太陽や月が加わらない限り、個人的な相性を読み解くヒントにはなりません。90度と180度の場合は、世代間の交流がギクシャクしたものになりがち。あなたが相手よりも下の世代なら、相手をダサく感じるかもしれません。相手があなたより下の世代の場合は、二人の間に批判的なムードが漂う可能性が。歳の離れたカップルで、このアスペクトがある二人なら、世代に関する話題は避けたほうが無難。しなくてもいいケンカの源泉になりがち。「私の時代は……」という言葉は口にしないで。

Soft Aspect

☌ △ ⚹

あなたにとって、この世代の人たちはお手本となる部分を持っています。この世代の人たちが流行らせたファッションや音楽、ライフスタイルを、あなたがたの世代がリバイバルさせることになるかもしれません。あるいは、この世代の思想的な影響があなたがたの世代に届いたとき、本格的な社会改革が始まる可能性もあります。あなたが時代の変化を形にすべき仕事についているなら、この世代の人との交流はプラスに働くはず。多くの刺激的なアイデアを聞き出せるかもしれません。相手があなたより下の世代なら逆に、自分の世代から手渡せるものが多くあるでしょう。

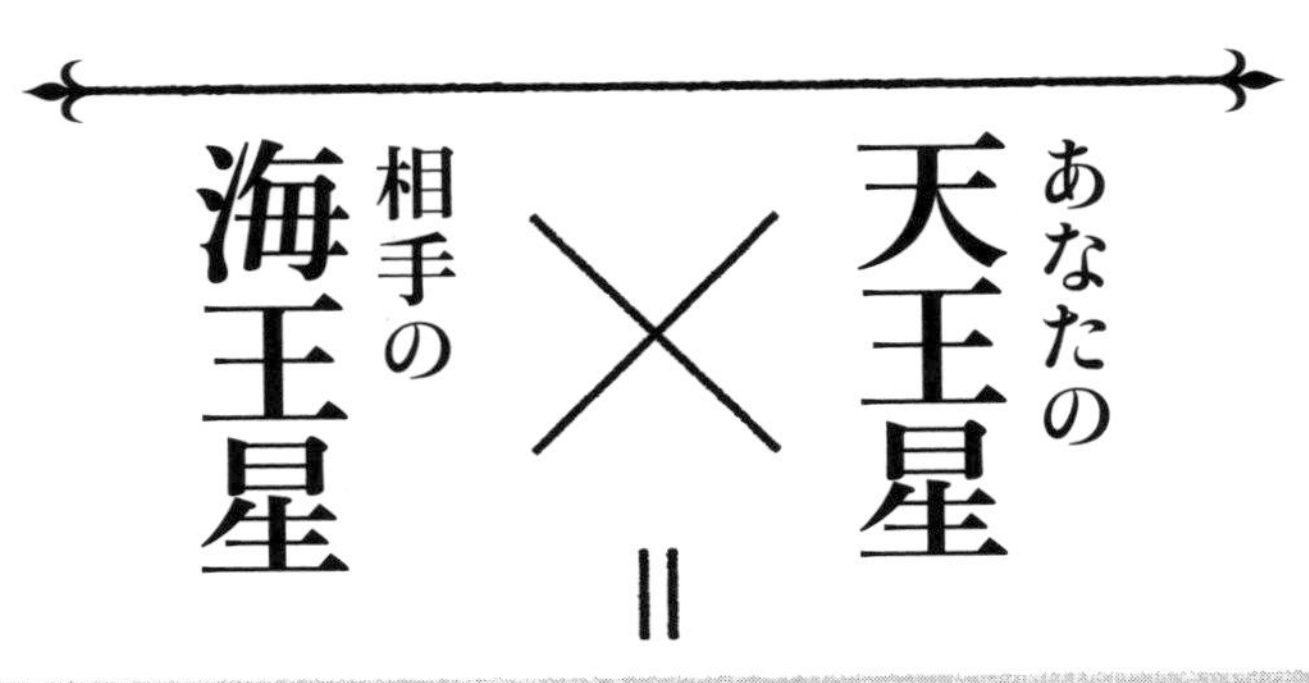

あなたの天王星×相手の海王星＝マジカルな関係

天王星も海王星も外惑星と呼ばれる動きの遅い星です。そのため、この組み合わせは世代的な相性に反映されます。これは「気になる人との相性」というより、その人の世代とあなたの世代のあいだのギャップ、あるいは親和性を読み解くものだと考えてください。

天王星は社会の革新に必要なパワーを持つ星であり、海王星は未来のビジョンを象徴する星です。そのため、この二つの星がアスペクトを持つと社会的な理想のビジョンを刺激し合うことになります。あなたの世代は、この相手の世代の持っている理想郷のイメージを体現する可能性があります。ただ、ハードな角度な場合は、反発し合う場合もあるでしょう。

Hard Aspect

☍ □ ⊼

天王星と海王星のハードな角度は政治的な見解の差異などを生み出しやすいものです。あなたは、この世代の人たちの話を聞いていると「甘い」と感じるかもしれません。一方、相手のほうはあなたの世代に苦手意識を持ちがちです。自分たちの抱いている理想を、あなたたちの世代が共有してくれないことを嘆いている場合も。このアスペクトは個人と個人のつき合いには直接、影響しません。それでも、あなたの世代同士が集まる場所に、この人を連れていくとノリが合わずにイヤな思いをさせるかもしれません。そういうときはあなたが気配りをしてあげてください。

Soft Aspect

☌ △ ⚹

あなたの天王星は、この世代の人たちの海王星とソフトに結びついているため、歳が離れているにもかかわらず、親近感を持つでしょう。あなたの世代の人たちはみな、この相手の世代の人たちが夢見ているビジョンを共有していて、やがてそれを実現していくことになるかもしれません。相手にとって、あなたの世代は夢の担い手なわけです。一方、あなたにとってこの人は、別の世代とつながるキッカケをくれる可能性が。この人と親しくなり始めると、この世代の人たちにたくさん出会うことになるでしょう。それがあなたの価値観を広げてくれるはず。

あなたの天王星 × 相手の冥王星

‖

社会改革

天王星と冥王星は、外惑星同士ですから、そのつながりは個人と個人の関係ではなく、世代と世代の関係として表れ、とくに「社会的な変革」を呼び起こす組み合わせです。

ソフトな角度であればスムーズに、ハードな角度なら急進的に変革が進むでしょう。

冥王星の影響力は個人の生命の限界を超えて及びます。もしかすると、あなたの世代の人の天王星を刺激するのは、すでにこの世にはいない過去の世代の人かもしれません。古典的な文学や芸術などが作者の死後になってから社会に大きな影響を与えることがあるのは、この星の組み合わせのせいでしょう。

Hard Aspect

☍ □ ⊼

ハードな角度で天王星と冥王星が結びつくと、社会に激しい革命を引き起こしがちです。とくに0度は危険なアスペクトで、世代間の闘争や、社会の混乱を招きます。それ以外の角度であっても、巨大なエネルギーが生まれる組み合わせです。あなたの天王星は、この世代がこっそり抱え込んできた問題を暴露する作用を持ちます。といっても、あなた個人がこの世代を刺激する場合は少なく、たいていの場合、あなたと同年代の人たちの集合体が、この世代の問題に働きかける感じになります。ですから、これは相手側の世代にとって用心すべきアスペクトと言えます。

Soft Aspect

☌ △ ⚹

この相手の世代の冥王星はあなたと同年代の人たちに広く強い影響をもたらします。あなたがたの世代は、この世代の思想や生命力に影響され、自分たちの生活や社会の改善に励むことになるでしょう。このアスペクトが個人的な関係に影響することもあるようです。たとえば、相手側がなにかしら「抑圧された人生」を送っていた場合です。あなたとの出会いは、この人のうちに眠っていた欲望を呼び覚まし、その人生を変容させてしまうかもしれません。ただ、基本的にこれは世代間の相性を見る組み合わせなので、恋愛の相性などでは重要視しなくてかまいません。

あなたの海王星について

Neptune

◆　◆　◆

◆海王星は相手を魅了する

人類の歴史の中で、海王星という惑星が発見されたのは19世紀のことです。天王星の発見から60年以上後のことでした。

天王星のところでもお話ししたとおり、天王星の発見はあまりにも驚きに満ちたものでした。それまでの長い歴史の中で、占星術では土星までの七天体に基づく判断を下してきたわけで、土星よりも遠くに、さらなる惑星があるとは思わなかったのです。

それに比べると海王星の発見に対しては、人々の心に「その予感」が漂っていました。天王星が見つかったことで、「もしかすると広い宇宙には、まだ私たちの知らない惑星があるのかもしれない」という夢想が広がっていたのです。

実際に発見された青い星にはネプチューンという名がつけられました。これはローマ神話における海の神の名前です（日本名の「海王星」には「海の王の星」という意味が含まれているわけです）。

こうした経緯を持っているこの星は夢や未来のビジョンを司る存在です。天王星よりもさらに公転周期が長く、ひとつのサインを15年ほどかけて運行するので、天王星と同じく、同世代の人々が共有している性質を読み解くカギとなります。あなたのホロスコープ上の海王星は同世代のみんなとつながっていて、共通の夢やビジョンを分かち合っている、ということです。

この海王星のパワーは境界線を消し去ります。ここにはない現実を想像する力を与えてくれるのもこの星の作用のひとつ。また、海王星はスピリチュアリティにも関連します。目に見えるものと目に見えないものを区別することなく扱えるような不思議なパワーを持っているからです。

この星の力がプラスに働けば、幸せな夢を見ることができます。スピリチュアルな感度が増し、ちっぽけな自分が宇宙とつながっていることを実感できるはず。でも、海王星のパワーがマイナスに働くと、カオスや陶酔に飲み込まれてしまうおそれが。現実と想像の区別がつかなくなるなどの混乱が起こるかもしれません。

こうした現象は相性を見るときも基本的には同じです。あなたの海王星の力が相手に優しく働きかけていれば、二人の精神的な結びつきは強まります。夢を共有したり、ロマンティックな恋の世界に入り込んだりすることも、たやすくなるでしょう。

また、海王星は「お互いの世代間の相性」を読み解くポイントになることもあります。年齢差のある二人なら、この点にも注目を。

あなたの海王星×相手の太陽＝夢を与える人

太陽はその人の生き方や人生の方向性を司る星です。その太陽に対して、物事を理想化する作用を持つ海王星のパワーが注がれると、お互いを理想化する傾向が出ます。実際以上に相手を素敵な存在としてとらえてしまうということも。

ですが、それが幻滅につながることもあります。つまり、この組み合わせは、期待と幻滅を繰り返すような関係になることが多いのです。

だからといって、これが悪い相性だと言いきることはできません。あなたはこの相手を混乱させることもあるわけですが、それが相手にとっては、これまで想像もしなかった理想やビジョンを発見するキッカケとなる場合もあるからです。

Hard Aspect

☍ □ ⊼

この相手はあなたに対して複雑な気持ちを持つかもしれません。というのも、あなたはこの人の行動力を削いでしまいがち。たとえば相手が「よし、がんばろう！」と思っているときに限って、遊びの誘いを持ちかけてしまう、といったことが起こる相性です。あなたといると、この人は自分の目標を見失ってしまうので、惑わされているように感じることも。ただ、この人にとってあなたは、自分では想像すらしなかったインスピレーションをもたらすことがある相手。そのため、行き詰まったときはあなたを頼ってくるかもしれません。喜んで応えてあげてください。

Soft Aspect

☌ △ ⚹

海王星のパワーが相手の太陽にソフトに注がれている場合、相手はあなたを好意的に受け止めてくれます。いい気晴らしをさせてくれる人、ガチガチになっているときにリラックスさせてくれる人……そんなイメージをあなたに対して抱いてくれるでしょう。ただ、この相性は二人の関係をルーズなものにしがちです。たとえば、一緒にいると、つい時間が経つのを忘れてしまうかもしれません。アバウトな約束を交わすことも多い可能性が。あなたも相手も気楽なので、二人の関係はうまくいくのですが、そのルーズさが周りに迷惑をかけることがあるので気をつけて。

あなたの海王星×相手の月

＝

ロマンの与え手

あなたのほうは、このアスペクトから特別な影響を受けないかもしれません。というのも、あなたの海王星と相手の月では力関係に差があるからです。

この組み合わせは主に、相手の感情を揺さぶる作用として表れます。あなたはこの人を酔わせるような魅力を持っています。微笑むだけで相手の心をとかすかもしれません。

二つの星の角度がソフトなら、この人はあなたに酔わされることを喜ぶでしょう。あなたに一途な恋をして、うっとりしてくれる可能性も。ハードな角度の場合、この人はあなたに気持ちを乱されるのを嫌がります。理性が利かなくなってしまう理由をあなたのせいにして、不満を言うかもしれません。

Hard Aspect

☍ □ ⊼

海王星の働きが相手の感情をダイレクトに揺さぶるので、この相手は気持ちのコントロールを失いがちです。あなたには自分の気持ちを見透かされているように感じる場合も。あなたといると理性を失ってしまいがちなので、恋愛関係の場合は、もてあそばれているように感じることもあります。あなたのほうは真剣でも、なぜか相手はそれを信じてくれず、困ってしまうかもしれません。ただ、このアスペクトは二人の気持ちの結びつきも強めます。これは簡単には離れられない相性のひとつ。ケンカをしても、なぜかうやむやになってしまうので腐れ縁になることも。

Soft Aspect

☌ △ ⚹

あなたの海王星の持つ「境界をあいまいにするパワー」が相手の感情を司る月をソフトに刺激。そのため、相手はあなたに警戒心を持たず、スッと受け入れてくれるでしょう。どうしてなのかわからないほど、この人から好かれてしまう可能性もあります。これは恋愛の相性としては素晴らしいものです。ただ、共に仕事をする場合、あなたはこの人の判断力を甘くさせがち。あなたのほうも、この相手にだけ特別甘くなってしまうかもしれません。そうなると周囲は面白くない思いをします。関係が公的なものなら、公平さを失わないように心がけたほうがいいかも。

あなたの海王星 × 相手の水星 ＝ 夢を言葉にする人

海王星は現実の境界を越えてくれる星。イマジネーションを膨らませてくれる星。一方、水星は知性を司る星です。これはあなたの海王星が相手の知的な感受性を刺激し、ユニークな会話や発想をもたらす組み合わせです。

ただ、二人のコミュニケーションは良くも悪くも「幻想」や「理想」を含んだものになりがちかもしれません。でも、星同士がソフトな角度で結びついているなら、これは恋や仕事の相性をよくするアスペクトです。二人の会話は、この星同士の組み合わせに刺激されて、尽きることなく豊かに広がります。

ハードなアスペクトの場合は誤解に注意してください。相手も自分と同じように考えるはずだと思いこむのは危険です。

Hard Aspect
☍ □ ⊼

星同士のつながり方がハードだと、海王星のパワーが強く働きすぎてしまいます。二人のコミュニケーションは混乱したものになるかもしれません。あなたはこの相手の話すことを拡大解釈しがち。きちんと相手の声に耳を傾けず「たぶん、こういうことだろう」と想像任せの結論を下さないよう注意してください。何か要求するときは、なるべく具体的な提案を。「こんな感じでお願い」という、あいまいな伝え方はトラブルを生むもとに。とはいえ、この相性は二人の関係性に不思議な心地よさを生む場合もあるので、言葉はいらないような恋が生まれることも。

Soft Aspect
☌ △ ⚹

言葉の魔法が働きはじめます。この人はあなたを喜ばせるセリフを言ってくれる人。異性であれば、いつの間にか口説かれ、ロマンティックな恋が始まるかもしれません。ただ、恋から冷める日が来た場合は、「ウソばっかりだった！」と怒る結果になる心配が。ただし、それは相手のせいばかりではありません。あなたはこの相手の言葉を自分にいいように受け止めがちなのです。でも、この人はあなたの言葉にならない想いやアイデアを的確に表現してくれる人でもあります。仕事上の関係なら、あなたのイマジネーションを上手に汲み取ってくれるでしょう。

あなたの海王星×相手の金星 ＝ 甘やかな二人

この組み合わせはロマンティックで親密なムードを生み出します。そのため、二人が異性同士であれば、甘い恋に落ちる可能性がとても高い相性です。

あなたがアーティストタイプなら、この人があなたに夢中になる確率はますます高まります。同性でも、二人は互いの作品やセンスに惚れこむでしょう。芸術面や美意識の共有によって、素敵な交流が長く続いていくはずです。

ただ、ハードな角度で星同士がつながっていると、海王星の陶酔作用が強くなりすぎることが。とくに恋人同士の場合は、恋のもたらす快楽にばかり意識が傾いてしまい、現実的なことにうといカップルになってしまう危険があります。

Hard Aspect

☍ □ ⚻

あなた自身のこと、あるいは、あなたの作るものを、この相手はとても愛してくれるでしょう。けれどもあなたは、本当の自分を見てくれていないような、ちょっと不安な気持ちになるかもしれません。それは、海王星の幻想作用がこの人の金星に強く働きすぎているせいです。勝手な理想を押しつけられて、困ってしまうこともありそう。とはいえ、あなたはこの人の芸術的な感性に影響を与えられる人ですから、あなたが師の立場にある場合、素晴らしい弟子になってくれるかもしれません。けれども、あなたはこの人を甘やかしがち。ラクすることばかり教えないようにして。

Soft Aspect

☌ △ ⚹

金星は、愛情や快楽を司っている星。その星にあなたの海王星が持つ陶酔作用が優しく働きかけて、相手をトリコにします。この人があなたに恋した場合、いつまでも覚めない夢が始まることに。あなたのほうも、この相手のセンスや魅力が、自分の憧れや理想を体現しているように見える可能性が高いので、素敵な両想いとなるかもしれません。また、あなたが何かアーティスティックな活動をしているなら、この人はあなたの作品のファンになってくれるでしょう。友人関係の場合は、二人に共通する趣味や遊びを通じて、親密な交流が続いていくことになります。

あなたの海王星 × 相手の火星 ＝ 救世主か吸血鬼か

海王星と火星では、それぞれのパワーの本質に大きな差が。海王星は海を満たす水のような「浸透パワー」を持っている星。一方、火星は燃え盛る炎のようなエネルギーを持つ星です。そのため、この組み合わせは、あなたの海王星が相手の火星の放つ火に水をかけるような形で表れがちです。

たとえば、あなたは相手の怒りや主張をつい無視しがちかも。また、この人があなたに向けてくれている熱い恋の炎や、セクシャルな欲望にも、ちっとも気づかない場合もありそう。

また、あなたはこの人をなだめることが上手ですが、相手は本能的なパワーを発散しづらくなるのでフラストレーションを感じがちかもしれません。

Hard Aspect

☌ ☍ □ ⊼

このアスペクトは「息が合わない関係」を生み出しがちです。たとえば、なぜか相手の機嫌が悪いときに限って、話しかけてしまう……といった現象が起こるかも。一方、相手のほうは、あなたを捕まえようとするといつも不在で困ってしまうかもしれません。呼吸を合わせるためには、互いのことをよく知る必要があります。どんな行動パターンを持っている人なのか、どんなときに不機嫌になるのか、そういうところがわかってくれれば、足並みがそろってくるでしょう。最初から相性が悪いと諦めてしまわずに、根気よくつき合っていくようにしてください。

Soft Aspect

△ ⚹

恋愛関係を持ちたい相手との相性に、このアスペクトが働いた場合は、もどかしさが生まれます。あなたも相手も互いを思い合っているにもかかわらず、片思いだと勘違いして気持ちを秘めたままにしたりしがち。誰かに取り持ってもらう必要が。でも、恋愛にしても仕事にしても、二人の結びつきができてしまえば、このアスペクトは互いにプラスをもたらすものになるでしょう。この人はあなたの集中力を高めてくれる相手となります。あなたのほうは、この人の奔放すぎる本能を鎮めてあげられる相手となるでしょう。持ちつ持たれつの関係が続くはずです。

あなたの海王星 × 相手の木星 ＝ ハイスピリット

この組み合わせは二人の精神的な結びつきを強める作用をしてくれます。年齢や立場を超えて、高邁なビジョンを共有し合える仲間となるでしょう。また、スピリチュアルなことへの関心をお互いに強め合っていく場合もあります。

というのも、海王星は目に見えない領域に働く力を感受するパワーを持っている星。あなたの海王星が相手の木星に刺激されると、スピリチュアリティが高まります。その意識は相手にも伝達するので、精神的なつながりが強まるわけです。

ただ、星同士のつながりがハードな場合は、仕事や暮らしぶりに悪影響が出る場合が。ソフトな結びつきであれば、そういう心配はいりません。

Hard Aspect

☍ □ ⚻

相手の木星に刺激されて、あなたの精神性は上昇志向を強めます。ユートピア的なものを求める気持ちが大きくなり、現実に満足しづらくなるかもしれません。よりよい未来、理想の暮らしや仕事を求めて、二人であちこちを転々とすることになる場合も。仕事上の関係の場合、二人が立てた企画は予算や時間を無視した壮大な計画になりがちです。とはいえ、このアスペクトは二人の心に夢や希望を与えるもの。現実との折り合いをつけていくのに苦労するとしても、精神的な絆が強みになるはずです。ただ、周りに迷惑をかけてしまうことはあるかもしれません。

Soft Aspect

☌ △ ⚹

木星はポジティブで発展的なパワーを持つ星です。相手の木星からソフトな刺激を受けて、あなたは精神的なほがらかさを増すでしょう。この人といると理想や希望が見えてくるし、スピリチュアルなことへの関心が強まることも。相手にとっても、あなたは特別な存在です。他の人には話しづらいことでもあなたには打ち明けられるし、自分の夢を共有してくれる人だと感じているはず。あなたの海王星はこの人の楽観性を強めます。相手が辛い時期は、なるべくそばに寄り添ってあげてください。カップルの場合は、未来の夢を語り合うことで愛が深まる相性です。

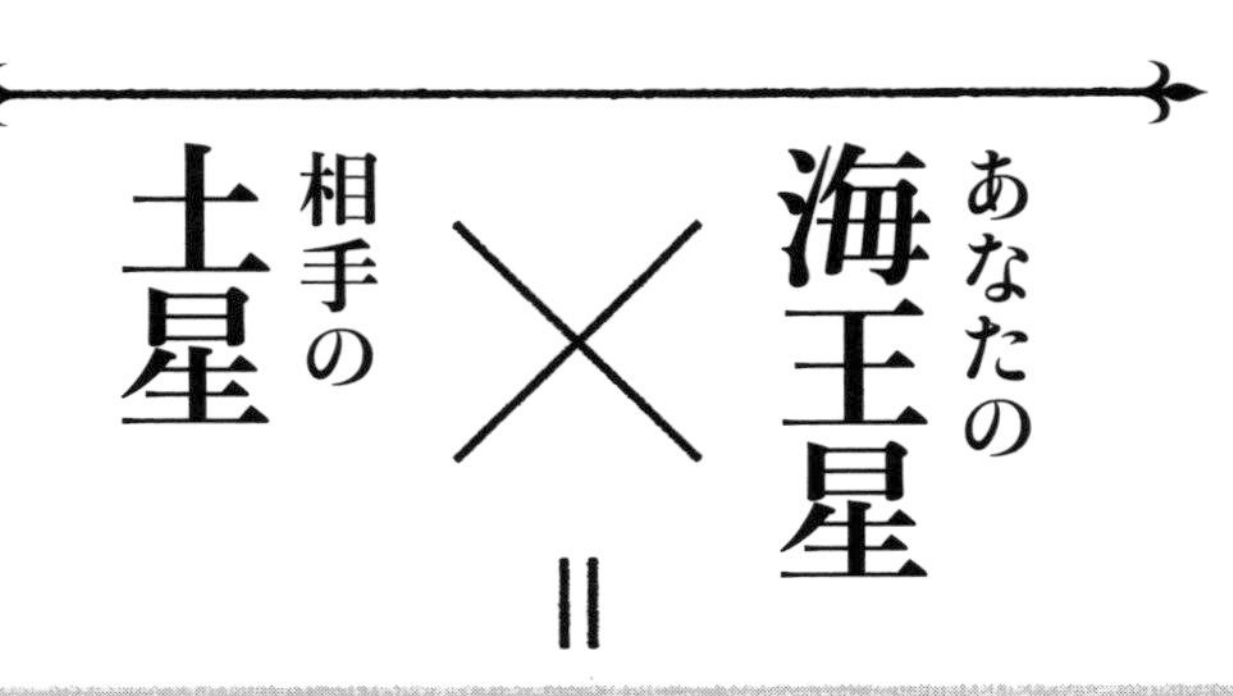

夢を形にする人

こうしたい、こうなりたい、というあなたの夢に、この人はいちいちケチをつけてくるかもしれません。でも、意地悪をしているわけではないはずです。

　というのもこれは、未来のビジョンを司っている海王星に対して、相手の土星が制約を与える機能を果たすことになる組み合わせ。海王星は無制限に無条件に夢を広げる星ですから、土星がそのストッパーになってくれるのは喜ばしいことである可能性が。あなたが抱く限りない夢想にこの相手は制限を与えますが、そのおかげで、可能なことに集中でき、夢のひとつが実現するかもしれません。

　とくに星の結びつきがソフトな場合、あなたはいずれこの人に感謝することになるでしょう。

Hard Aspect

☌ ☍ □ ⚻

あなたの海王星と相手の土星がハードにつながっていると、あなたはこの人のダメ出しを無条件で受け入れがちになります。もし、二人が親子など、長い時間をともに過ごしてきている関係なら、あなたはこの人に無意識のうちに守られてきたかもしれません。その代わり、自分で判断する能力が磨かれていないおそれがあります。また、この人がいないときはハメを外しすぎてしまう心配も。相手がどうして「それはダメ」とあなたに言ってくるのか、その理由を考えるようにしましょう。そうすれば、この相手から口うるさいことを言われなくてすむようになるでしょう。

Soft Aspect

△ ⚹

これは、あなたのほうが相手とのつき合いから恩恵を得られるアスペクトです。と言っても、あなたはこの人を苦手に思っているかもしれません。この人はあなたにとって口うるさいところがある相手。でも、その忠告はつねにあなたの「危うい部分」に向けて発せられています。ですから、この人のそばにいると、あなたは誤った道に踏み込まずにすむわけです。あやふやだった未来の夢や仕事の構想も、この人のおかげでクリアになります。「やってみたいけれど、どう進めていいかわからない」ことは、ぜひこの人に相談しましょう。間違いなく適役なはず。

あなたの海王星 × 相手の天王星 ＝ 理想の与え手

あなたの海王星も相手の天王星も、ホロスコープ上の動きがとても遅い星です。ゆっくりと刻まれていくその軌道は、同じころに生まれた人たちに同一の影響を与えます。

そのため、この組み合わせは二人の個人的な相性ではなく、互いの世代の相性を読み解くカギになるものです。

海王星は未来のビジョンをふくらませる作用を持つ星。一方の天王星は社会を変えるパワーを持つ星です。あなたの世代が抱く「理想の社会」は、この相手の世代の人々を刺激します。ソフトなアスペクトの場合、この人たちは、夢の実現へと走り出すかもしれません。星同士の結びつきがハードだと、反発が起こります。

Hard Aspect

☌ ☍ □ ⊼

あなたの海王星の力と、天王星パワーとは親和的ではありません。とはいえ、太陽や月が関わらない限り、個人同士のつき合いには影響しづらいアスペクトなので、それほど気にしなくてもいいでしょう。ただ、相手の世代が集まる場所では、大きな顔をしないようにして。「こういうことを一緒にしたい」と話すのも禁物です。苦い顔をされてしまうおそれが。この世代はあなたから見ればシビアな考えの持ち主です。あなたの夢や理想を無理やり共有させようとすると反発されてしまいます。自分が若い時代に流行ったものについて、熱く語るのも避けたほうがいいでしょう。

Soft Aspect

△ ⚹

同じ世代の場合はもちろん、この世代の人たちとは年齢が離れていても気が合うところがあるはずです。あなたの世代が抱く夢のビジョンを、知らず知らずのうちに、この人たちは受け入れていきます。この現象は二つの星のソフトな結びつきのおかげでしょう。また、あなたはこの相手と恋愛関係や友情関係を持つことをキッカケとして、彼らの世代との交流を盛んに始めることになるかも。あなたの価値観を受け入れてくれる人たちですから、社会的な夢を託すのも悪くないでしょう。あなたと同世代の友人知人に、この人を引き合わせるのも吉。

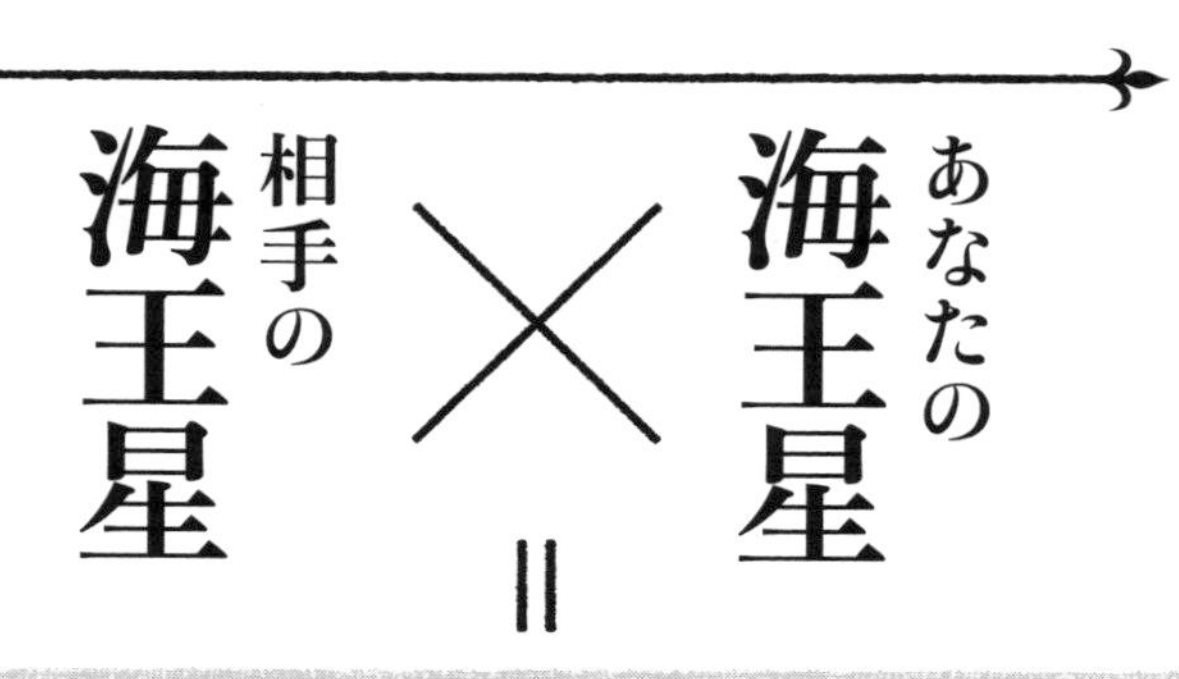

あなたの海王星×相手の海王星＝夢の続きを見る人

海王星同士の位置関係は、個人と個人の相性を見るにはふさわしくないものです。

　というのも、あなたと同じ時代を生きる人々の約3分の1の人たちとは、海王星同士が0度で結びついています。90度のアスペクトができるのは、あなたと40歳ほど離れている相手に限られます。180度の結びつきは80年近く離れた世代としかできあがりません。

　これは時代の変遷を読み解くためのアスペクトです。自分が今、どんな時代を生きていて、それが過去の世代や未来の世代と、どういうふうに違うのか、あるいはどう結びついているのか。そんなことを知りたいときは、この海王星同士のつながり方が参考になるでしょう。

Hard Aspect

☍ □ ⚻

海王星同士のアスペクトがハードな場合、世代間の継承や引き継ぎはギクシャクしたものになりがちです。精神性に大きなギャップが見られるので、形にならない部分で相手の世代が大事にしてきたことを、あなたの世代はうまく理解できないでしょう。表面的には似ているように見えても、二つの世代のあいだには目に見えない差異が広がっています。そのためこの世代の人との交流には何かモヤモヤしたものを感じるかもしれません。ただ、世代交代によって時代のムードを刷新したいなら、別のビジョンを持っているこの世代に引き継いでみるといいでしょう。

Soft Aspect

☌ △ ⚹

ソフトな角度での海王星同士のつながりは、スムーズな世代交代を可能にします。上の世代の理想や未来のビジョンを、このアスペクトができる世代の人は素直に飲み込み、継承します。代替わりが進んでも、社会に大きな混乱は起きません。後継者選びに迷ったときは、このアスペクトが参考になります。あなたの世代が成熟したら、この世代の誰かが自分たちの夢を引き継いでくれると思ってください。他の世代に地位を譲ると会社の理念を変えられてしまうなど、精神的なものの継承が途切れて、単に財を譲り渡しただけのような形になってしまうかもしれません。

あなたの海王星 × 相手の冥王星 ＝ 呪術的な関係

この外惑星の相性は、現実的な影響が最も見えづらいもののひとつです。

よほどカンの働く人や、時代の流れに敏感な人は、この相性がもたらす作用を見抜くかもしれません。簡単に言うならこれは、あなたの世代と相手の世代が持つ「目に見えない結びつき」を示すアスペクトなのです。

とくに、星同士のつながりがソフトだと、この世代からの影響が、知らず知らずのうちに、あなたの世代に広まります。ハードな結びつきであれば、奇妙な現象として表れるかもしれません。たとえば、あなたの世代は、この世代のスターたちに特別な思い入れを抱くことになるでしょう。他の世代とは違う反応を示すはずです。

Hard Aspect

☌ ☍ □ ⊼

このアスペクトでは、相手の冥王星の力が、あなたの海王星を過度に刺激します。そのため、あなたの世代は、相手の世代に対して陶酔した想いを抱きがち。とくに、悲劇的なニュースには勝手な妄想を繰り広げ、相手を悲劇のヒロイン扱いしたりするでしょう。他の世代の人たちから見ると、あなたたちの世代がどうしてそんなに熱狂的になっているのか、サッパリわからないかもしれません。また、この世代の人たちは、あなたたちの夢や理想をうまく利用しようと企てがちです。その影響から逃れるためには、別の世代の人たちの意見を聞いてみるのが正解でしょう。

Soft Aspect

△ ⚹

もし同世代以外なら、この相手の世代は、あなたたちにとって、いわばフィクサー。海王星と冥王星では力関係的に冥王星が上。そのため、あなたたちの理想のビジョンを司る海王星は、いつの間にか冥王星のパワーを受け入れてしまいます。たとえば、この世代のプロデューサー、映画監督、アーティストから、あなたたちの世代は気づかぬうちに影響を受けているはず。あまりにも当たり前のように思っている「自分たちの世代の特徴」も、相手の世代の人たちがこっそり流行らせたものだったりします。若いころの流行の源を調べてみると思い当たることがあるかも。

あなたの冥王星について

Pluto

◆　◆　◆

◆冥王星は相手を深く変容させる

１９３０年に発見された冥王星は、ローマ神話の冥界の王「プルートー」の名を冠する惑星です。「冥」とは、暗くて見えないこと。冥王星は太陽から遠く隔たった宇宙に存在する星であり、そこは人類がまだ到達したことのない闇の世界なのです。

このプルートーは、ギリシャ神話上のハデスが古代ローマの神話に引き継がれたもの。冥界とは地下にある死者の世界ですが、ハデスの妻・ペルセフォネは地下と地上を行き来できる存在です。

ペルセフォネは豊穣の女神。彼女が夫のいる冥界に下る時期は、すべての植物が枯れ果てる冬となります。けれども、ペルセフォネが地上に戻ると生命は再生します。真っ暗な深い闇の世界である土の中から植物は新たな芽を出し、春となるのです。

つまり、この冥王星の名前の由来であるハデス（プルートー）は、単純な「死後の世界」の象徴ではありません。ここに含まれている世界観は「死んだら終わり」というようなものではなく、死と再生という生命のサイクルの一端に位置づけられている冥界なのです。

太陽が光の世界の王者なら、冥王星は闇の世界の王者。破壊と再生のシンボルであり、見えない世界の支配者です。この星はとてつもない闇のパワーで世界の変容をうながします。

さて、あなたのホロスコープ上の冥王星は、あなたの性質や運命と関わるものではありません。というのも、天王星や海王星と同じく、これは外惑星です（170ページ参照）。冥王星はとくに公転周期が長く、軌道が楕円を描くので、平均して20年ほどかけて同じ星座に留まります。月がひとつのサインに2日程度しか留まらないことに比べてみると、いかにその周期が遠大であるかおわかりでしょう。

数十年単位で、その時代に浸透していくものや、いったん破壊されて再生される価値観。そういうものを、この冥王星は教えてくれます。もちろん、それはあなた個人の体験ではなく、同じ時代を生きる人たちがみんな経験することなのです。

相性を見るときには、この冥王星の影響は「相手の変容をうながすもの」と考えます。

ただ、これはじっくりと時間をかけて働きかける星ですから、短期的なつき合いの中では、この星の影響を感じられないでしょう。家族や結婚相手、共同経営者など、あなたと人生の長い時間をともに過ごす相手であるほど、冥王星のパワーが二人の相性に影響してきます。

あなたの冥王星×相手の太陽＝心の底を照らす人

あなたの冥王星が持つ変容のパワーが、相手の生き方を司る太陽を刺激します。この相手はあなたとめぐり会ったことで、人生が変わっていく経験をするかもしれません。

星同士の結びつきがハードかソフトかにより、どういう変化が訪れるかは違ってきます。また、相手があなたとの出会いによる人生の変容を肯定的に受け止めてくれるかどうかも、アスペクトの角度によって変わります。

冥王星のパワーはあなた自身がコントロールできるものではありません。「この人にこういう影響を与えたい」と願っても、その通りにいくわけではないのです。つまり、これは両者の意志とは別のところで働く力を意味する相性なのです。

Hard Aspect

☍ □ ⚻

ハードな角度で二つの星が結びついている場合、この人はあなたによって自分の人生を強制的に動かされているような意識を抱きます。あなたからしてみれば、無理強いしたつもりのないことでも、相手は「強要された」と受け取りがち。太陽は自己意識を司っているので、そこにハードな形で冥王星のパワーが働くと、相手のほうは「逃れられない」と感じて当然なのです。この人が年下であれば、あなたのほうも無意識のうちに相手に対して支配的な態度を取りがちかもしれません。ただ、あなたに強要されたことが相手のためになる場合もあるので、あまり悲観しないで。

Soft Aspect

☌ △ ⚹

たとえば二人が遠距離恋愛をしているとするなら、最終的に結ばれる場所はあなたの暮らす土地となるでしょう。この相性は、相手の人生を変える作用を持つものなので、あなたのほうは今まで通りの土地で、相手のほうは違う土地で結婚生活を送り始める、というシナリオになるわけです。これはひとつの例ですが、別の形であなたの支配下に相手が収まる可能性もあります。ただ、相手はそれに不服を言わないでしょう。というのは星同士の結びつきがソフトだから。あなたと親しくなったことで人生が変わっていくさまを、この人は素直に受け入れてくれます。

あなたの冥王星×相手の月

＝カルマを感じる人

あなたはこの相手にとってあらがいがたいパワーや魅力を持つ人です。といっても、あなたのほうは特別な働きかけをしているつもりはないでしょう。それどころか、こちらは相手のことをまったく意識していない場合もあるかもしれません。

なぜかといえば、あなた自身もコントロールできない冥王星のパワーが、相手の感情を司る月に強烈なインパクトを与えてしまう相性だからです。

恋人同士や友人同士であれば、この相性は二人の絆に「ゆるぎなさ」を与える一因になるかもしれません。でも、それほど親しい関係性ではない場合、この相手はあなたに対して脅威を感じているかもしれないことを忘れないでください。

Hard Aspect

☌ ☍ □ ⊼

冥王星が持っている支配的なパワーが相手の月を圧倒します。そのため、この人はあなたに決して逆らえないような気分を抱えているかもしれません。あなたから受けた影響を生涯、その心に抱え続けることになる場合も。恋愛関係なら、この相手はあなたのことを「運命の人」と直感的に感じたはず。ただ、この相性は二人の心理面のバランスに悪い影響を与える可能性もあるものです。同じ出来事を共有していても、感情面に関していえば、あなたよりこの人の心のほうが大きく動揺しているはずです。その動揺を受け止めるのがあなたの務めかもしれません。

Soft Aspect

△ ⚹

星同士の角度がソフトなら、相手はあなたを必要以上に恐れません。むしろ、無意識のうちにあなたの保護を求めていたり、一方的に従おうとしたり、といった形で、この相性の影響が表れます。月にとって冥王星は、自分の位置から最も遠いところに存在する惑星。そのため、あなたに対して、この人の感情は「遠いところにいる神様」を想うような形になって表れてくることがあるわけです。実際、あなたはこの人の気持ちをなだめるのが上手かもしれません。ただ、それは特別なパニック状態が起きたときのことで、普段の生活には関係しないことです。

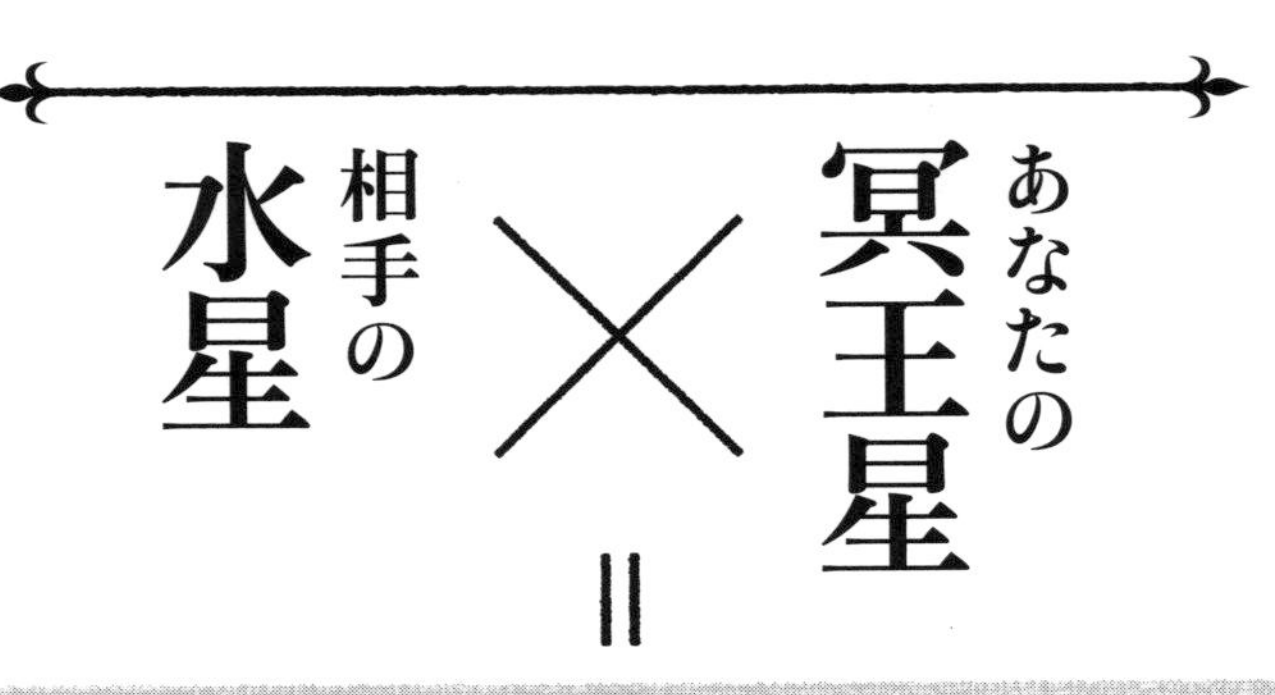

あなたの冥王星×相手の水星＝知を深める関係

あなたの冥王星が持っている他を圧倒するパワーが相手の知性に注ぎこまれます。知識や技術、情報面に関して、この人はあなたから多大な影響を受けることになるでしょう。

もし、あなたがこの人を指導する立場にあるなら、この相手は素晴らしい吸収力を持つ教え子に見えるはず。でも、あなたのほうが教えを受ける立場にいるなら、この人はあなたがぶつける素朴な質問にいつも戸惑いがちかもしれません。けれども、自分が知っていることを超えたものを教えなければならないというプレッシャーがこの人を指導者として急激に成長させることになるでしょう。ただ、関係が密になりすぎると、弊害もあるかもしれません。

Hard Aspect

☍ □ ⊼

破壊力のある冥王星のパワーが相手の知性をハードに刺激します。そのため、この人はあなたによって自分の価値観を崩壊させられる経験をする可能性が。今まで自分が学んできたことが間違っていたことに気づく場合もあります。恋愛の場合、この相性は相手の思考をストップさせる形で働きます。あなたのことばかり考えてしまう自分に対して、この人は苦悩しがちです。そのため、あなたのほうも息苦しく感じるようになる心配が。二人の世界に他の人々との交流を導き入れると、悪い連鎖を防げます。共通の友人・知人を増やしていくといいでしょう。

Soft Aspect

☌ △ ⚹

ソフトな角度で二つの星が結ばれていれば、二人のあいだの知的伝達はゆっくりと時間をかけて行われることになります。あなたはこの人の生涯の師となるかもしれません。ただ、この人はあなたの知識をあまりにも素直に受け入れがちです。間違ったことを教えないように気をつけて。二人の関係が恋人同士や友人の場合、これは互いのコミュニケーションを密にしてくれる相性です。どんなことでも伝え合うような関係が生まれるでしょう。二人にしか共有できない話題が増えると同時に、でも、そのせいで他の人たちとのコミュニケーションが疎遠になる心配が。

あなたの冥王星 × 相手の金星 ＝ 愛憎うずまく関係

金星は愛の源泉。その金星が強力な吸引力を持つあなたの冥王星と結びつくため、この人はあなたに惜しみない愛を注いでくれます。肉体的な相性も深くなります。あなたはこの相手に究極のエクスタシーをもたらすかもしれません。

また、あなたが相手に財政的な豊かさを与える場合も。といっても、あなたが相手に貢ぐということではないのです。冥王星のパワーは本人もコントロールできない形で働きます。たとえば、あなたがたまたま耳にした話を相手に伝えた結果、この人が大儲けする、といった偶然が起こるかもしれないのです。

ただ、愛とお金にまつわる相性は愛憎関係をもたらしがちなので、少し注意が必要です。

Hard Aspect

☍ □ ⊼

あなたはこの人の愛を独占しようとしがちです。自分から片時も離れずに愛してほしい、という要求を無意識のうちに抱いてしまうかもしれません。あるいは、相手があなたを愛しすぎてしまう場合も。どちらにしろ、恋愛は激烈なものになる傾向があります。秘密の関係に収めておくのは難しいでしょう。恋愛以外でも、二人のあいだには愛憎関係が生まれがち。他の友人や仕事相手との関係に嫉妬してしまい、その不満をぶつけるたびにケンカになる場合があります。ただ、二人の関係がお金を生み出すものである場合は、離れがたさがつきまとうかもしれません。

Soft Aspect

☌ △ ⚹

互いに得るものの多い相性ですが、恋愛関係の場合、あなたはこの人からの愛を当然のことのように受け止めがちです。自分の冥王星のパワーが相手をトリコにしていることを無意識に感じているせいかもしれません。でも、深く愛されては困るような立場にいるなら注意を。この相手との縁は軽い遊びで終わらせられるようなものではないからです。友達同士の場合は、この相性が二人の結びつきを強めてくれます。遊び心で始めた共同作業が二人に大きな利益をもたらす可能性も。ただ、夢中になれる楽しさのない仕事には、この相性の持つ強運は生きてこないでしょう。

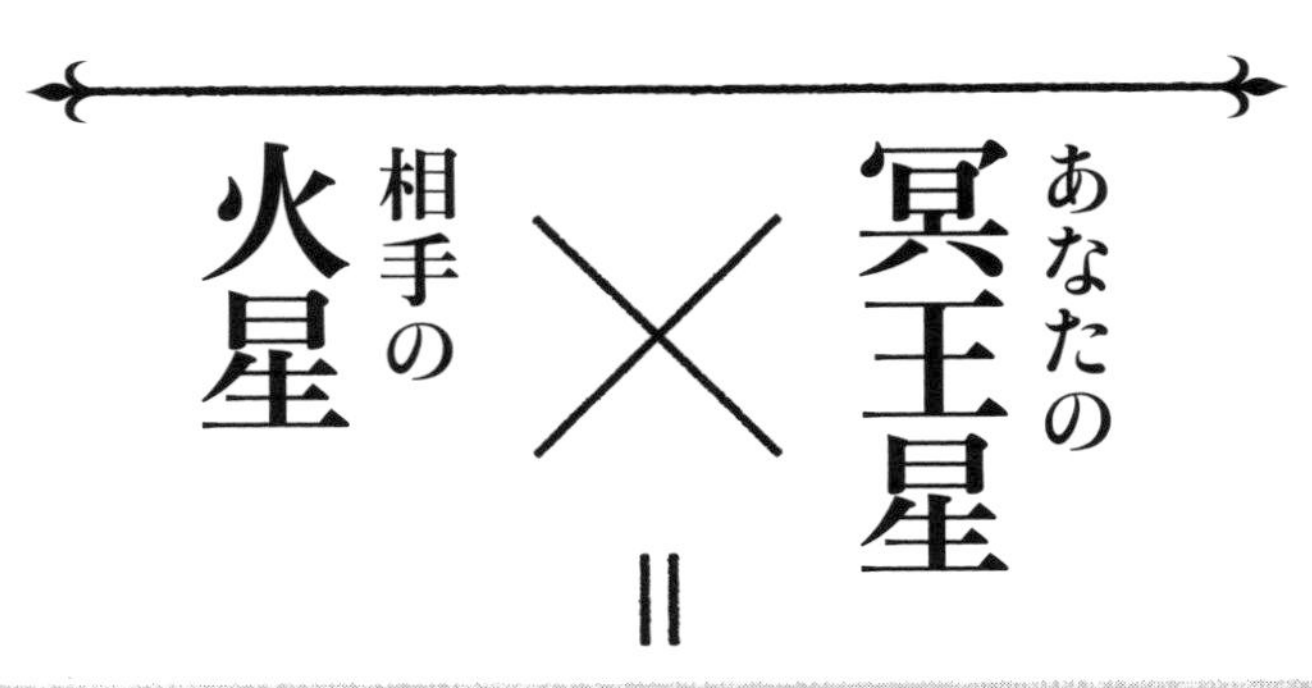

あなたの冥王星×相手の火星＝究極のパワー

この組み合わせは宿命的な縁を生み出します。あなたがこの人とすでに恋人だったり親友だったりするなら、その深いつながりの根源には、この相性の影響があるはずです。

まだ浅い関係の場合は慎重につき合いましょう。短いつき合いのあと、いったん関係が途絶えたとしても、いずれまたどこかで顔を合わせる可能性が。

一夜の関係を持っただけの場合でも、妙な場所で再び出くわすことになるでしょう。

とにかく、これは気が合うか合わないか、好きか嫌いか、という個人的な嗜好を超えた縁をもたらす相性です。あまり気に入らない相手であっても、星の絆は深いので、関係性を粗末に扱わないようにしてください。

Hard Aspect

☌ ☍ □ ⊼

冥王星と火星のハードな結びつきは爆発物のような危険なパワーを生み出します。強すぎる力ゆえに、日常的なシーンではこのアスペクトが影響することはありません。お互いに本能的な部分で「この相手と本気でぶつかってはいけない」と感じるからです。もしも大きなトラブルが起こり、二人が対立することになると、周囲を巻き込む大事件になってしまうかも。年齢や社会的なポジションが上がってくるほど、危険な相性になってくるので注意してください。また、この相手との恋愛は「よくない終わり方」をしないように心がけるべき。しこりが長く残ります。

Soft Aspect

△ ⚹

闘争的なパワーを持つ火星と、破壊力のある冥王星のパワーはある意味では似ています。そのため、二つの星がソフトに結びつくと互いのパワーを高め合い、外敵を打ち倒すエネルギーとなります。運命に引き裂かれそうになっても決して離れないカップルになるかもしれません。ただ、外に敵が見つからないと、互いをやっつけ合う関係になってしまう心配が。相手のほうが瞬発力は強いので、最初にやり込められるのはあなた。けれども、あなたの冥王星には相手にない耐久力が備わっています。最終的に強いのはあなたです。でも、だからこそ力のセーブを心がけて。

あなたの冥王星×相手の木星＝カリスマが生まれる関係

年の近い友人同士の場合、このアスペクトからの特別な影響はないかもしれません。これは、二人の関係性に年齢差や立場の格差があるほどにハッキリとした影響が出る相性です。

あなたはこの人の木星が持っているポジティブな力を得ることができます。とくに、人生の変わり目に訪れる危機には、この人の存在に救われることが多いかもしれません。

一方、この相性は相手にとっても恩恵となるものです。とくに、あなたよりも相手が年下なら、あなたはこの人に出世の階段を用意してあげる立場となるかもしれません。

ただ、アスペクトがハードな場合、あなたの存在を相手が煙たがる場合もあります。

Hard Aspect

☍ □ ⊼

この人よりもあなたの世代が上である場合、あなたの持つ社会的な地位や権力を、この相手は複雑な気持ちで継承することになるかもしれません。ありがたいことは確かですが、相手にとっては「選択肢がない状態」が生まれがちです。あなたが親で、相手が子どもなら無理やり跡を継がされるという感じになる可能性も。二人が恋人だったり友達だったりするならば、問題のないアスペクトです。ただ、仕事相手の場合、あなたはこの人の持っている能力や可能性を自分のために使いがち。そのことに対して、相手は面白くない気持ちにさせられることがありそうです。

Soft Aspect

☌ △ ⚹

この関係性はあなたの政治的な権力に強みをもたらすかもしれません。世代が下の相手なら、あなたの地位を継承してくれる人になる可能性もあります。というのも、冥王星は強大なパワーを示す星。一方、木星は上昇エネルギーを生む星です。あなたとこの人のタッグは特に仕事面でうまくいくでしょう。あなたが年上なら、相手を引き立てて、出世をもたらす場合もあります。恋愛や友情関係なら、普段のつき合いでは、このアスペクトからの影響はさほどありません。ただ、最初に出会った瞬間、相手にいいイメージを抱いたとしたら、この相性が影響しているはずです。

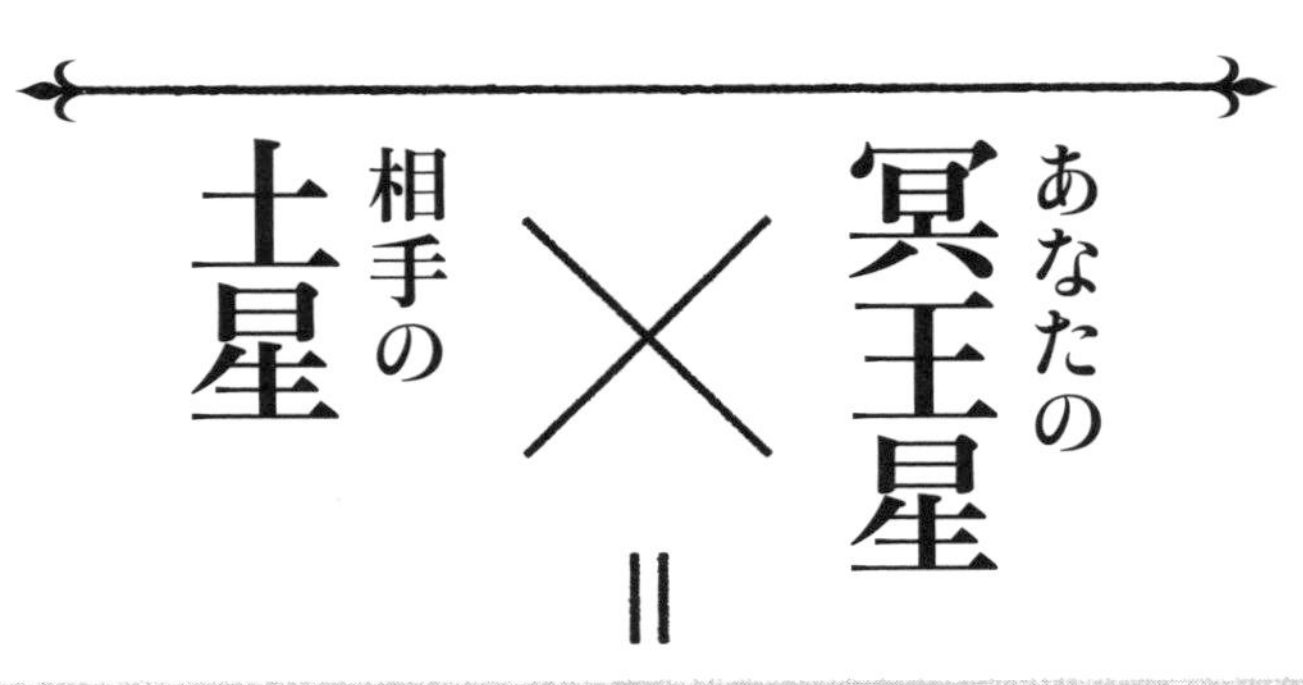

政治的関係

冥王星と土星の力関係は五分五分です。冥王星は破壊力のある星ですが、土星は相手の力を封じ込めるパワーを持っているからです。あなたが攻め入る側で、相手は防ぐ側……そんな関係性が生まれやすい相性ですが、個人的な親しいつき合いなら、問題はありません。

でも、二人の関係性が会社の上層部同士だったりすると、パワーゲームが始まりがちです。それぞれの陣営を引き連れてのにらみ合いが起こるでしょう。アスペクトがソフトであれば、相互の強さがその会社を発展させるかもしれませんが、ハードな場合は気をつけて。どちらも立場や意見を譲らず争いを続けるうちに、お互いが疲弊していく心配があるからです。

Hard Aspect

☌ ☍ □ ⊼

家庭や会社などの共同体において、互いのポジションを巡るパワーゲームを巻き起こしがちな相性です。ただ、このライバル関係は水面下で進行する傾向があります。表立った争いにはならないかもしれません。なにせ、冥王星も土星もともに、かんしゃくを起こすような性質の星でなく、痛みや怒りをグッとこらえて溜めこむタイプの星。ただ、そのためにいつの間にか二人とも精神的に摩耗してしまう心配が。でも、このアスペクトは二人の共通の敵との争いでは有利に働きます。二人のタッグはどんなに手ごわい敵にも勝てるほど、たくましい組み合わせになるはず。

Soft Aspect

△ ⚹

あなたの冥王星のパワーに相手の土星は制限をかけてきます。でも、そのおかげであなたの持久力が高まるかもしれません。何か大きな目的ができたときも、この相手はあなたを鍛えて、目標達成を可能にしてくれるはず。相手にとってもあなたという存在は自己の鍛練をうながす「よきライバル」だったり、「コーチ」だったりするでしょう。ただ、そんな二人の関係は外から見ている限り、厳しいものに思えることもあります。しかし、お互い相手のことを認め合う仲なので、いがみ合っているつもりはないはず。ただ、この人の前では虚勢を張りがちかもしれません。

あなたの冥王星 × 相手の天王星 ＝ 時代のアイコン

この二つの星の組み合わせは外惑星同士なので、個人の相性には関わりません。とくに'60年代後半生まれなど、もともと近い世代にあるもの同士なら大きな特徴になりません。ただ、異世代なら変容のパワーと革新のパワーの取り合わせなので、社会的な変革をうながす作用に。

力関係としては冥王星のほうが上です。そのため、あなたの世代を代表する人物は、この相手の世代に対して、大きな影響を及ぼすでしょう。彼らの価値観を刷新し、社会を変える気運を高める可能性があります。

あなた自身が自分の世代のアイコン的存在になることもあるでしょうから、その場合あなたは、この人と同世代の仲間に崇拝されるかもしれません。

Hard Aspect

☌ ☍ □ ⊼

これは社会に危険な革命を引き起こす可能性のあるアスペクトです。あなたと相手の個人的な関係が社会全般に影響する可能性もないわけではありません。ただ、たいていの場合、この相性は世代間の交流にトラブルを起こす形で表れます。あなたの属する世代と、相手の世代とが集団的にぶつかり合い、社会的な大改革が起こるわけです。どの世代にも個別の問題というのはあるものです。相手側の世代は、あなたたちの世代の問題点に鋭い指摘を入れてくるでしょう。これまで口にしづらかった話題や、隠されていた弱者の存在が明るみに出るかもしれません。

Soft Aspect

△ ⚹

冥王星と天王星のつながりがソフトだと、その影響はスムーズに広がり、多くの人に受け入れられるものになります。あなたの世代の代表者たちは、この相手の価値観や生活を一変させる力を持ちます。また、このアスペクトは個人と個人の関係に影響する場合も。もしもあなたが何かしら「抑圧された環境」で育ってきたタイプなら、この人と出会うことで禁から解き放たれることになるかもしれません。自由に目覚め、自分の人生を一新したい気持ちに駆られるかも。また、あなたの内に深く眠っていた欲望が、この相手といるうちに目覚めてくる場合もあります。

あなたの冥王星×相手の海王星＝集合的沸騰

冥王星と海王星の組み合わせがもたらす影響は、ひと言でいえば「不透明」なものです。

無自覚のうちに、世代間の相性に大きな影響を与えるアスペクト（同世代の場合、あまり考えなくてもOK）。

とくに、相手の世代はあなたの世代がもたらす影響を無自覚に受け止めがち。ソフトな角度で二つの星がつながっていると、知らないうちにみんなが流行に乗せられてしまったりします。

ハードのつながりの場合、あなたの世代のアイコン的なスターに対し、相手の世代は過剰な反応を起こしがちです。あなたが時代の顔のひとりだったり、セレブリティだったりするなら、この世代の人たちから熱狂的に愛されるかもしれません。

Hard Aspect

☍ □ ⚻

冥王星の持つ圧倒的なパワーが海王星をハードに刺激すると熱狂が巻き起こります。あなたの世代全体が、あるいは世代の代表的な人物が、この人たちのカリスマとして、あがめられるようになるかもしれません。とくに、悲劇的な事件が起きた場合、この世代は同情的になります。まるで自分の身に起こったことのように嘆き、それが社会的な現象として注目されるかもしれません。ただ、あなたの世代にはこの人たちの反応を悪い意味で利用しようとする人物が現れる可能性が。そういう人物を生みださないようにすることが、あなたの世代のひとつの課題です。

Soft Aspect

☌ △ ⚹

冥王星は「闇の世界」を支配するパワーを持つ星です。一方の海王星は陶酔的なムードをもたらす星。そのため、あなたの世代の冥王星が相手の世代の海王星をソフトに刺激すると、広くブームが起こります。相手の世代はあなたたちが仕掛けた流行を当然のことのように受け止めて、すっかり自分たちのものにしてしまうでしょう。あなたのアーティスティックな活動や思想についても、この世代は共感を示します。そんなわけで、この人たちは、あなたの世代の人間にとって「自分たちの存在価値を実感させてくれる世代」となるかもしれません。

あなたの冥王星 × 相手の冥王星 ＝ 時代のカルマ

外惑星同士の相性については、ここまで「天王星同士の相性は世代の相性」「海王星同士の相性は時代の変遷を占う相性」という説明をしてきました。

冥王星同士の相性は、さらに規模の大きなもの。同じ世代であれば冥王星はおのずと0度となりますが、それ以外の場合には、世代間の共闘や反発といったことが起こってくると考えられます。個人的な関係だけには収まらないのです。

たとえば、これは新たな国ができたとき、周辺国の設立時期のホロスコープを作って、その相性を見てみるようなときに重視すべきもの。もし、あなたが生まれた場所も時代も違う相手との相性を気にしなければならないときがきたら、冥王星同士の位置関係も忘れずに確認してみるといいでしょう。

Soft Aspect

☌ △ ⚹

冥王星同士のつながりがソフトであれば、政治的な見解や宗教、文化的な違いを乗り越え、この結びつきはスムーズなものとなるでしょう。弱い立場にいる側が、相手につき従う場合はありますが、強制的なものではなく、連携的なものとなるはずです。そして、この結びつきは両者に強い力を与えます。たとえば、国家のトップに立つ人物の冥王星同士がこの角度だった場合は、その二人の絆が国同士の友好につながるかもしれません。ただ、敵対するものに対しては、つねにタッグを組んで向かうことをうながすアスペクトなので、勝手なマネは許されない場合が。

Hard Aspect

☍ □ ⚻

ハードな角度で冥王星同士がつながると、強力なパワーゲームが生まれます。どちらも一歩も譲らず、簡単には立場を変えられないポジションで向き合うので、友好的な解決のためには、相当な時間がかかるかもしれません。とくに180度の場合は、宿命的な因果が両者を結びつけやすく、国家間などの場合、次の時代に至っても、その時代のイヤなムードを引きずってしまうかも。ただ、冥王星は根本からの変容をうながす星です。このアスペクトにある相手が、自分たちが抱える問題にしつこく干渉してくるなら、それは変容の要請です。無視することはできないはずです。

ＡＳＣを知ると、強い縁があるかが見えてくる

本編では詳しく触れる余裕がなかったものの、ホロスコープで相性を見るうえで重要な判断材料になるポイントは、他にもあります。その代表がアセンダントです。アセンダントは、天文学的には東の地平線を表し、ホロスコープでは「ＡＳＣ」と表示されています。

このアセンダントの位置を算出するには正確な出生時刻が必要になります（何しろ、およそ4分で1度位置が変わるのです）。もし、二人とも正確に出生時刻と出生地がわかっているなら、ぜひこのアセンダントも参考にしてください。

ホロスコープ上では「惑星とアスペクト」のところの「ＡＳＣ」にチェックを入れると、アセンダントに対するアスペクトも表示されます。とくにアスペクトのオーブが3度以内の場合は影響力が強く、重要です。

アセンダントは、その人が世間に向けて被っている「顔」を意味します。周囲から見た本人のイメージと言っていいかもしれません。

もし、自分のアセンダントに対して相手の天体がアスペクトをとっている場合、その相手といると自分のイメージが、その惑星の象徴する姿へ変化していくようになります。

たとえば、あなたのアセンダントが、相手の太陽や火星といったエネルギッシュな星とアスペクトをとっていると、あなたはその相手といることで自信を持ち、パワフルになります。

相手の月や金星、木星とアスペクトをとっているなら、相手があなたにエレガンスや魅力を与えてくれるでしょう。土星や冥王星の場合はシリアスなムードが強くなります。水星の場合は、あなたの考えはよりクリアに世間に伝わるようになり、天王星ではあなたの個性が光り、海王星なら不思議な魅力が強まります。また、あなたと相手のアセンダント同士がアスペクトをとる場合は、強い縁が生じます。

ハードなアスペクトの場合、相手の天体が示すマイナス面が出がちですが、いずれにしても、強い縁が生じてくることは間違いありません。

MCを知ると、社会における相手との関わりが見えてくる

ASCと同様に、本文中では詳述できなかった重要なポイントが、もうひとつあります。それがMC。MCとはラテン語の「メディウム・コエリ」の略で、「天の真ん中」の意味です。ホロスコープでは天頂を表し、社会における到達点や目標などを象徴しています。

MCの算出には正確な出生時刻と出生場所のデータが必要です。それが二人とも判明しているときは、ぜひ判断の材料に加えてください。とくにオーブが3度以内の正確なアスペクトがある場合は、重要なファクターになります。

あなたのMCに対して相手の太陽、月、木星がソフトなアスペクトをとる場合は、相手の存在があなたの社会進出や大人としての自信を獲得するうえで、大きな助けになってくれます。とくにお互いの惑星がピタリと重なるコンジャンクションの場合は、より影響力が強まります。あなたの人生を相手が有形、無形に後押ししてくれるでしょう。

相手の水星があなたのMCとソフトなアスペクトをとると、相手はあなたの才能を社会で発揮させるために力を貸してくれます。金星の場合は、あなたの魅力が社会や公の場で輝くことを手助けしてくれるでしょう。火星の場合は、あなたがよりアグレッシブに社会で活躍できるようエネルギーを与えてくれます。

土星や冥王星の場合は、相手から社会の中での試練が与えられますが、より真剣に人生に取り組むよう促してもらえます。天王星の場合は、より個性的に社会と関わるよう独立心を引き出されるでしょう。海王星の場合は、相手に混乱させられることもありますが、より大きな夢やロマンをあなたに与えてくれるはずです。

アスペクトがハードの場合は、その天体のマイナス面が強調されます。自分のMCに対して相手の惑星がアスペクトをとっていると関係性は強まり、二人の相性は強い縁で結ばれていると言えます。

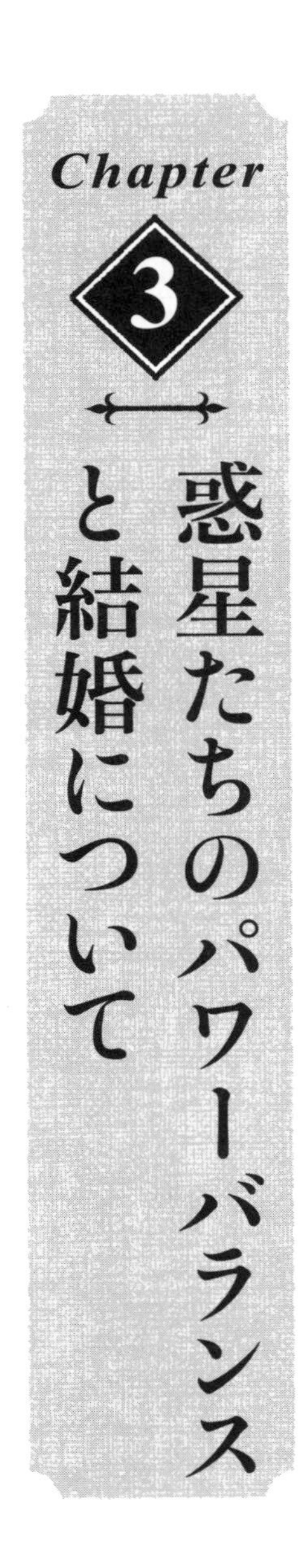

内惑星と外惑星の違いを知ろう

本文中でも何度か触れてきましたが、占星術上、惑星は運行速度によって二つのグループに分類されています。「内惑星」と「外惑星」です。

惑星は、その動きの速度がそれぞれ違います。本書で用いる惑星で比較的動きが速いのは、太陽、月、水星、金星、火星の5つです。これらが「内惑星」と呼ばれています。移動する速度が速いため、誕生日が1日、2日違うとその位置が変わってきますから、これはよりパーソナルな作用をもたらす惑星とされています。そこで別名を「個人的惑星」ともいいます。

一方、木星、土星、天王星、海王星、冥王星は「外惑星」に分類されます。これらの惑星は動きが緩慢で、どちらかというとその影響は世代的、集合的なものだと考えられています。これまでは「大惑星」と呼んできた天体です。

本文では、内惑星と外惑星がアスペクトをとった場合には、内惑星の側のほうが強い影響を受けるというふうに解説しました。

内惑星同士のアスペクトは、より個人的なものです。

日々のムードやちょっとした好みやセンスの方向など、よりパーソナルなレベルでの相性を表しています。イメージとしては同じ学校のクラス内での相性のようなものですね。

一方で、外惑星と内惑星がからんでくると、より強い引力が働くことになります。自分の気持ちだけでは解決することができないような、社会的な状況や文化的な背景などがからむことが多くなるでしょう。先のたとえで言うと、お互いの気持ちの盛り上がりだけを考えていればいいクラス内だけのものではなく、そこに受験や親との関係など社会的なことも意識するようになった関係というイメージですね。

さらに外惑星同士のアスペクトは、世代間の価値観の一致具合などに作用をもたらします。

二人のホロスコープを見たとき、内惑星同士のアスペクトが多い場合には、個人的な嗜好の合致や不一致などが、お互いの関係性において重要な鍵となっています。

一方で外惑星のアスペクトが多い場合は、それは自分一人の考えや単純な意志の力だけでは解決しがたい、いわば「運命的」な状況がからんでくる、というふうに読むこともできるのです。

その相性は結婚向きか？

好きな人と結婚して、ずっとロマンティックな気分のまま幸せに一生を過ごす——たしかにそれは理想ですが、現実は必ずしも理想通りではないということは、あなたもご存じでしょう。

恋愛と結婚は別、というのはやはり現実にはあることだと思います。

相性のホロスコープでは、面白いことにそれをクリアに見せられることが多いのです。

まず、お互いが恋愛面で惹かれ合うには、多くの場合、性的な魅力を通して惹かれ合います。そのため恋愛の相性を占うときは、愛情や魅力を表す金星や、セックスを表す火星が大きな鍵を握っていることが多くなります。

つまり、お互いの金星、火星が正確なアスペクト（ソフト、ハードにかかわらず）を作っている場合、その二人は相手に対して強く惹かれる傾向があるでしょう。

とくに、金星と天王星、金星と冥王星、火星同士、火星と冥王星といった組み合わせが強いアスペクトをとっているときは、その傾向が顕著になります。さらに、自分の金星や火星に対して相手の海王星がからむと、ロマンティックな気分が盛り上がります。

しかし、それだけでは社会的なハードルを乗り越えて結婚に至ることができるかどうかはちょっと疑問です（もちろん、好きという気持ちだけで結婚することもありますが）。

では、どんなケースが結婚に至るのでしょうか。決定的なルールは存在しませんが、一応の目安はあります。

伝統的な占星術では、次のようなケースの場合には、「結婚」に象徴されるような縁が生じるとされています。

①どちらかの太陽と相手の月が同じ星座にある場合
②どちらかの太陽と相手の月が180度の正反対の星座にある場合

③お互いの月が同じ星座にある場合
④お互いの月が180度の正反対の星座にある場合

この場合、惑星同士のアスペクトのオーブが狭いほうが、とくに結婚の縁が強いというわけではありません。オーブはまったく関係なく、太陽や月が同じ星座か、または向き合う正反対の星座に入っていればよいのです。

太陽は男性性、月は女性性の象徴であり、太陽と月の組み合わせは、まさに結婚の象徴。さらにいうと、文字通りの結婚ばかりではなく、強い縁を表していて、一種のソウルメイト的な関係だといえるかもしれません（フロイトとユングもこのような関係でした）。

出生時刻がはっきりしている場合にはアセンダントと、太陽と月の組み合わせも（アセンダント同士やアセンダントと太陽、アセンダントと月など、どの組み合わせでも）、結婚に象徴されるような関係を示します。互いの基本的な価値観が合致しているのです。

また、太陽や月に対して、相手の木星がからんでくる場合も、結婚の組み合わせです。伝統的な解釈によると、木星は社会的に祝福された関係を示すものだからです。

さらに、土星が太陽や月とアスペクトをとるときは、かなり有望。土星は「けじめ」の星。結婚によって二人の関係にけじめをつけて、夫婦としての社会的な責任を背負い、きちんとハードルを乗り越えていく覚悟があれば強い絆を形成できます。

実例カップルから相性を読み解く

原由子 × 桑田佳祐 ＝ 衝突もあるが結婚につながる相性

日本の音楽界を代表するサザンオールスターズの桑田佳祐さんと原由子さんのカップル。浮き沈みの激しい音楽業界で不動の人気を保ち、音楽シーンでもプライベートでも、パートナーシップを長く築いている二人のホロスコープはどうなっているでしょうか。

出生時刻が不明ですので、正午を基準に作成します。動きの速い月は、出生時刻によって微妙に位置が変わるので、月のアスペクトは扱いを慎重にしなければなりません。

個人的な惑星*の主要アスペクトとして重要なのは、桑田さんの土星に対して、原さんの火星が120度のソフトアスペクトです。

これは原さんの行動力を桑田さんの堅実さが抑え、お互いのエネルギーを上手に引き出していることを示しています。一緒にいて熱く燃え上がる、ということではなく、愛情の火力を上手にお互いがコントロールしていることが窺えます。桑田さんの太陽に対して、原さんの土星が90度のハードアスペクトとなっているのは、桑田さんに対して原さんがプレッシャーをかけていることを示します。この場合、音楽業界という不安定な世界にいる桑田さんにとって、原さんが碇のような存在になっていることを示すように見えます。

桑田さんの金星と原さんの太陽は120度のソフトアスペクトで、原さんが桑田さんの理想の女性像に当たることを暗示。月と火星のハードアスペクトは時折、衝突することを表しますが、原さんの月と桑田さんの太陽が同じ魚座であるのは音楽を通した素敵な結婚が成立していることを示しています。

*動きの速い月、太陽、水星、金星、火星

内側の円	
	原由子
生年月日	1956 / 12 / 11
出生時間	12: 00
出生地	関東

外側の円	
	桑田佳祐
生年月日	1956 / 2 / 26
出生時間	12:00
出生地	関東

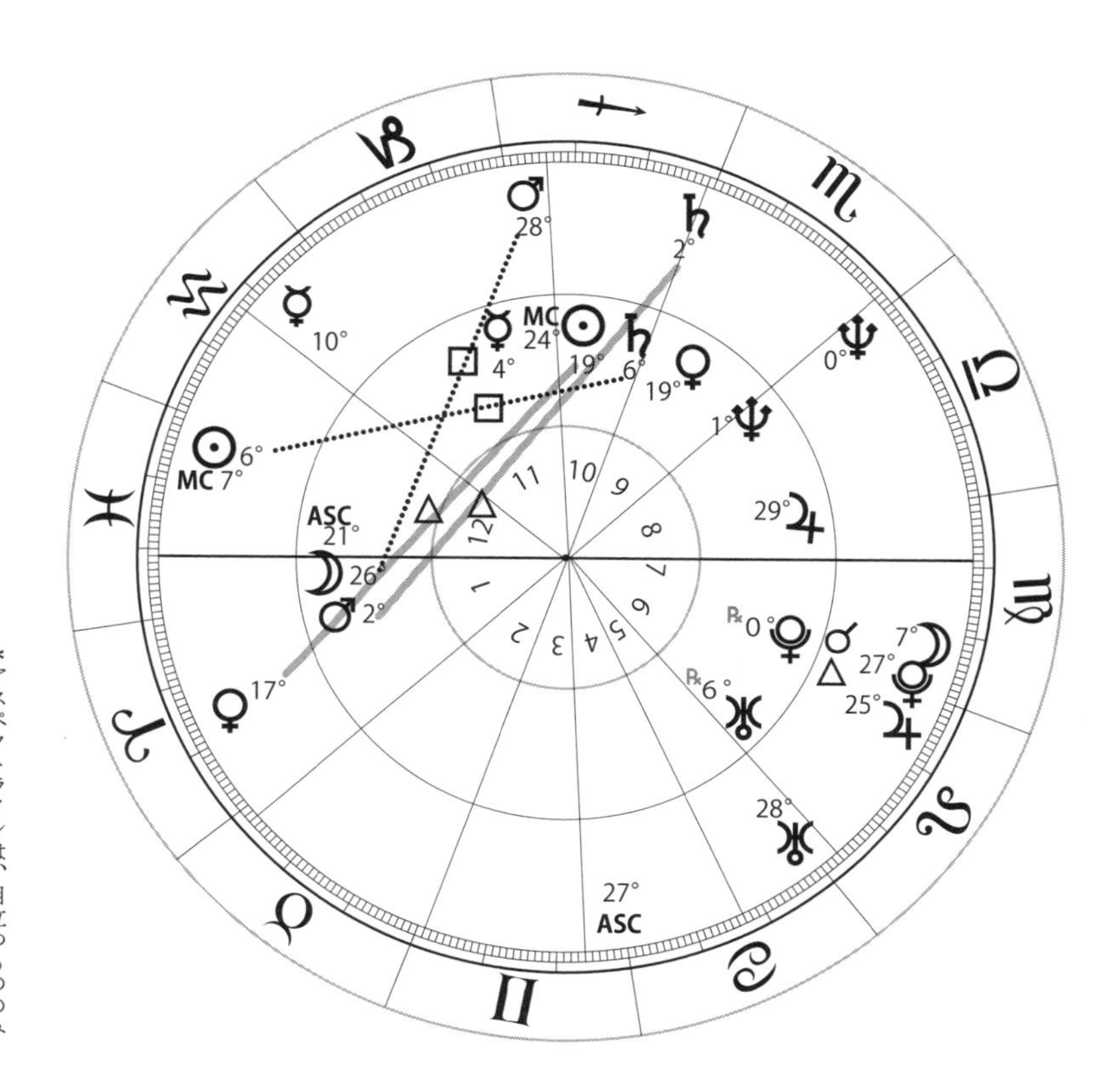

＊アスペクトラインは、目立つもののみ選んで入れています。

ダイアナ妃 × チャールズ皇太子 ＝

スキャンダルを宿命とする相性

「おとぎ話のような結婚」と、全世界を熱狂させた、プリンス・チャールズとダイアナの結婚。

しかし、その結婚は数々のスキャンダルを経たのちに、ダイアナ妃が痛ましい事故で命を落とすという悲劇によって幕を閉じることになりました。

二人のホロスコープを見ると、まずチャールズの水星に、ダイアナの冥王星が60度の角度をとっています。これは、チャールズの考え方のスタイルにダイアナが大きな変容をもたらし、ときには猜疑心を募らせたかもしれないことを窺わせる星の配置。

ダイアナの天王星がチャールズの太陽に対して90度のハードアスペクトをとっていたことは、結婚後のスキャンダルを予感させるもの。よく見るとダイアナの金星、月もチャールズの太陽に対してハードアスペクトをとり、全体として大きな十字をホロスコープに描き出しています。専門的には「グランドクロス」と呼ばれ、強烈な刺激を与えるアスペクト。二人の間にスキャンダルが多かったのもうなずけます。

しかし、同時にお互いの火星と木星は、ソフトとハードの違いはあるものの、相互にアスペクトをとっていることが特徴的。これはお互いの立場を超えて、大胆に結婚という冒険に出たことを示しています。

伝統的な占星術から見ると、〝死のハウス〟と呼ばれる8ハウスに入っている「死」の星冥王星に、チャールズの土星が正確に重なっているのも後から考えると不気味です。しかし、これは死の宿命そのものよりも、二人が背負った立場の重さを示すものと考えるべきでしょう。

内側の円

Princess of Wales, Diana

生年月日 1961 / 7 / 2 *

出生時間 3:45 *

出生地 イギリス　サンドリンガム

*日本時間に換算。現地時間では 1961 年 7 月 1 日 19：45 誕生

外側の円

Prince of Wales, Charls

生年月日 1948 / 11 / 15 *

出生時間 6:14 *

出生地 イギリス　ロンドン

*日本時間に換算。現地時間では 1948 年 11 月 14 日 21：14 誕生

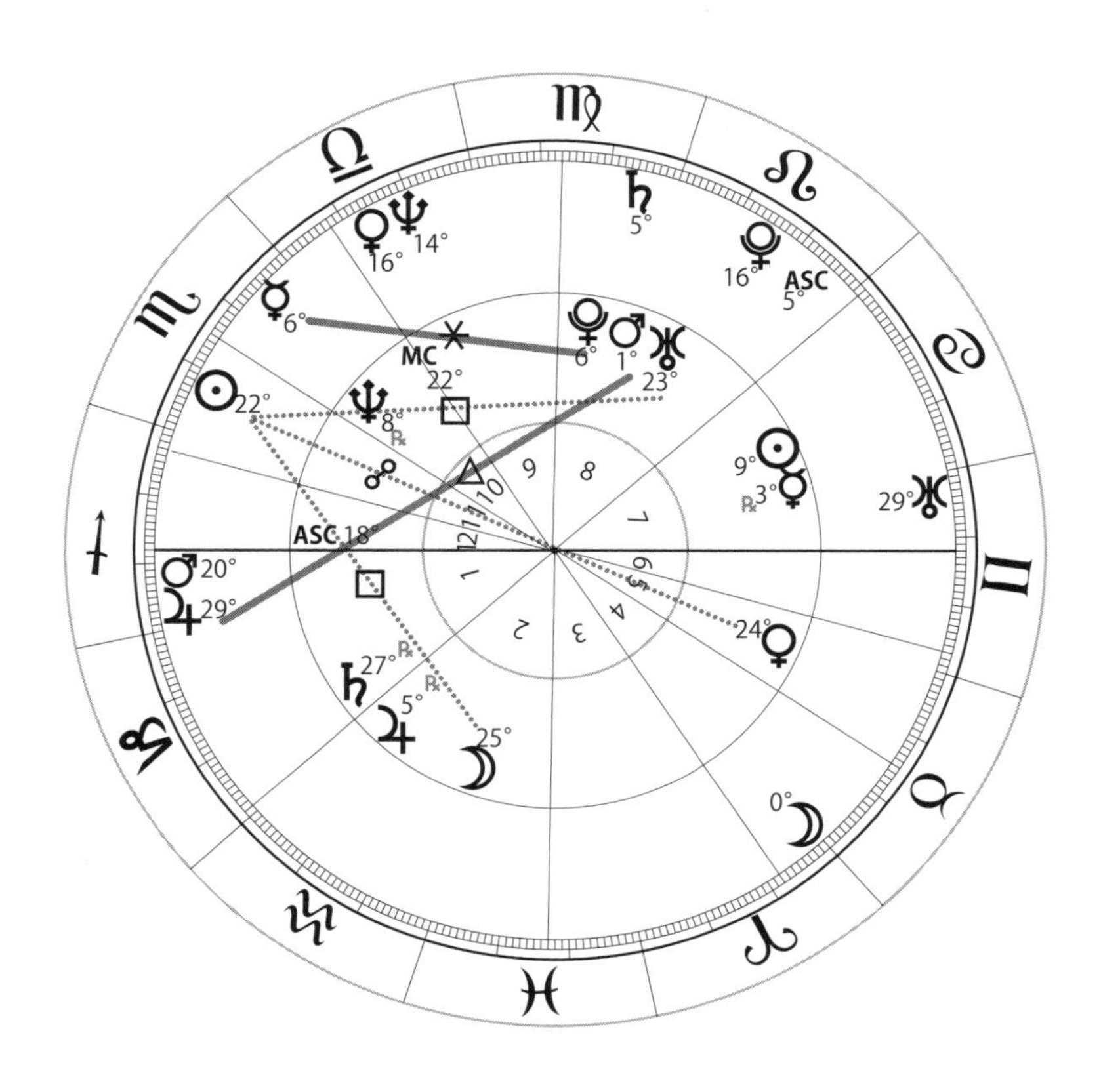

オノ・ヨーコ×ジョン・レノン＝

知的で自由な関係を築ける相性

世界中の人々に新しい男女関係のイメージを示し、自由で知的なカップルのモデルとなったオノ・ヨーコとミュージシャン、ジョン・レノンのホロスコープです。

「重要アスペクト」の表を見ると、ヨーコの金星は、ジョンの木星と土星に対して90度の角度をとっています。木星と土星は正反対の意味をもっていますから、この解釈は難しいですね。ヨーコの女性としての魅力は、ジョンによってサポートされる（木星）一方、制限されていた（土星）ようにも映ります。実際、人種も性別も超えた自由なカップルであるということは、ヨーコ自身には女性であることの新しい意味（木星）も、重圧と責任（土星）も感じさせたことでしょう。木星と土星が接近するのはおよそ20年に一度。それは社会の枠組みの変化の時期と重なると言います。この配置をもつジョンに対して、ヨーコの女性性の金星が正確に90度の角度をとっていることは実に印象的。二人の関係には、時代の変化が投影されているのです。また、ヨーコの金星はジョンの太陽と120度の角度をとり、ジョンから見てヨーコが女性としてとても魅力的であったことも示されています。

水星同士の120度、ヨーコの海王星に対してジョンの水星が60度という二つのソフトアスペクトは、この二人が知的なコミュニケーションをとり、ビジョンを広げていた証拠といえるでしょう。

ジョンのＡＳＣ（アセンダント）にヨーコの天王星が0度で重なり、しかもヨーコの天王星がジョンの太陽に180度なのは、二人が「自由」のシンボルであったことをこの上ないほどよく示しています。

内側の円	
	オノ・ヨーコ
生年月日	1933 / 2 / 18
出生時間	20:30
出生地	関東

外側の円	
	ジョン・レノン
生年月日	1940 / 10 / 10 *
出生時間	2 : 30 *
出生地	イギリス　リバプール

*日本時間に換算。現地時間では 1940 年 10 月 9 日 18：30 誕生

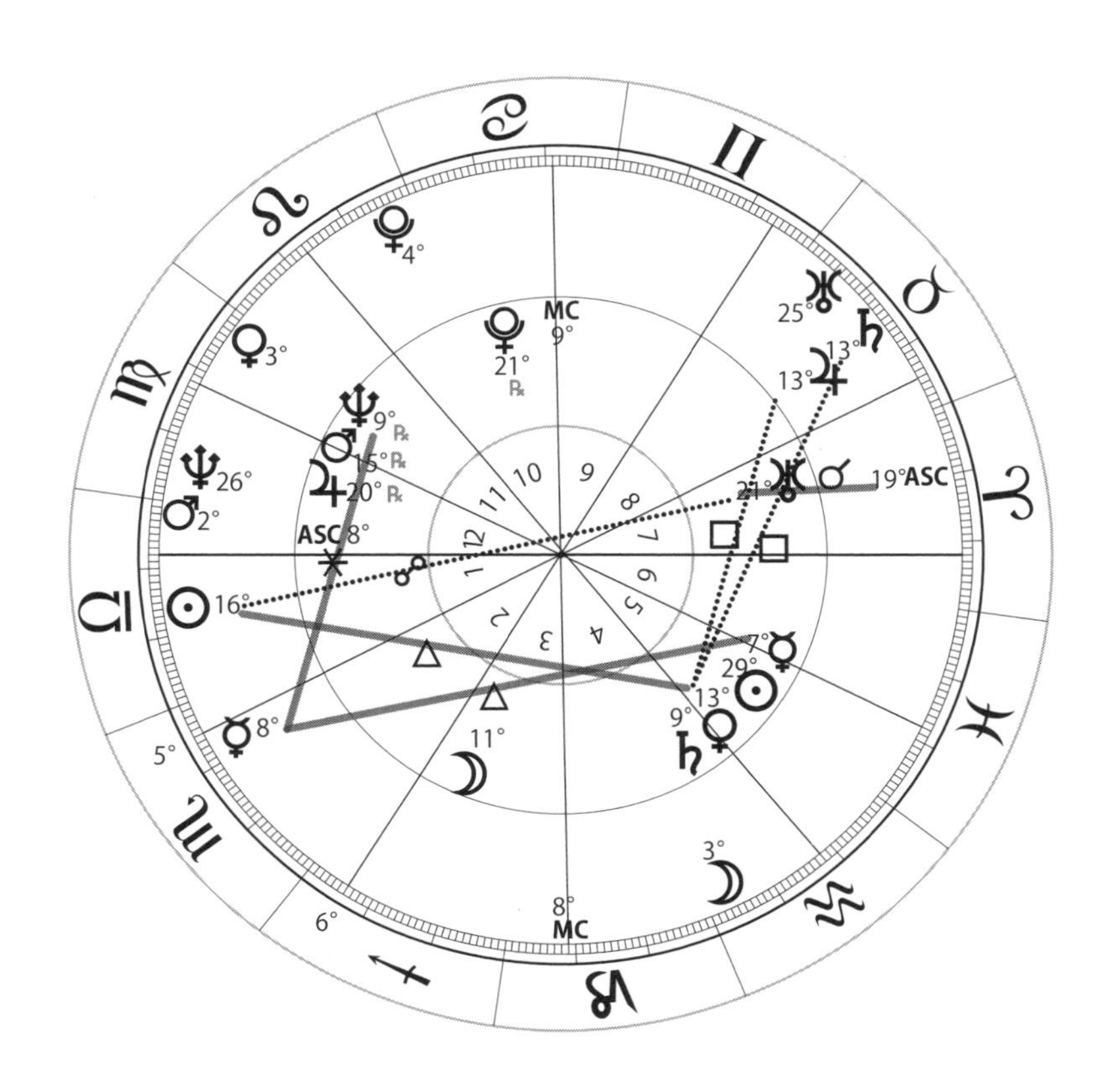

松本人志×浜田雅功＝

メリットを与えあえる夫婦的相性

ここまでは、男女のカップルのホロスコープを見てきましたが、最後に同性同士のコンビの相性をホロスコープの実例から見てみることにしましょう。

これは日本のテレビ界で大きな影響力をもつお笑いコンビ、ダウンタウンのホロスコープです。残念ながら出生時刻が不明ですので、正午を基準に計算し、動きの速い月のアスペクトについては出生時刻によって位置が変わりやすいので、扱いを慎重にします。

まず、惑星同士の最も正確なアスペクトは、浜田さんの海王星が松本さんの太陽と60度の角度をとっていることです。これは、松本さんの意志や人生の方向性に対して、浜田さんが大きな理想と夢を与えていることを示します。

そして、松本さんの木星は、浜田さんの火星に対して120度の角度をとっているので、二人でいると勇気が増し、大胆な挑戦ができることを意味しています。

しかも、松本さんの木星には浜田さんの金星が0度で重なっています。これは、お互いに物心両面で相手にメリットをもたらすことを示し、また松本さんの芸術的センスに浜田さんが自信を与え、サポートすることを表しています。

浜田さんの太陽と松本さんの月が同じ星座にあり、同時に松本さんの太陽と浜田さんの月がアスペクトを形成していることも、二人は一種「夫婦」的な相性であることを暗示しています。ただし、松本さんの土星が浜田さんの火星と180度をとっているのは、松本さんが浜田さん個人の行動力を制限する場合もあることを示しています。

内側の円	
松本人志	
生年月日	1963 / 9 / 8
出生時間	12 : 00
出生地	近畿

外側の円	
浜田雅功	
生年月日	1963 / 5 / 11
出生時間	12:00
出生地	近畿

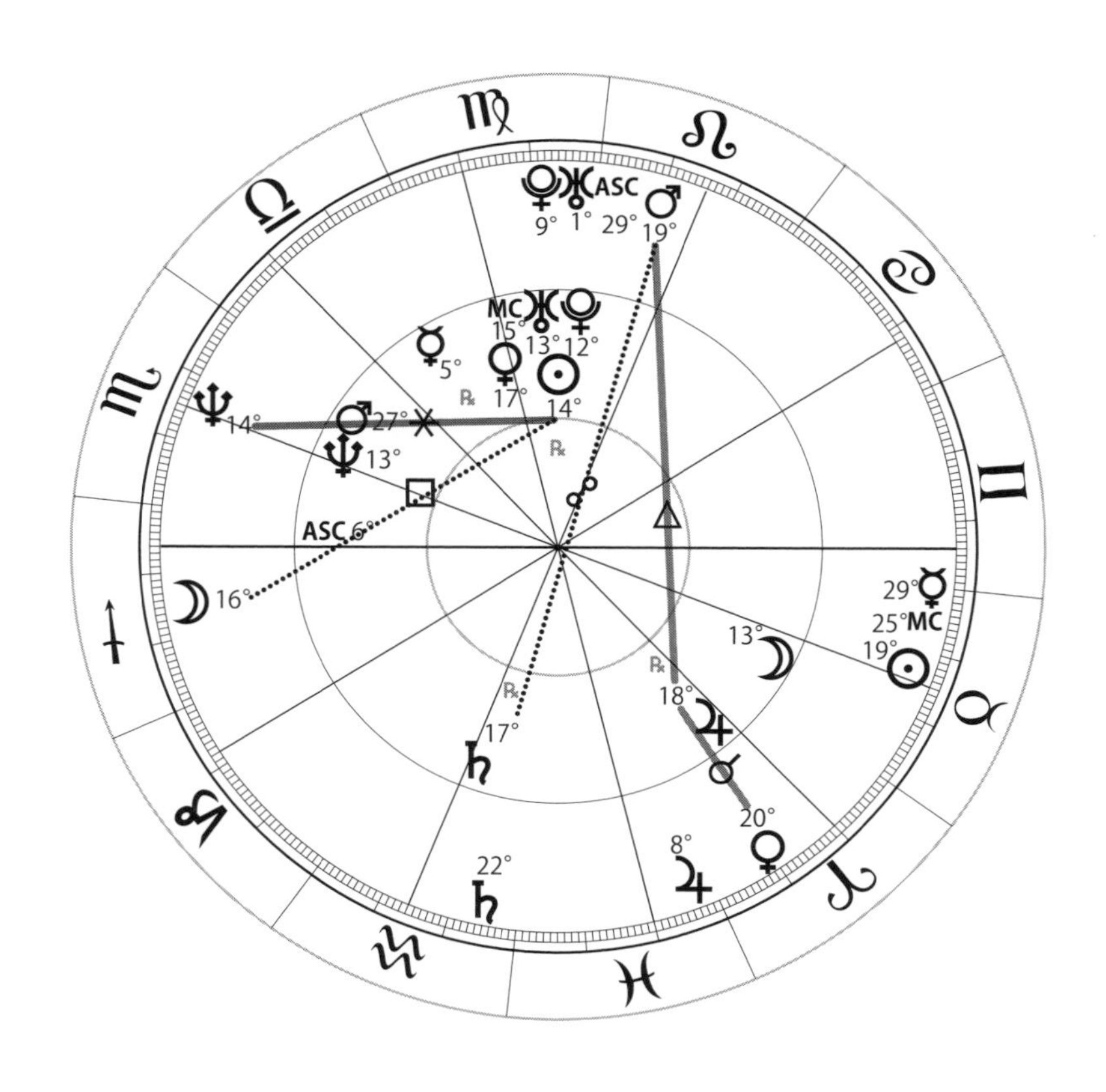

錬金術結婚としての相性

「二人の人格の出会いは一種の化学反応のようなもの。そして化学反応が起これば双方が変容せざるを得ない」

心理学者ユングの有名な言葉です。まさにこれは真理。二人の人間が深いところで出会えば、必ずそこには変容が生まれるものです。

ただ、この「化学変化」という言葉でユングがイメージしていたのはおそらくは近代化学の化学式で書けるようなものではなかったでしょう。それはおそらく錬金術的なものだったはずです。ユングは人生の中期以降、錬金術の研究に没頭しました。何も鉛を黄金に変えて一獲千金を狙ったというのではありません。古代、そして近世までの錬金術の謎めいた図版や文言は、物質の変化ばかりではなく、人間の心の変容のプロセスを象徴的に描き出すのだとユングは考えたのです。

ユングが論じた錬金術文書に『哲学者の薔薇園』という16世紀の作品があります。これは多くの錬金術文書の例にもれず、大変難解なもので、ユングによるその分析もまた平易なものとは言えません。

しかし、図版はとても魅力的で、人間関係の化学反応の秘密の一端を垣間見せてくれるように見えてきます。この王と女王の結合のプロセスは、現代占星術における相性の観点のイメージを深めてくれそうです。ここではユング派心理学者リズ・グリーンによる解説などを参照しつつ、僕なりにこの図版を占星術と合わせてお話ししてみましょう。

ただし、以下の解釈は、学術的なものでも正解を求めるものでもなく、あくまでも僕自身の連想による読み解きです。現代占星術の相性関係を考える上での一助としてお考えください。

出会い

錬金術の鍵は「対立物の一致」にあるとユングは考えていました。激しい性質を持つ硫黄と安定した塩、あるいは火と水などを合一させるのです。その結合のイメージとしてしばしば性的なモチーフが用いられ、男女が登場します。ここでは太陽の王と月の女王の出会いが表現されています。

これは一人の人間の中における意識と無意識の結合としても解釈できますし、また二人の人間の間に起こる心理学的な「投影」「転移」のプロセスとしても解釈できるでしょう。ここでは一応、後者の見方をとって話を進めていきたいと思います。

次の図では二人の人物が向き合っています。太陽と月という全く異なるキャラクターの持ち主がいるわけです。しかしただ、単に二人の人間がいるというだけでは「出会い」は起こりません。何かそこに、日本語でいう「縁」のような働きがなければ何も生じません。この図では天から降りてくる鳩と星のシンボルでその出会いの縁が象徴されているように感じます。

ここで僕たちが学ぶべきは、ホロスコープを「機械的、公式的に読んではいけない」ということです。「私の月があの人の太陽とぴったり同じ位置にあるからあの人とは絶対にお付き合いできる運命にあるんだわ！」と、全くその気もない相手に突進していくような占星術家がいたら、やはり少しおかしいでしょう？　ホロスコープが何かを起こすわけではありません。出会いにはチャートを超えた「何か」が必要なのです。僕はこの星と鳩という神秘的な存在に、星だけから字義的に運命を読み取ろうとしてしまいがちな占星術家への戒めを感じ取ります。

そして、もし運よく、その星と鳩という「縁」があったなら、二人の間には何が起こるのでしょうか。

二人は握手しています。この握手が左手でなされているというのがポイントです。「左」は伝統的に不得手な方、見えていない方、つまり「無意識的」な方を示します。見えているようですが、無意識の中ではすでにつながりが生じています。互いに惹かれ合い、関係が発生しようとしています。また互いが花を差し出しているのも印象的です。この花がクロスしていることに注目してください。これは僕には心理学的な投影関係、そしてお互いのホロスコープの惑星が交差してアスペクトしているように見えます。自分の中の、さまざまな惑星に象徴される心理的なポイントが、相手の惑星のエネルギーと重なり合い、交差しあって刺激され、心理的な投影と反応が生み出されつつあります。

出会い　2

先の図に続くこの図の構図は先行する図とよく似ています。しかし、大きな違いがありますね。まず、王と王妃は裸になっています。

衣服というのはユング心理学的には「ペルソナ」、すなわち人が社会的にかぶる仮面を象徴するとされます。前の段階ではペルソナをかぶった、いわば「よそゆき」の関係だったものが、もっと本音レベルの「裸の」お付き合いが始まっています。親密度がぐんと増しているのです。

相互に差し出された花を互いが触っているのも、前図と異なります。これは互いが無意識の投影を引き受けていることを示しているように見えます。

ユングの言う人間関係の「化学反応」が起こり始めたわけです。実際の人間関係なら、相手がどうしても気になる、ほかの人よりも大切に思える、あるいはほかの人に言われても何でもないことが、その人の言葉ならなぜか深く傷つくようになってしまう、というような状態です。

融合の諸段階

それに続く一連のこの図を見てください。

王と王妃は服を脱ぐだけではなく、一緒に水浴を始めています。水は互いの境界を溶かすもの。空間（スペース）を作る空気よりもずっと濃密に二つの事物や二人の人間を結合させます。

どんどん二人の距離が接近し、融合とでも言うべき状態へ変わってゆくさまがここに示されています。

次の状態では、二人を囲っていた風呂ないし水槽もなくなり、二人は臆面もなく自然の中で抱き合っています。「水槽」「風呂桶」は僕にはある種の枠組みに見えます。裸で二人がひとつになれるのは、あくまでもその枠内においてのみ。社会的「ペルソナ」はまだ保たれています。しかし、深い関係が公になったり、あるいは逆に社会性に無自覚であった場合、そのような「境界」は意識されなくなります。ごくごく「自然に」二人の深い関係、絆を周囲にさらせるようになるわけです。ただ二人の関係性を隠す必要性けではありません。人前で文字通り裸になるわ

や境界がなくなったということでしょう。あるいは自分自身の中にある、相手と一体化することへの抵抗もなくなっていくということかもしれません。

しかし、その段階から進むと、少し面白いことが起こります。今度は風呂桶ではなく新たな囲いが生まれています。そしてその囲いは僕には今度は棺に見えるのです。そして二人の身体が一体化してしまっていますね。

これは二人の心が出会い以前のものではなくなり、過去の自分から「死」ぬこと、深く変容していくことを示すようにも感じられます。

スピリットの離脱と帰還

次のステージは読み解くのが難しいのですが、ここではごく身近な形で読み取ってみましょう。

二人が一体化してしばらく経つと、何か大切なスピリットのようなもの（子ども）が飛び去ってしまっています。

二人が「一体になる」というのは一見、とてもよいことのように見えますが、しかし、それでは「出会い」はなくなるということです。人間関係はあくま

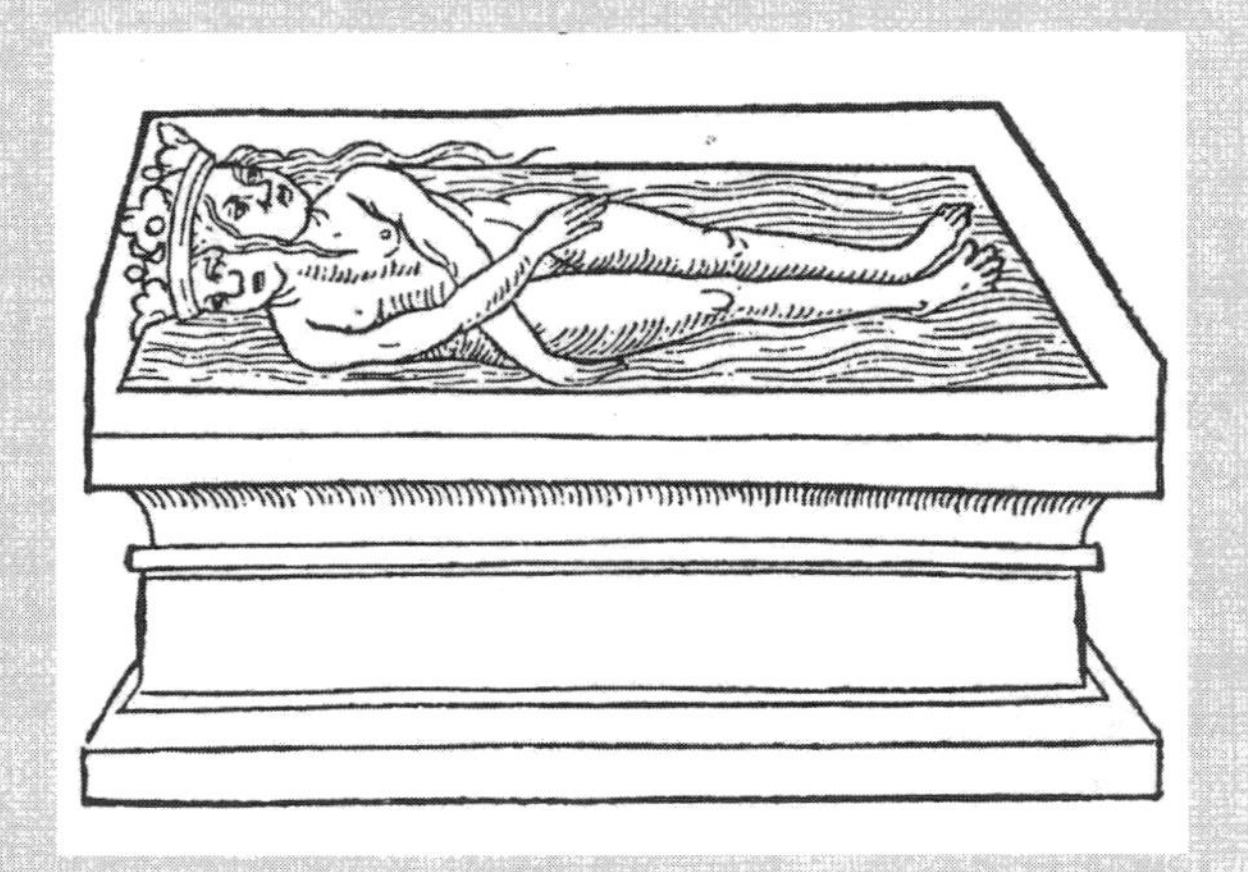

でも異なる他者との連続的な出会いでなければ、新鮮さがなくなってしまうものです。マンネリに陥り、関係性が不活性なものになります。惰性だけの関係性になってしまうのです。

浮気などはそうした「連続的な出会い」を生じないときに起こるのではないでしょうか。相手との関係性を長きにわたって深めていく上では常に相手の中にこそ新鮮な「出会い」を見出す必要があるのでしょう。一方で、そうした新鮮さが失われると二人

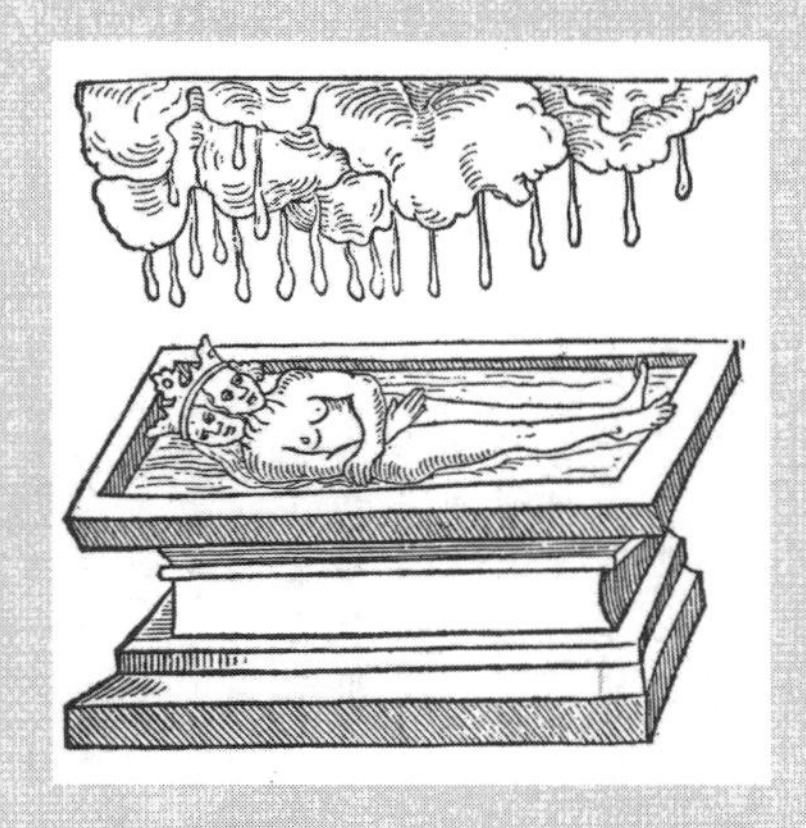

の関係には混乱が、そして時には終わりが訪れます。しかし、そうした「危機」を乗り越えると、互いに浄化の雨が降ります。さまざまなわだかまりが溶けていきます。そして新たなかたちで絆のスピリットがまた降りてくるのです。

錬金術的完成 両性具有者の誕生

こうして互いの無意識の投影を受け止め、互いが変容した二人は「対立物の一致」を完成させます。男女、太陽と月を併せ持つ両性具有の完璧な存在としてもう一度「立ち上がる」のです。

これまでは二人は横たわり、無意識の中に沈殿していたように見えますが、ここで二人は新たな完全体として「立ち上がり」ます。人間関係の黄金が生まれたのです。

……とくると、めでたしめでたし、とも言えそうですが、本当にそうでしょうか。実は僕にはとてもそうは思えないのです。左の両性具有の人物を見てください。みなさんはこのような姿になりたいですか？ ドラゴンや蛇を手にし、翼をつけたこの人物。確かにいかにも強力そうではありますが、何だか化け物じみてはいませんか？

これが「完成形」だとしても、少なくとも僕はこうはなりたくありません。ここから僕が感じ取ることは、人間関係というのはもし「完成」して理想的なものになってしまったとしたら、それは一種のモンスターではないか、ということなのです。人間は本来不完全な存在です。となれば人間的な関係性というのもやはり不完全なものでしかるべきではありませんか。完全、理想的な人間関係などあったとしたらそれはもはや非‐人間的なものなのではないでしょうか。

ですから、ホロスコープを通しても「完全」な人間関係など求めるのではなく、その不完全さ、未熟さ、愚かさ、弱さ、そうしたものを受け止めながら、星と対話していければよいかと僕は考えています。

実際、変容はまだ続きます。『哲学者の薔薇園』には、この後もさらに絵のシリーズが続きます。その展開をイメージで味わうのは、またの機会にしましょう。

会社やペットなど人間以外のものとの相性について

占星術の面白いところは、ホロスコープが「人間以外」のものにも当てはまることです。

歴史的に見ても、占星術は個人よりも国家の動きを判断するものとして発達してきました。高度な天文学の知識を要する占星術を実践することは、昔は相当な知識人でないとできない仕事でした。そうした知識人は主に王侯貴族のために奉仕していたのです。彼らは、王様自身のホロスコープももちろん占いましたが、同時に国家が誕生（建国）したときのホロスコープなども用いて、国の未来や政治の行方を占ってきました。

こうした考え方を応用すれば、個人同士だけではなく、国家同士や、個人と国家、あるいは個人と組織の相性も見ることができるはずです。

たとえば、ある会社と自分の相性を見たいのなら、その会社の設立（この場合はおそらく登記や上場の日付でしょう）のホロスコープと自分のホロスコープを比較することで、ある程度の相性が判断できるというわけです。

もちろん、それだけでその会社が自分に合っているかどうかを決めることはできませんが、会社は「法人」と言われるように、まさにひとつのエンティティ（実体）。そうとらえれば、自分の能力を生かせそうな会社かどうか、ホロスコープから推測することも可能だと言えるでしょう。

また、最近ではペットのホロスコープも盛んに作成されるようになってきました。ペットの場合には、とくに月が重要です。月は本能や感情を司る天体ですが、動物は人間よりもより本能的な動きをするはずですから、月の影響力がストレートに表れると考えられます。ただ、これは比較的新しい試みなので、定まった解釈などはありません。人間同士の場合よりも想像力を働かせて、解釈を広げていく必要があるでしょう。

このように相性を見るための占星術の応用範囲は、まさに無限。あなた流の使い方で発展させてください。

第2部
未来予報

ホロスコープは未来予想図でもある

第1部では、あの人とあなたの人間関係を綾なす星の絡み合いを見てきました。

そしてこの第2部では、未来のあなたの姿を星空に映し出してみることにしましょう。

伝統的には「未来予測」技法（プレディクティブ・メソッド、あるいはフォーキャスティング・テクニック）と分類されるものです。

ただ、僕はこの「予測」「予言」という言葉を使うことにたいして、できるだけ注意深くありたいと思っています。

占星術の「予測」や「予言」は、ときにびっくりするほど正確に的中することがあります。そんな的中経験に占星術家自身が幻惑されてしまい、まるで未来の運命がすべて星にあらかじめ決められているように感じてしまう場合もあるのです。とくに古代の人々は、この星の宿命を深く感じ取っていました。昔の占星術の本を紐解くと、極めて具体的な解釈が書かれていて、真に受けるのはためらわれるほど。

そう、人間には自由意志があるはずです。人には未来を自分で創造していく力があると、僕たちは心の深いところで信じているのではないでしょうか。

そもそも未来の運命が完全に決められているなら、運命の暗示を前もって知ろうとすること自体の意味がなくなってしまいます。

しかし、一方で人はまた完全に自由でもない。偉大な運命の力にたいして身を任せるほかないと感じるときがあるのも事実。

この運命と自由意志の関係というパラドキシカルな問題については、古代から多くの哲学者や科学者、宗教者たちが取り組んできましたが、未だに明快な答えは出ていません。

もちろん、占星術家たちもその答えは出せません。

ただ、不安と迷いの中に投げ出されがちな人生において、星の巡りという宇宙の運行と、僕たちの人生の出来事の間に精妙な関係を感じ取り、ホロスコープを通して自分だけの物語の筋書きが浮かび上がって見えるようになることは確かなように思えます。

人生の中のさまざまな出来事がホロスコープを移ろう星と重ね合わせられたときに、あるパターンで結ばれていきます。それはあたかも、夜空に散らばっている星が、星見の人々によってさまざまな星座に結ばれていくように見えるのです。ここでいう「予想」「予測」とは、あくまでも可能性という希望の星座を結んでいく作業のことだと考えましょう。

Chapter 1 ホロスコープは未来予報の時計

出生ホロスコープは、いわば、その人物の種子のようなものです。その中にはさまざまな未来の可能性が詰まっています。

その潜在的な可能性が芽吹き、開いていくタイミングを見てとるには、ホロスコープという時計を動かしていく必要があります。占星術では、ある時機を得たときに星の時報が鳴って、本人の可能性が刺激され、心理的な変容が起きたり、それとシンクロして具体的な事件が起きるのだと考えます。

人生の出来事というのは不思議です。結婚や離婚、受験などといった具体的な出来事を経験してはじめて、心が大きく成長するということもあります。経験が人を作るというわけですね。しかし、その人の心の成長や成熟のタイミングに合わせて具体的な出来事が起こることもあります。たとえばこちらの覚悟が決まったときにはじめて、大きな仕事のチャンスがやってきたり、必要な師に出会うといったこともあるわけです。

内的世界と外的世界の出来事は、占星術に馴染んでいると、どちらが原因で結果であるとは言えない、まるで卵が先か鶏が先かのような構造に見えてきます。ホロスコープは具体的な「出来事」

も「心の中の経験」も同時に示します。これが実に面白いところなのです。

占星術の未来予測の技法はたくさん知られています。代表的なところでは

①トランジット法
②プログレス法
③ソーラーアーク法
④リターン法

が挙げられます。本書ではトランジット法の初歩をお話しすることにしましょう。②③④については『鏡リュウジの占星術の教科書Ⅲ』で詳述しています。

「トランジット」とは、飛行機での乗り換えを意味する言葉としてお馴染みかもしれません。占星術では実際そのときに運行している天体のことを指します。

つまり、トランジット法とは、具体的に運勢を見たい時の星の配置（＝トランジット天体）が出生時の天体にどんな影響を与えているかを分析する方法です。

トランジット（経過）と出生ホロスコープを重ね合わせることができるツールは今ではたくさんありますが、相性編と並んでここでもAstrodienst のサイトを例に用います。次ページから、このサイトを使ったトランジットの出し方を解説しますので、まずはやってみましょう。

Astrodienstを使った経過図(トランシジット)ホロスコープ作成方法

賢龍雅人

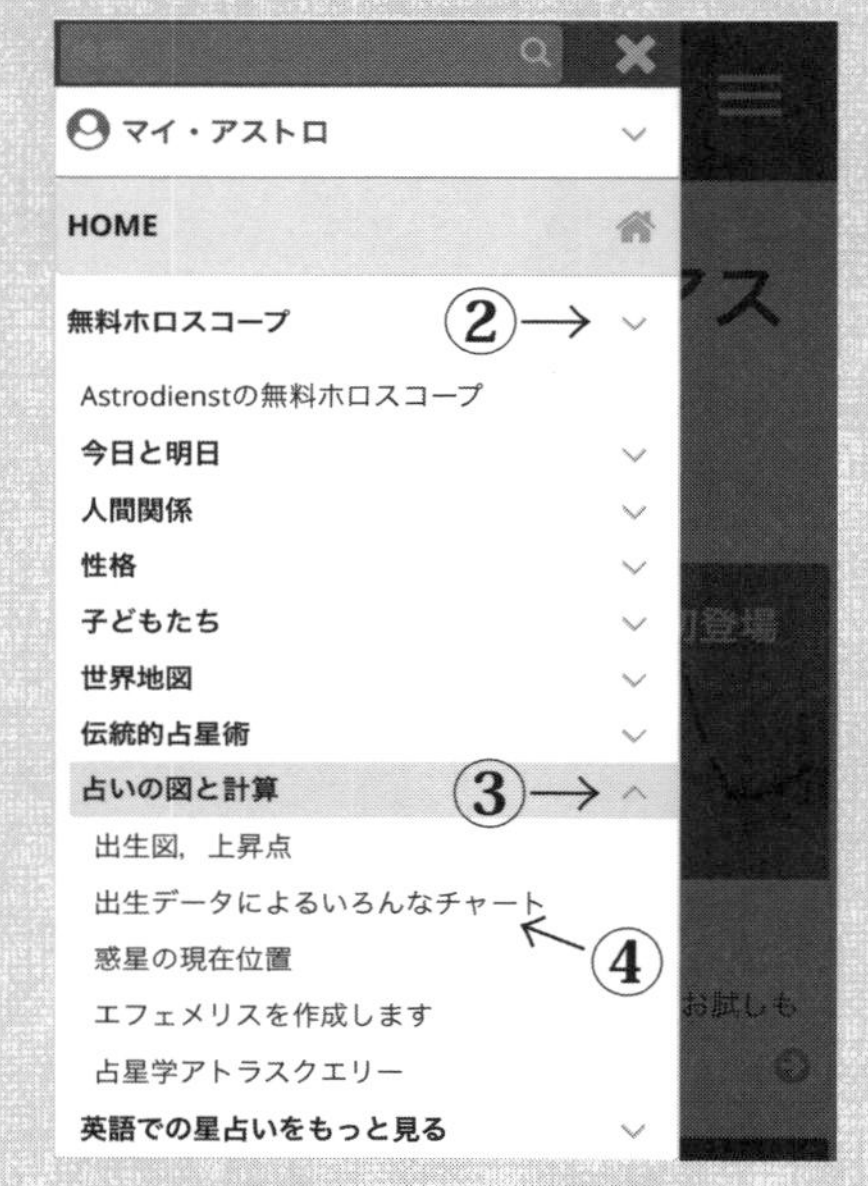

② まずは「無料ホロスコープ」をタップしてください。次に現れたメニューから③「占いの図と計算」をタップ、さらに現れたメニューから④の「出生データによるいろんなチャート」をタップしてください。

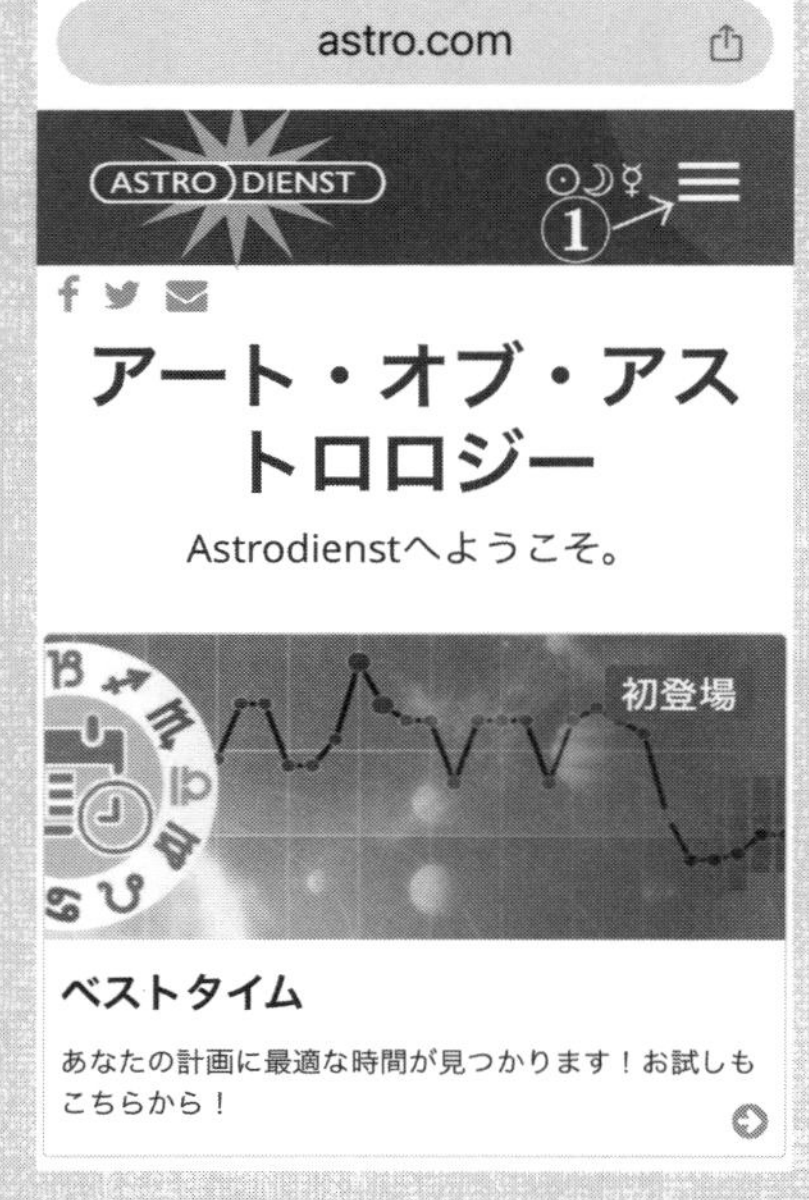

①「相性用ホロスコープ作成」の時と同じように、画面の①の三本線をタップしてください。左からメニューが現れます。

⑤「出生データによるいろんなチャート」へとページが切り替わったら、⑤「チャートタイプ：」のメニューをタップしてください。

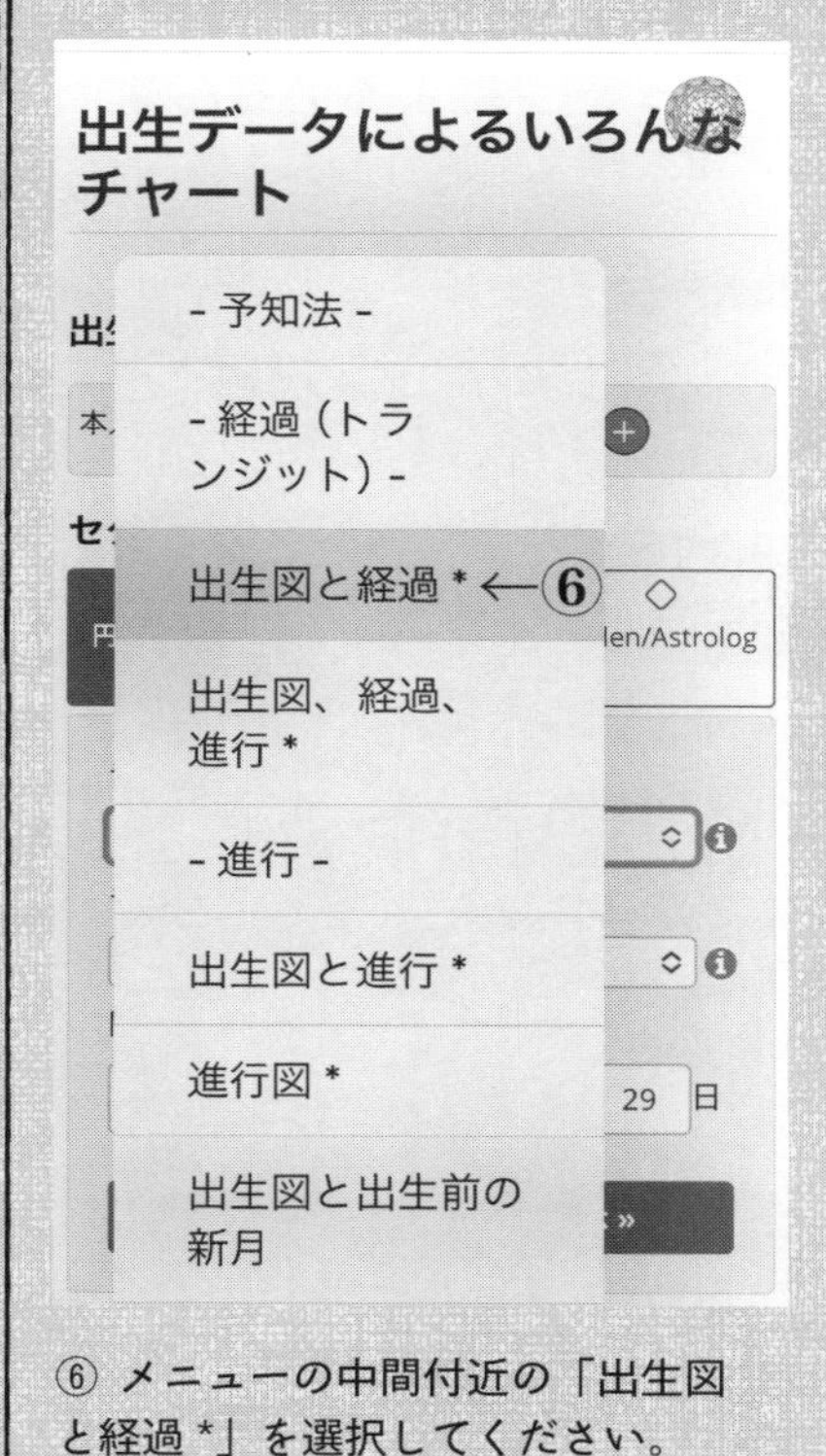

⑥ メニューの中間付近の「出生図と経過 *」を選択してください。

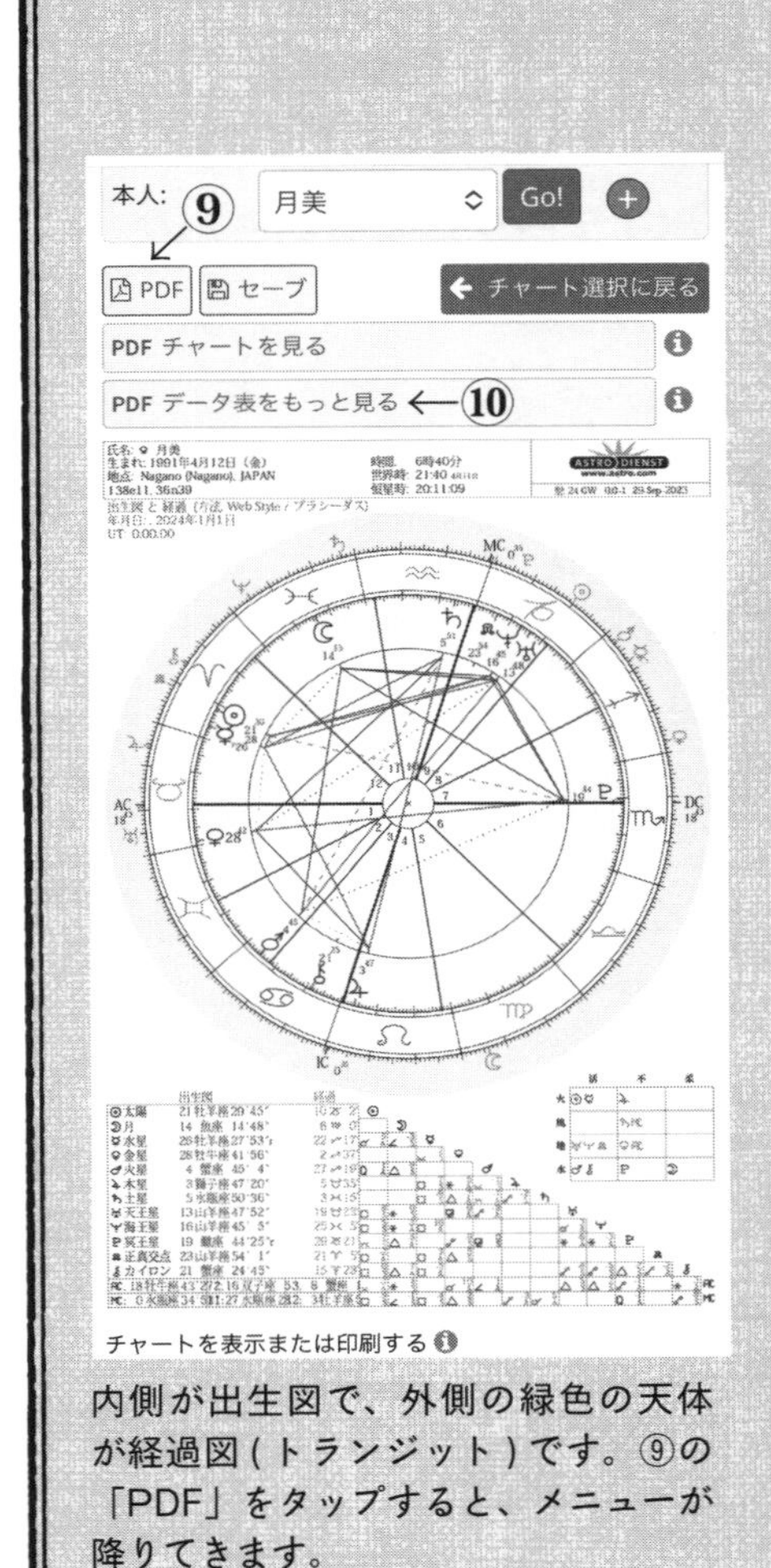

内側が出生図で、外側の緑色の天体が経過図（トランジット）です。⑨の「PDF」をタップすると、メニューが降りてきます。

出生データによるいろんなチャート

出生データ

本人: 月美

セクション

円形チャート　特殊チャート　天体暦　Pullen/Astrolog

チャートタイプ：

出生図と経過 *

チャート表現様式:

標準のチャート様式

開始日 ⑦

2024 年 1月 1 日

⑧ クリックしてチャートを表示 »

⑦ 開始日に表示させたいトランジットの日にちを入力したのちに、⑧の「クリックしてチャートを表示」をタップします。

前の画面の⑩ の「PDF データ表をもっと見る」をタップすると、トランジット天体の位置や、⑪の出生図との間のアスペクトなどを詳細なリストで見ることができます。

出生図 と 経過 2024年1月1日 (データ書)

型 D24GW Order 0.0-1

♀月美
生まれ: 1991年4月12日（金）
地点: Nagano (Nagano), JAPAN
138e11, 36n39

時間 6時40分
世界時 21:40 (4月11日)
恒星時 20:11:09

経過

年月日: : 2024年1月1日
UT: 0:00:00
JD 2460310.500800 TT, ΔT 69.1 sec

天体	黄経	室	速度	黄緯	赤緯
☉ 太陽	♑ 10° 2'20"		1° 1' 8"	0° 0' 1" N	23° 3'30" S
☽ 月	♍ 5°59'32"		11°50'55"	3°34' 3" N	12°37'39" N
☿ 水星	♐ 22°16'54"℞		- 10'49"	3° 3'54" N	20° 9'13" S
♀ 金星	♐ 2°36'44"		1°12'58"	1°56'59" N	18°46' 9" S
♂ 火星	♐ 27°18'30"		44'29"	0°33' 2" S	23°57'41" S
♃ 木星	♉ 5°34'57"sd		11"	1°11' 8" S	12°15'50" N
♄ 土星	♓ 3°14'37"		5'18"	1°38' 3" S	11°50'21" S
♅ 天王星	♉ 19°23' 2"℞		- 1'19"	0°18'22" S	17°16'46" N
♆ 海王星	♓ 25° 4'34"		52"	1°14'14" S	3° 5'32" S
♇ 冥王星	♑ 29°21'28"		1'52"	2°46' 2" S	22°59'25" S
☊ 平均交点	♈ 20°52'37"		- 3'11"	0° 0' 0" N	8° 8'56" N
☊ 正真交点	♈ 21° 4'38"		- 6' 2"	0° 0' 0" N	8°13'27" N
⚷ カイロン	♈ 15°27'45"sd		16"	1°21'27" N	7°20'24" N

アスペクト

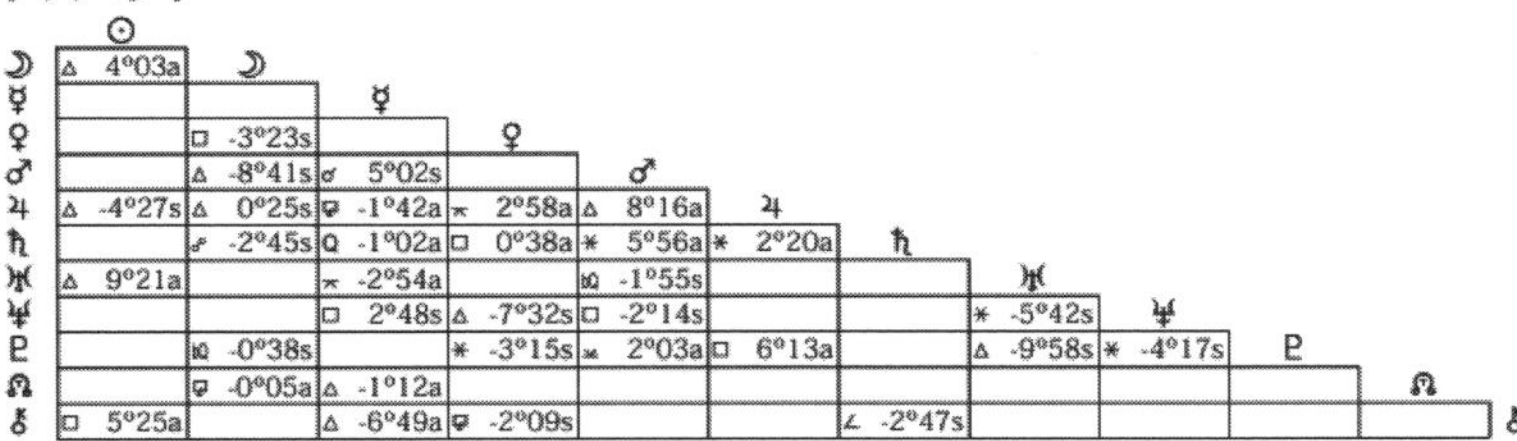

	☉	☽	☿	♀	♂	♃	♄	♅	♆	♇	☊
☽	△ 4°03a										
☿											
♀		□ -3°23s									
♂		△ -8°41s	☌ 5°02s								
♃	△ -4°27s	△ 0°25s	⚼ -1°42a	⚻ 2°58a	△ 8°16a						
♄		☍ -2°45s	Q -1°02a	□ 0°38a	⚹ 5°56a	⚹ 2°20a					
♅	△ 9°21a		⚻ -2°54a		bQ -1°55s						
♆			□ 2°48s	△ -7°32s	□ -2°14s			⚹ -5°42s			
♇		bQ -0°38s		⚹ -3°15s	⚺ 2°03a	□ 6°13a		△ -9°58s	⚹ -4°17s		
☊		⚼ -0°05a	△ -1°12a								
⚷	□ 5°25a		△ -6°49a	⚼ -2°09s			∠ -2°47s				

アスペクト: 出生図 - 経過 ←⑪

	☉出生	☽出生	☿出生	♀出生	♂出生	♃出生	♄出生	♅出生	♆出生	♇出生	☊出生	⚷出生	AC出生	MC出生	
☉経過		⚹' 4°12a			☍'-5°17s			☌ 3°46a	☌' 6°43a				△' 8°41a		☉
☽経過	0°30a	☍'-8°15a	△' 9°32s	□' 7°18s	⚹ 1°14s	⚺' 2°12s	⚻ -0°09s	△' 7°48a		Q' 1°45a		∠ -0°25a		bQ 0°35a	☽
☿経過	0°47a	□'-8°02a	△ 4°11s				∠ -1°26a			⚺' 2°32a		⚻ 0°52a			☿
♀経過			bQ -0°09s	☍ -3°55s	⚻'-2°08a	△ -1°11a	⚹' 3°14a		∠ -0°52s					⚹ -2°02s	♀
♂経過	5°49s		△ -0°51s	⚻ 1°23a	☍'-7°27a	bQ -0°29a									♂
♃経過			☌' 9°07s		⚹ -0°50s	□ -1°48s	□ -0°16a	△'-8°13a						□' 5°00s	♃
♄経過				□ -4°33s	△ 1°30a	⚻ 0°33a	⚺'-2°36a		∠ 1°30s					⚺' 2°40s	♄
♅経過	2°07s	⚹' 5°08a		☌' 9°19s	∠ 0°22s			△' 5°35a	△ 2°38a	☍ -0°21s	△'-4°31s	⚹ 2°02s	☌ 0°40a		♅
♆経過			⚺ 1°23a	⚹' 3°37a	□' 9°40a	△' 8°43a		Q -0°43a		△' 5°20s	⚹ 1°11s	△ -3°40s		⚹'-5°30a	♆
♇経過	7°52s	∠ -0°07s	□ -2°54s	△ -0°40s		☍ -4°26a	☌' 6°29a					☍'-7°57s		☌ 1°13a	♇
☊経過	0°25s								□' 4°20a	⚻' 1°20a		□ 0°20s			☊
⚷経過	6°02a	⚺ 1°13s		∠'-1°46s				□ 1°40s	□ -1°17a	bQ' 1°43s		□' 5°57a			⚷

トランジットのホロスコープを描く

出生ホロスコープや相性ホロスコープと違って、占星術の未来予測の方法は惑星のダイナミックな動きをイメージしなければいけないということがあって、ちょっとハードルが上がります。これをひとつひとつ身につけていくには時間がかかるので、まずは、ソフトの力を借りてやってみることにしましょう。

ここで採用するのは、占星術の未来予測の方法の中で最も基本的な「トランジット」法です。繰り返しになりますが、これは占いたいと思ったときの実際の惑星の位置とあなたの出生時の星の配置を見比べるやりかたです。

相性ホロスコープを学んだあなたであれば、すぐに想像できるはずです。たとえば少しさかのぼりますが2019年6月1日の運勢を知りたいと思えば、そのときのホロスコープをあなたの出生ホロスコープに重ね合わせ、その二枚のホロスコープの間に形成されるアスペクトを見るのです。言い換えれば、その時どきの時間（の意味）とあなたの出生ホロスコープの「相性」を見る、というふうに考えてもいいでしょう。

相性ホロスコープではすべての惑星同士のアスペクトを調べていきました。トランジットでも、基本的にはすべての惑星のアスペクトを調べます。しかしここでは、まずは次の組み合わせを重視することにします。

トランジット法で重視すべきアスペクトの組み合わせ
（ヨコ項目の天体とタテ項目の天体の角度を見る。アスペクト記号は一例）

出生時の / 占いたい日時の	アセンダント ASC	MC	太陽 ☉	月 ☽	水星 ☿	金星 ♀	火星 ♂
木星 ♃				△			
土星 ♄	☍			□			
天王星 ♅							
海王星 ♆			☌				
冥王星 ♇	☍						

出生時の――アセンダント（ＡＳＣ）、ＭＣ、太陽、月、水星、金星、火星　に対して、
占いたい日時の――木星、土星、天王星、海王星、冥王星　のアスペクトです。

この組み合わせが最も重要だと考えられるからです。

つまり、出生ホロスコープでの動きの速い天体にたいして、トランジットの動きの遅い惑星が形成するアスペクトをまず見ていくのです。この組み合わせを優先して拾い出す理由は、のちほどご説明しましょう。とりあえず、ここではこの組み合わせが重要であるとご理解ください。

ここでは不肖、私の出生チャートを使ってみましょう。Astrodienst のサイトのデータを用いて２０１９年6月１日を占います。出生時と占う日時の惑星の配置は次ページの「出生図と経過　データ表」のようになっています。

未来を見るには、相性と同様に二重の円になったホロスコープを使用します。

「出生図と経過　データ表」の表示結果をもとに書き込み、２０１９年6月１日の星の配置（外円）を出生チャート（内円）と重ねると次ページ下段の図のようになります。

さらに Astrodienst のサイトでは、出生図と経過図（トランジット）の相互の座相（ア

出生図 と 経過 2019年6月1日 (データ書)

♂Ryuji
生まれ: 1968年3月2日（土）
地点: Kyoto, JAPAN, 135e45, 35n00

時間 14時03分
世界時 5:03
恒星時 0:46:12

出生図

JD 2439917.710862 TT, ⊿T 38.4 sec

天体	黄経	室	速度	黄緯	赤緯
☉ 太陽	♓ 11°41'25"	8	1° 0'12"	0° 0' 0" S	7°10'50" S
☽ 月	♈ 15°15'21"	10	12° 8'43"	0°20'47" S	5°41'24" N
☿ 水星	♒ 17°31'16"	8	17'25"	1°18'11" N	14°20'43" S
♀ 金星	♒ 13°32'54"	7	1°13'54"	0°30'32" S	17°14'56" S
♂ 火星	♈ 10°43'20"	9	45'27"	0°23'20" S	3°53'14" N
♃ 木星	♌ 29°28'44"℞	2	- 7'35"	1°14'56" N	12°49'39" N
♄ 土星	♈ 11°12'45"	9	6'55"	2°15'10" S	2°21'49" N
♅ 天王星	♍ 27°50'36"℞	3	- 2'28"	0°47'38" N	1°35'11" N
♆ 海王星	♏ 26°31'37"s	5	- 8"	1°44'28" N	17°41'24" S
♇ 冥王星	♍ 21°48'22"℞	3	- 1'35"	15°39' 0" N	17°35' 1" N
☊ 平均交点	♈ 20°45' 8"	10	- 3'11"	0° 0' 0" N	8° 6'16" N
☊ 正真交点	♈ 19° 4'18"	10	- 30"	0° 0' 0" N	7°28'12" N
⚷ カイロン	♓ 28°13'35"	9	3'27"	3°17'59" N	2°19'18" N

経過

年月日: : 2019年6月1日
UT: 0:00:00

JD 2458635.500802 TT, ⊿T 69.3 sec

天体	黄経	室	速度	黄緯	赤緯
☉ 太陽	♊ 10°14'39"		57'32"	0° 0' 1" S	21°58'54" N
☽ 月	♉ 10°18'52"		12°57'48"	4°47'28" S	10°21'27" N
☿ 水星	♊ 22°33'36"		2° 0'44"	1°47'33" N	25° 0'59" N
♀ 金星	♉ 20°10'29"		1°13' 2"	1°16'33" S	16°33'20" N
♂ 火星	♋ 10°13' 5"		38'31"	1° 9'24" N	24°11'44" N
♃ 木星	♐ 20°41'45"℞		- 7'24"	0°36' 3" N	22°30'36" S
♄ 土星	♑ 19°43'25"℞		- 2'52"	0°21'55" N	21°37'30" S
♅ 天王星	♉ 4°39'41"		2'57"	0°29'16" S	12°36'49" N
♆ 海王星	♓ 18°36'32"		40"	1° 0' 9" S	5°25'40" S
♇ 冥王星	♑ 22°49'58"℞		- 58"	0°20'57" S	21°50'52" S
☊ 平均交点	♋ 19°34'16"		- 3'11"	0° 0' 0" N	22° 0'30" N
☊ 正真交点	♋ 18°11' 7"		- 6'24"	0° 0' 0" N	22°12' 3" N
⚷ カイロン	♈ 5°19'39"		1'53"	3° 5'40" N	4°57'24" N

鏡リュウジの出生ホロスコープと
2019 年 6 月 1 日のホロスコープ
を重ねたもの

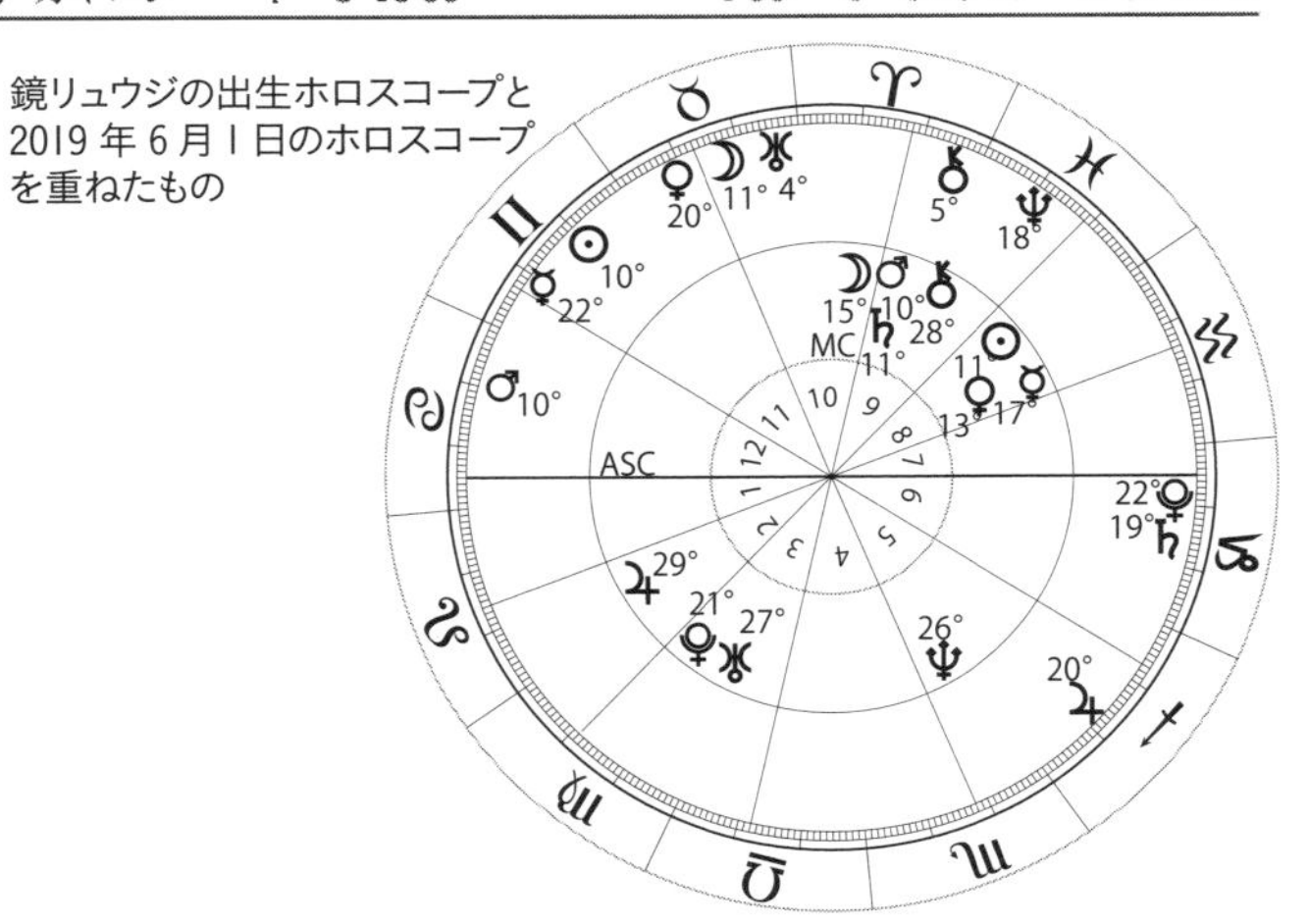

Aspects: Natal Chart - Transits

	☉nat	☽nat	☿nat	♀nat	♂nat	♃nat	♄nat	♅nat	♆nat	♇nat	☊nat	⚷nat	ACnat	MCnat	
☉tr	□ -1°27a	✶ '-5°01a	△ '-7°17a	△ -3°18a	✶ -0°29a		✶ -0°58a					Q 0°01s	∠ 0°01a	✶ -2°19a	☉
☽tr	✶ -1°23a		□ '-7°12a	□ -3°14a	⚺ -0°24a		⚺ -0°54a	⚼ ' 2°32a				∠ '-2°55a		⚺ '-2°15a	☽
☿tr			△ ' 5°02s	△ ' 9°01s	Q -0°10a		Q -0°39a	□ ' 5°17a		□ -0°45s		□ '-5°40a	⚺ ' 2°42a	Q '-2°00a	☿
♀tr			□ 2°39s	□ ' 6°38s		□ ' 9°18a		△ ' 7°40a	☍ '-6°21a	△ 1°38a	⚺ ' 1°06s		✶ ' 5°05a		♀
♂tr	△ -1°28a	□ '-5°02a	bQ '-1°18a		□ -0°30a		□ -1°00a		⚼ 1°19a	Q -0°25s				□ -2°21a	♂
♃tr	□ '-9°00a	△ '-5°26a	✶ '-3°10a		△ '-9°58a	△ '-8°47s	△ '-9°29a	□ '-7°09s		□ -1°07s	△ -1°37a	□ ' 7°32s	bQ ' 1°26a	△ '-8°08a	♃
♄tr		□ -4°28a	⚺ '-2°12a		□ '-9°00a		□ '-8°31a	△ '-8°07s		△ -2°05s	□ -0°39a		☍ '-5°32s	□ '-7°10a	♄
♅tr				□ '-8°53a		△ '-5°11s		bQ -0°49s		⚼ ' 2°09a			□ '-9°24s		♅
♆tr	☌ ' 6°55s		⚺ 1°05s					☍ '-9°14a	△ '-7°55a	☍ -3°12a	⚺ 0°28a	☌ ' 9°37a	△ ' 6°39a		♆
♇tr		□ '-7°35a				bQ -0°39s		△ '-5°01s	✶ '-3°42s	△ 1°02a	□ '-3°46a	✶ ' 5°24s	☍ -2°26s		♇
☊tr		□ ' 2°56a	⚻ 0°40a												☊
⚷tr		☌ ' 9°56a	∠ ' 2°48s		☌ ' 5°24a	bQ 0°09a	☌ ' 5°53a	☍ '-7°29s	△ ' 8°48s			☌ ' 7°06s		☌ ' 7°14a	⚷

スペクト）の表示があります。

この表から、出生のアセンダント、MC、太陽、月、水星、金星、火星に対する、トランジットの木星、土星、天王星、海王星、冥王星の作るアスペクトのうち、メジャーなものでオーブ5度程度までのものを探し出します。

・トランジットの冥王星が出生のアセンダントに180度（オーブ2度26分）
・トランジットの土星が出生の月に90度（オーブ4度28分）
・トランジットの土星が出生のアセンダントに180度（オーブ5度32分）
・トランジットの木星が出生の月に120度（オーブ5度26分）

となります。ついで、

・トランジットの海王星が出生の太陽に0度（オーブ7度）

がありますが、これはオーブの度数が大きいので重要性は低く、今回は判断には使用しません。そこで3章（218ページ）からの以下の該当箇所を読めばよいわけです。

・トランジットの冥王星の、出生のアセンダントへのアスペクト
・トランジットの土星の、出生のアセンダントへのアスペクト

・トランジットの土星の、出生の月へのアスペクト
・トランジットの木星の、出生の月へのアスペクト

もちろん、より正確なアスペクトを形成しているもの（つまりオーブの小さいアスペクト）がより強力に効果を発揮することになります。

大きな心理的変容を促す冥王星がアセンダントに180度（これはディセンダントに0度）を作るときですから、対人関係を通じ、自己イメージが深いところで大きく変化する可能性があり、また土星がアセンダントに180度でもありますから、同じく人間関係に明確な変化がありそうだ、というふうに解釈できるわけです。

たまたまここでは冥王星、土星というヘヴィな星が関わっていますが、たとえば幸運の木星が出生時の太陽や金星に0度や180度となればかなり華やかな時期であると解釈できます。

さあ、あなたもさっそくやってみてください。あなたの出生ホロスコープに、たとえば今、どんなトランジットの惑星がアスペクトしているでしょう？　どんな星の組み合わせが現れましたか？それは今のあなたの気分と合致していますでしょうか？

ただ、これだけではトランジットの占星術の面白さは半分以下。もともと英語では「トランジット」とは「移行」あるいは「推移」という意味があることを思い出してください。出生ホロスコープや相性ホロスコープは一種の「静止画」ですが、トランジットでは星は動いている「動画」なのです。モーション・ピクチャーとして扱うことが大事になってきます。

ここで重要なのは星の動きの感覚をつかむことです。この冥王星や土星はそれぞれが異なる速度

で動いています。ゆえに、その影響期間がそれぞれ異なってくるのです。具体的にいえば、土星よりも冥王星の影響期間のほうがずっと長くなります。[1]

未来予測の場合には、この星の動きの流れ、速度の感覚をつかむことが大事になるのです。

ただ、この感覚をつかむには少し習熟が必要なので、あとの章で実例を用いながら、もっと詳しくご紹介しましょう。

まず、ここで覚えておいていただきたいのは未来予測のためのホロスコープは、惑星という針がいくつもある時計のようなものであるということ。そしてこれはデジタル時計ではなく、円形の、針のあるアナログの時計だ、ということです。

この時計の針の進み方、動かし方を体感していくことが未来予測の醍醐味となる、とだけ覚えておいていただければいいでしょう。

1　オーブを5度としても、冥王星は２０１９年1月には山羊座20度に到達し、２０２３年3月ごろに水瓶座に入るまでの実に4年にわたって、アセンダントに１８０度の影響を及ぼし続けるのです。その中でのピークはオーブが0度になる２０２５年ごろです。一方で土星は２０１９年12月ごろから２０２０年3月までの期間が影響範囲となります。

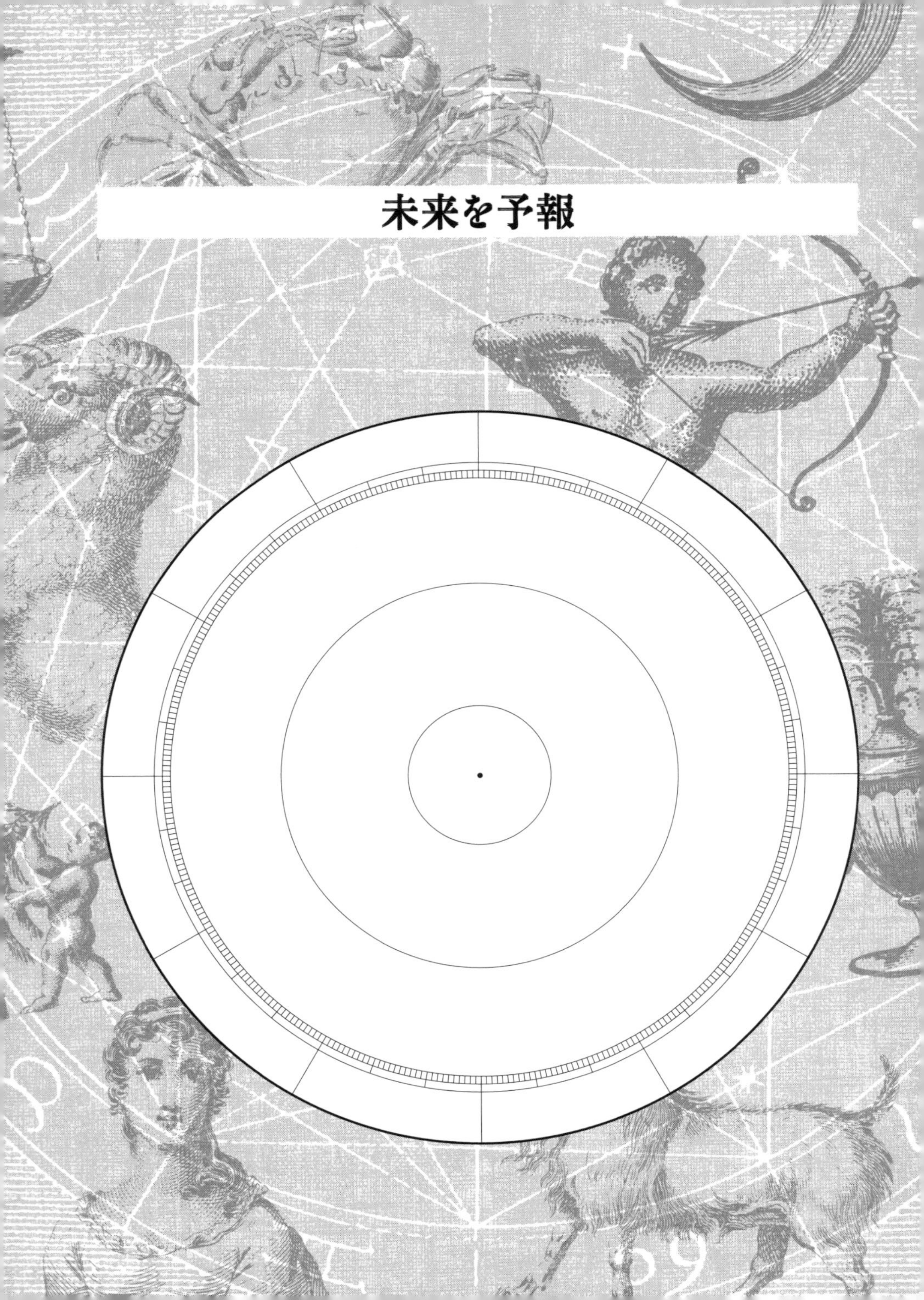

未来を予報

出生日

名前 ____________________

生年月日 ____ / ____ / ____

出生時間 ____ : ____

出生地 ____________________

1 ハウス ________ 座 ________ 度
2 ハウス ________ 座 ________ 度
3 ハウス ________ 座 ________ 度
4 ハウス ________ 座 ________ 度
5 ハウス ________ 座 ________ 度
6 ハウス ________ 座 ________ 度
7 ハウス ________ 座 ________ 度
8 ハウス ________ 座 ________ 度
9 ハウス ________ 座 ________ 度
10 ハウス ________ 座 ________ 度
11 ハウス ________ 座 ________ 度
12 ハウス ________ 座 ________ 度

☉ 太　陽 ____ 座 ____ 度 ____ ハウス
☽ 月 ____ 座 ____ 度 ____ ハウス
☿ 水　星 ____ 座 ____ 度 ____ ハウス
♀ 金　星 ____ 座 ____ 度 ____ ハウス
♂ 火　星 ____ 座 ____ 度 ____ ハウス
♃ 木　星 ____ 座 ____ 度 ____ ハウス
♄ 土　星 ____ 座 ____ 度 ____ ハウス
♅ 天王星 ____ 座 ____ 度 ____ ハウス
♆ 海王星 ____ 座 ____ 度 ____ ハウス
♇ 冥王星 ____ 座 ____ 度 ____ ハウス
⚷ カイロン ____ 座 ____ 度 ____ ハウス

占いたい日時と場所

名前 ____________________

年月日 ____ / ____ / ____

時間 ____ : ____

場所 ____________________

1 ハウス ________ 座 ________ 度
2 ハウス ________ 座 ________ 度
3 ハウス ________ 座 ________ 度
4 ハウス ________ 座 ________ 度
5 ハウス ________ 座 ________ 度
6 ハウス ________ 座 ________ 度
7 ハウス ________ 座 ________ 度
8 ハウス ________ 座 ________ 度
9 ハウス ________ 座 ________ 度
10 ハウス ________ 座 ________ 度
11 ハウス ________ 座 ________ 度
12 ハウス ________ 座 ________ 度

☉ 太　陽 ____ 座 ____ 度 ____ ハウス
☽ 月 ____ 座 ____ 度 ____ ハウス
☿ 水　星 ____ 座 ____ 度 ____ ハウス
♀ 金　星 ____ 座 ____ 度 ____ ハウス
♂ 火　星 ____ 座 ____ 度 ____ ハウス
♃ 木　星 ____ 座 ____ 度 ____ ハウス
♄ 土　星 ____ 座 ____ 度 ____ ハウス
♅ 天王星 ____ 座 ____ 度 ____ ハウス
♆ 海王星 ____ 座 ____ 度 ____ ハウス
♇ 冥王星 ____ 座 ____ 度 ____ ハウス
⚷ カイロン ____ 座 ____ 度 ____ ハウス

Chapter 2 トランジット法をマスターする

さて、ここからもっと本格的にトランジット法を学んでゆくことにしましょう。順を追ってご説明していきますね。

トランジットというのは「移行」「推移」という意味。日常用語では、飛行機での「トランジット」などともいいますね。

この方法は出生ホロスコープにたいして、知りたい時刻に実際に天空を運行している、つまりトランジットしている惑星の配置を重ねていくもの。

たとえば、あなたの出生のとき、太陽が牡牛座の5度にあったとしましょう。

2019年6月ごろには、天王星は牡牛座の5度付近を通過していきます。このころ、トランジットの天王星が出生時の太陽に0度（コンジャンクション）になる、というふうに占星術ではいうのです。

すると、この時期には、この人の基本的な人生観やアイデンティティの感覚（太陽）に天王星が強い刺激を与えることになるのです。天王星は改革や変化の惑星ですから、自分の殻を大きく打ち

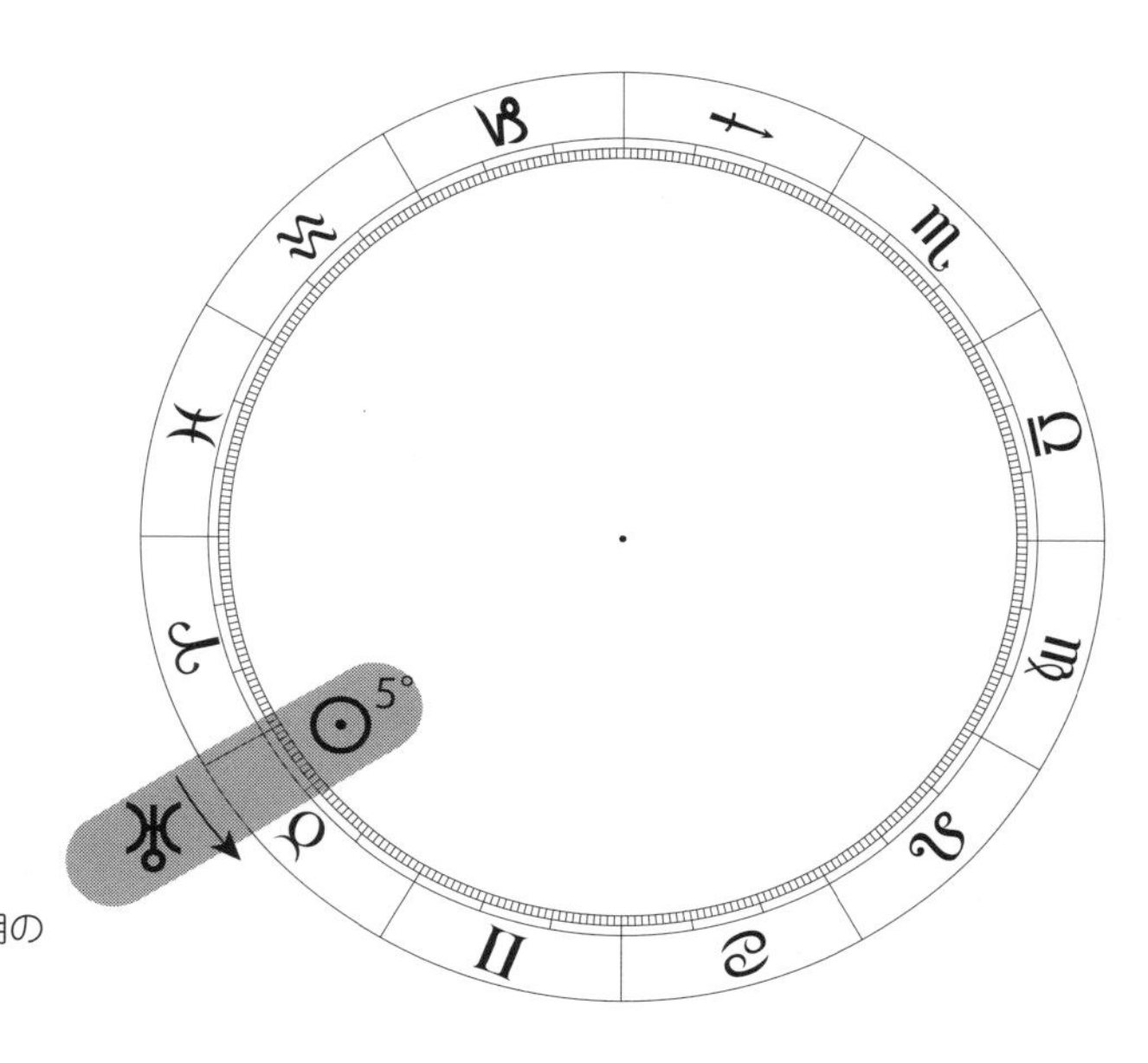

2019年6月の
天王星

破って新しいことを始めたい、独立したい、人生に革命を起こしたい、という衝動にかられそうな時期であるとイメージできるわけですね。

動きの速い惑星は日々のムードを表す

トランジットで最も重要なのは、惑星の運行速度をイメージしておくことです。

すでにお話ししたように、惑星にはそれぞれの運行速度があり、それぞれのペースでホロスコープを周回しています。最も速度が速いのは月。月はホロスコープをおよそ28日で一周します。そこでひとつの星座には2、3日しか滞在しません。

太陽はもちろん、1年で一周。ひとつの星座を1ヶ月、1日でおよそ1度ずつ進んでいきます。

一方、冥王星はおよそ250年という遠大な周期でホロスコープを1回転します。

月、太陽、水星、金星、火星といった比較的速度の速い天体は、ごく日常的な、細かい気分や出来事を象徴します。

トランジットの金星が出生時の太陽や月と同じ位置に

巡ってくる機会は、だいたい1年に一度はあります。また、出生時の太陽に120度（トライン）の幸運の角度を作ったり（年2回）、60度（セクステル）を作るタイミングなどを入れるのを考えると、実に2ヶ月に一度くらいは金星と太陽の幸運のトランジットが起こることになるわけです。

金星は愛の星。太陽は本人の意志ですね。ですからこのタイミングで愛の運命に恵まれると読むことはできるわけですが……それが2ヶ月に一度となると……。

いくら金星が「愛の惑星」であるとは言っても、こんなに頻繁にやってくるタイミングすべてにおいて、人が「運命の恋」に落ちるわけはありません。大人の場合にはだいたい、楽しい飲み会があるとか、面白い映画を見られた、という程度のことを示す配置だといえるでしょう。

このような動きの速い天体のトランジットは、次に述べる動きの遅い惑星とのトランジットと組み合わせたときに初めて大きな意味をもつと考えたほうがよいでしょう（たとえば天王星が出生時の重要な天体にトランジットしているときに、金星のトランジットが加わってくる、などといった場合）。

ただ、小学生や中学生にとってはこの金星のトランジットは、単体でも重要な意味をもつことがあります。

思い出してみてください。あのころ、1年はまるで今の10年分くらいに感じられたのでは？　そして、素敵なあの子と席が隣になった、というちょっとしたことでも眠れないほどの喜びを感じたのでは？　その時間感覚の中ではサイクルの速い金星や、火星のトランジットも大きな変化を持つことは、理解していただけるでしょう。

そう、惑星の速度と人生経験の時間感覚とには、密接な関係があるのです。

大惑星のトランジットに注目

一方、木星以遠の大惑星のトランジットはとても重要です。木星は一周がおよそ12年、土星は30年、天王星は84年、海王星は164年、冥王星は先に述べたように250年です。

ですから、こうした大惑星が、出生時の重要な惑星にトランジットしてくるのは早くても数年ごと、何年かに一度しかない大惑星のトランジットは、人生の中で大きな心理的変化や出来事を示すタイマーになるわけです。

ただ、大惑星のトランジットだけに注目しても、やはりたくさんのアスペクトが出現してしまいます。そこでまず注目したいのは、トランジット天体が出生時のホロスコープの中の惑星と作るアスペクト、とくに0度、90度、180度のアスペクトです。もちろん、120度などのアスペクトも重要ではありますが、初心者のうちは脇に置いておいていいくらいです。

大惑星からこのようなアスペクトが形成されているときは、重要な心の変化の時機になるのです。

こんなふうにイメージしてください。あなたが生まれたときに与えられた、ある潜在的な可能性や衝動が、そのトランジットのタイミングでやってきた惑星たちにノックされて起こされ、動き始める。あるいはもともと持っているエンジンや能力のスイッチが入ったり、あるいは押さえつけられる、というかんじです。

大惑星のトランジットはエンジンの着火装置であったり、ピストルの引き金（トリガー）であったり、あるいは平常運転しているエアコンの設定を「強」にするアクションのようなものなのです。

さきほどの例では、生まれたときの太陽を天王星が強くノックしていることになります。もともとの太陽が象徴する自分自身の生き方の力を、天王星という革命の星がノックして、「さあ、自分自身の生き方を大きく変えて、ブレークスルーするときだぞ！」と声をかけているというわけです。

オーブの問題

ここで悩ましいのはアスペクトのオーブ（許容度）の問題です。だいたい前後5度くらいを考えておけばよいと思いますが、心の変化は数週間では完了しないもの。8度、10度といった範囲の中でもじんわりその心の変容のプロセスが起こってくるものです。

ただ、実際には

・出生のアセンダント、MC、太陽、月にたいしての大惑星のトランジット　↓　6、7度
・出生の水星、金星、火星にたいしての大惑星のトランジット　↓　5度くらい
・そのほかの惑星にたいしての大惑星のトランジット　↓　1、2度

と考えてください。

また、速度の速い太陽や月、水星、金星などのアスペクトのオーブは2度も取れば十分でしょう。いずれの場合も、オーブがタイトなときのほうが効果が強いのはもちろんです。

人生の枠組みを作る大惑星のサイクル

では大惑星のトランジットをどんなふうに読んでいけばいいのでしょうか。

まず、最初にチェックしたいのは、同じ大惑星同士のサイクルです。201ページに挙げた重要性のリストとは異なりますが、これは人間の「年齢」と重なり合うので、まず押さえておきたいのです。

人間は一人一人みな違うライフコースをもっていますが、それでも、多くの人は共通して同じような年齢で同じような変化を経験します。

赤ちゃんのときにいきなり大人の意識をもっている人はいませんし、また思春期、青年期、中年期、ときに更年期といった人生の「季節」をみな、ある程度同じように経験していくものです。

このような変化は、大惑星のサイクルで示されるのです。このサイクルは人生の大きな枠組みを反映しています。

人生を拓(ひら)くジュピター・リターン

木星はだいたい、12年でホロスコープを一周します。

ということは、およそ12年の倍数の年に木星は出生時の位置に回帰してくることになる。これをジュピター・リターンといいます。

東洋の暦では、12年周期はいわゆる干支となりますね。つまり「歳男、歳女」のときにジュピター・リターンを迎えることになるわけです。

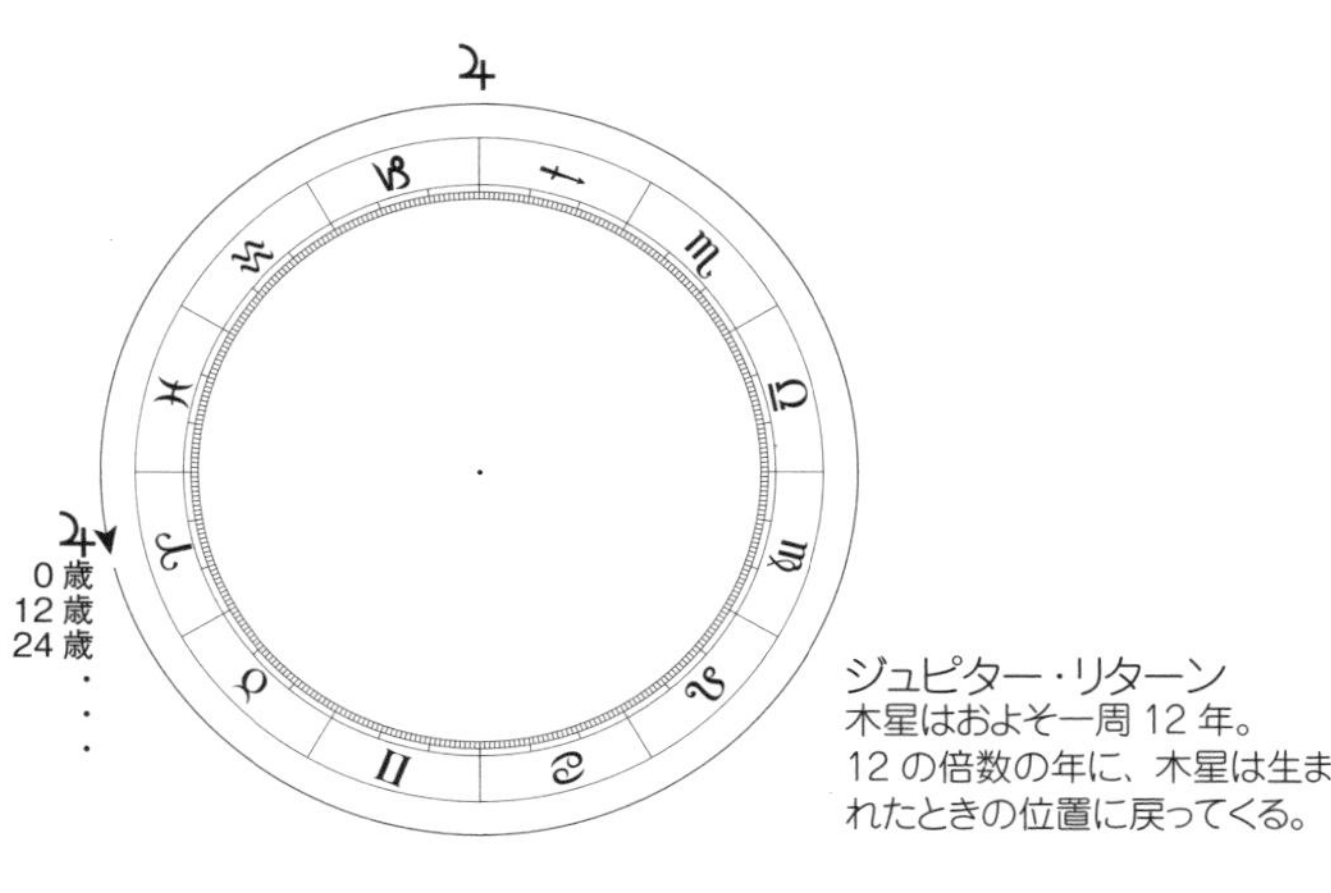

ジュピター・リターン
木星はおよそ一周12年。
12の倍数の年に、木星は生まれたときの位置に戻ってくる。

木星は拡大と発展の惑星ですから、このときには、人生の新しい可能性が開かれます。

12歳のときには中学に入り、新しく自分の世界を広げていきます。

24歳のころは肉体的にも最も美しく、人生を謳歌して新しい世界へと踏み出そうとするでしょう。

36歳の前後は経験値と体力がちょうどうまく合致して新しいチャレンジをしようとするはずです。

48歳のころは人生に落ち着きが出てきて、自分の時間をどんなふうに深めようとかと考え始めることに。

60歳では還暦ですから、ここから第二の人生の拓き方を思いめぐらせることになるでしょう。

72歳のころには、後進にどんなふうに自分の築いてきたものを残すかを、84歳のころには残された時間の有効な使い方と精神的な深め方を考え始めるのです。

人生の覚悟を決めなおすサターン・リターン

さらに大きな人生の節目は、土星のサイクルによって紡がれていきます。

土星はおよそ29年から30年で一周します。

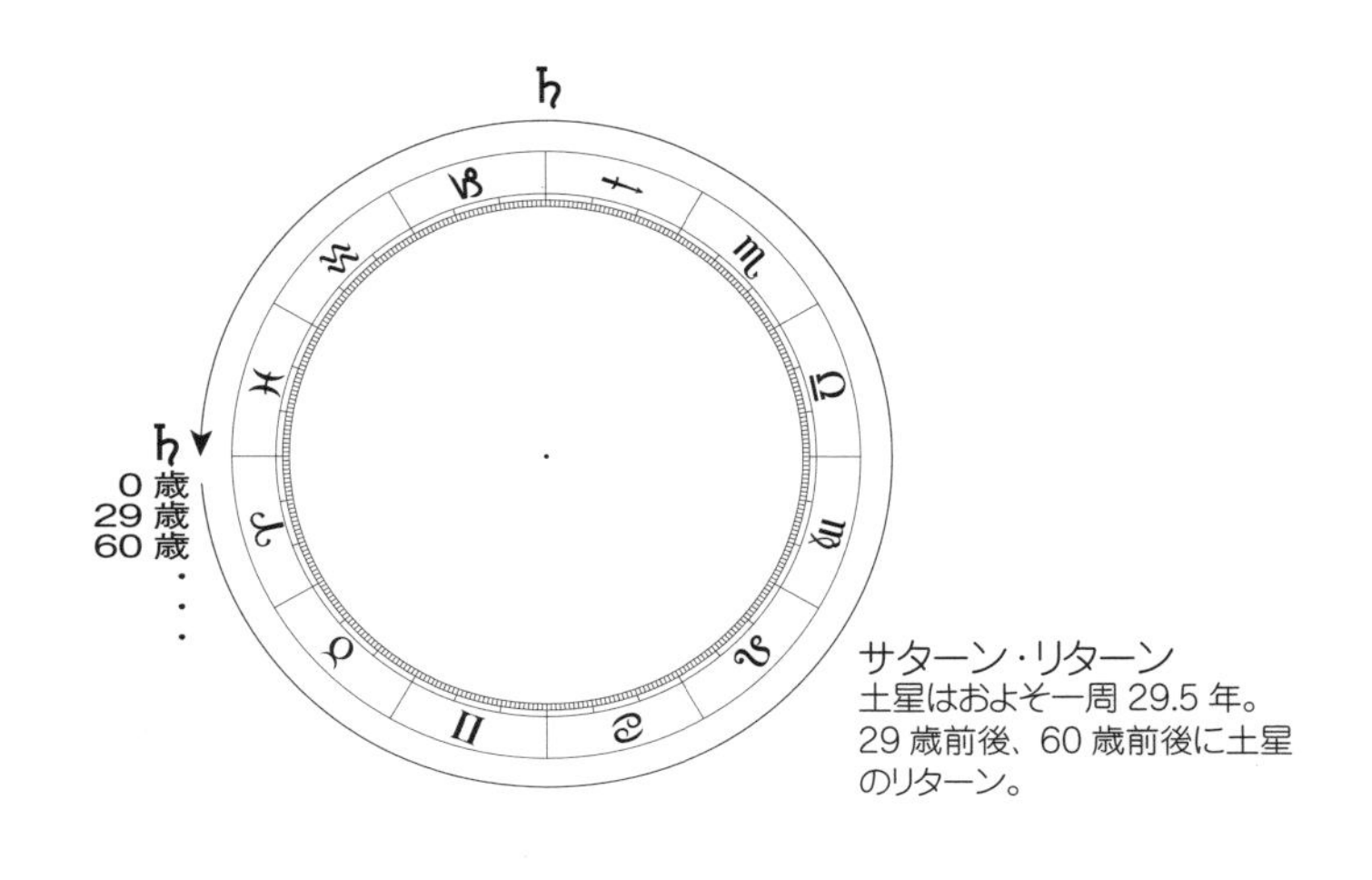

サターン・リターン
土星はおよそ一周29.5年。
29歳前後、60歳前後に土星のリターン。

人生百年時代といいますが、人がアクティブに活動できる期間をだいたい90年ぐらいとすれば、人生では土星の3サイクルくらいを経験できることになるわけですね。土星は英語ではSaturn（サターン）といいますから。

土星の一周目、29歳から30歳くらいまでは「自分自身を形成する」時代です。占星術の上では29歳ごろから30歳のころが本当の意味での成人式だといえるかもしれません。

56歳ごろから60歳ごろにかけては二度目のサターン・リターン。1回目のサターン・リターンから2回目のサターン・リターンまでは、社会のフロントラインで活躍が期待されるときです。

日本で言う「還暦」を迎えるころから、後進に徐々に道を譲り、これまで蓄積してきたことをほかの人に伝えていくことが課題になるでしょう。そしてそれ以降、3回目のサターン・リターンを迎えるころまで、自分自身の人生をさらに深めていくことになるわけです。

土星のハーフ・リターンは転換点

さらに土星などの動きの遅い惑星については、リターン（一周）だけではなく、半周や90度のポイントも重要なときになります。

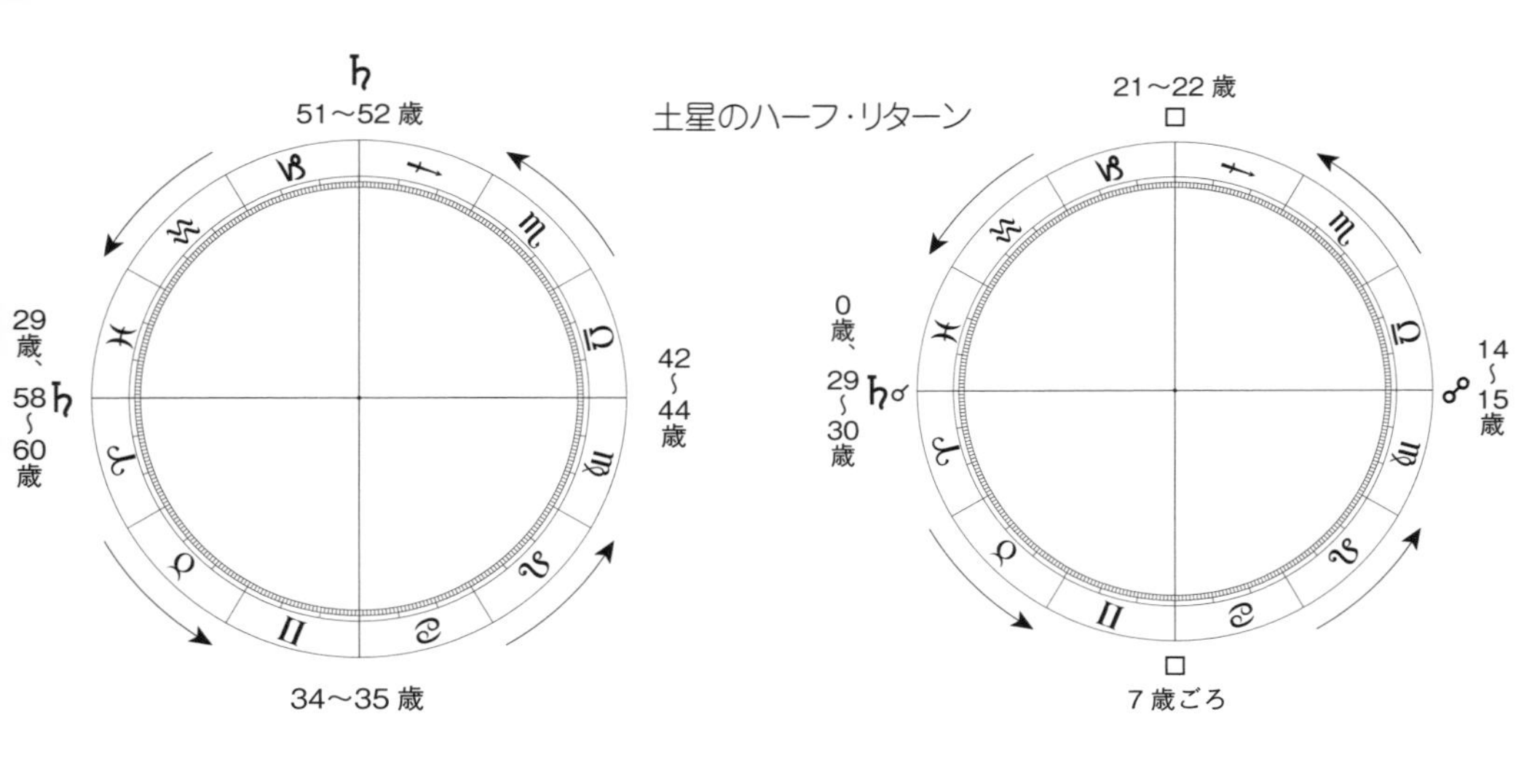

最初の土星のハーフ・リターン（半周）は14、5歳のころ。思春期まっただなか。大人でも子どもでもない、不安定なときになるわけです。昔でいえば「元服」のとき。本格的な性の目覚めや独立心が強くなってくるころでしょう。

二度目のハーフ・リターンは42歳ごろから44歳のころに訪れます。これはいわゆる中年期のまっただなか。ミドルエイジ・クライシスを感じる人も多いでしょう。人生の後半戦、人生の午後に向かってどんなふうに気持ちを切り替えることができるか、というのがポイントになります。

さらに土星がもともとの位置にたいして90度になる、6歳から7歳、21歳から22歳、34歳から35歳、51歳から52歳ごろも大きな節目。身体の調子や意識が大きく変わってくるタイミングです。

東洋医学では7の倍数の年齢のときに体調が不安定になる、などというそうですが、これは占星術的には土星のサイクルと不思議に合致します。

天王星のサイクルは人生を転換させる

さらに天王星のサイクルも重要です。天王星は改革と変化の天体。一周は84年です。

だいたい、天王星の1サイクル、天王星（ウラヌス）リターンすなわち84歳くらいまでが人生をアクティブに活動できるときではないでしょうか。

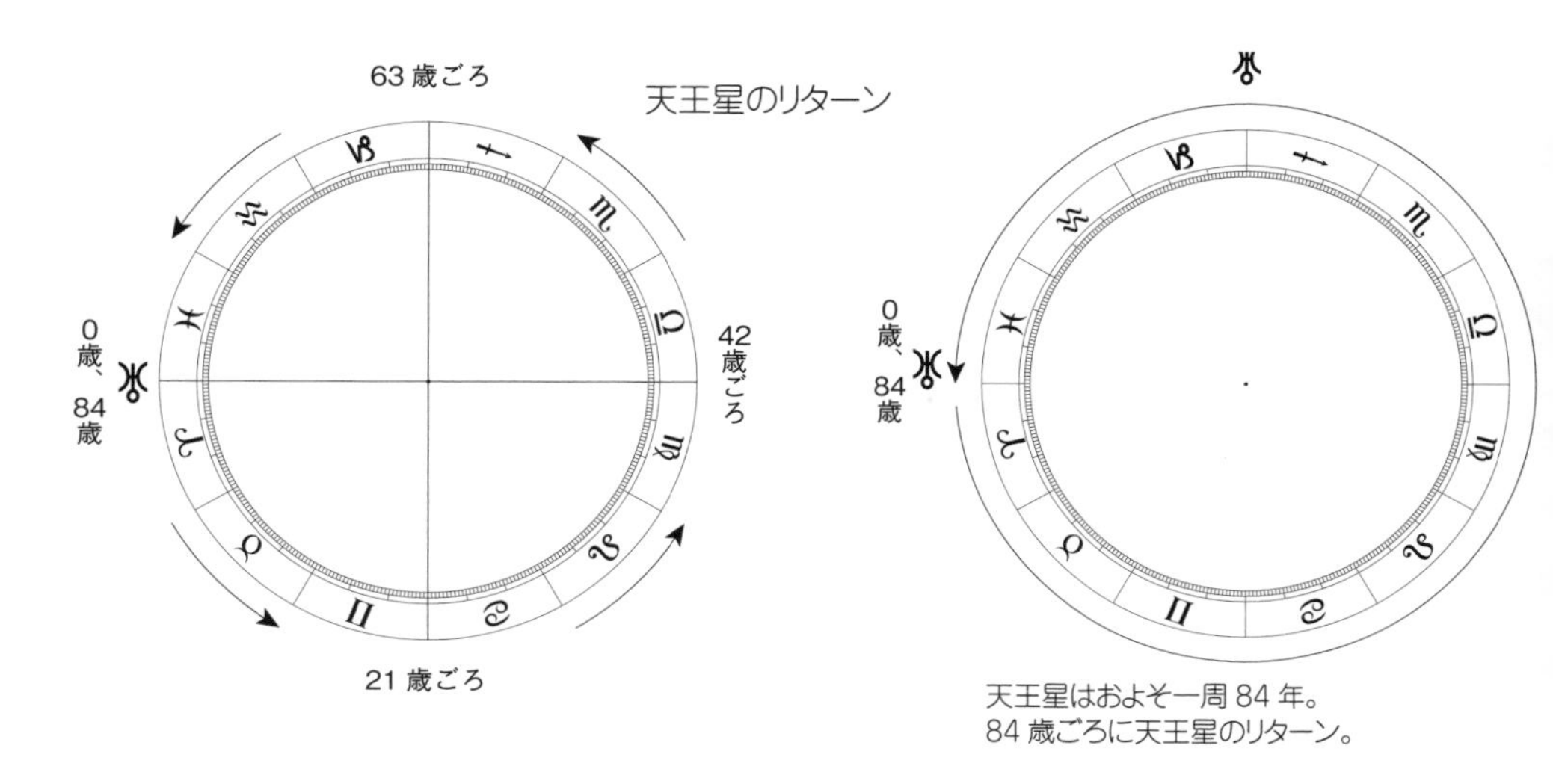

天王星はおよそ一周84年。
84歳ごろに天王星のリターン。

そして天王星のハーフ・リターンにあたる38歳から44歳くらいまでの間は、ちょうど土星の半周のサイクルとも合致することが多いのです。いわゆる日本の「厄年」とされるのは、この土星と天王星のサイクルが重なって起こってくることと合致しています。このころは心身ともに重要な転換点になるわけですね。

人生がこのあと無限に続くわけではないということをいやがおうでも意識させられるときになります。

ですが、いろいろなことを「諦める」のではなく、時間と年齢を受け入れつつ、これまでよりもさらに実際的、建設的に人生を設計し直して前に進んでいけるときとなるでしょう。

またこれまで何かを我慢し続けてきた人は、これから今まで抑圧してきたことや本当にやりたかったことを形にしていく努力を開始すべきときになったことを星が告げています。

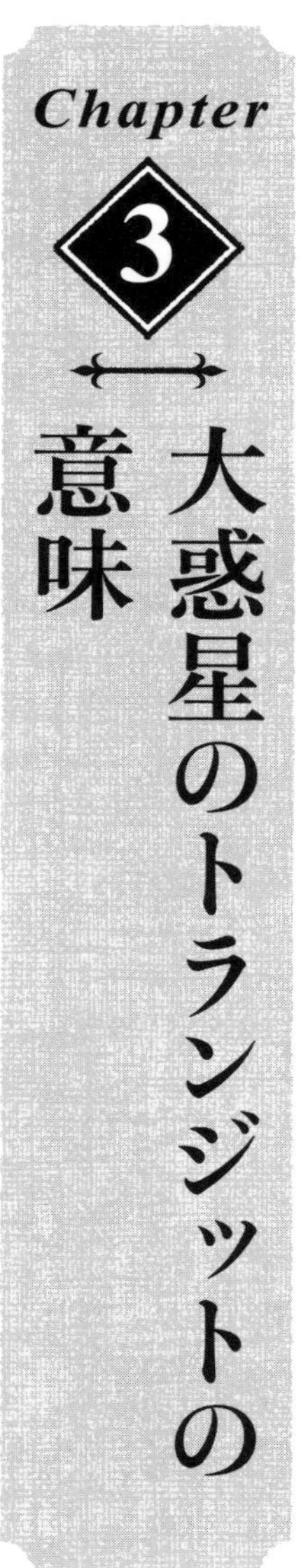

Chapter 3 大惑星のトランジットの意味

大惑星同士のサイクルは、人生の主要な「枠組み」を表していました。これはだいたい、どの人にとっても決まった年齢のときに巡ってきます。

それにたいして、出生ホロスコープ上のさまざまな天体に対する惑星のトランジットは、その人のホロスコープの星の配置によって人それぞれ。

このトランジットは、その人固有の人生の変容のプロセスを象徴していることになります。

理論上は、すべての惑星の組み合わせのアスペクトを考慮に入れるべきなのですが、ここでは中でも重要な組み合わせ、つまり大惑星のトランジットが、出生図の中の主要な（その人にとくに固有な）ポイント、つまりアセンダント、MC、太陽、月、金星、火星とアスペクトを形成する際の意味を見ていくことにしましょう。

ここではトランジットの木星に関して0度と180度、ほかの天体については90度も加えたハードなアスペクトをとりあげます。重要度は0度、180度、90度の順です。

もちろん、120度、60度のアスペクトも効果はあります。基本的にはその意味は同じ。ただ、ずっと効果がマイルドになるので、初心者のうちはとくにここに挙げたアスペクトのみを拾い出すことを優先してください。

トランジットの木星

あなたの人生が広がるとき

木星は拡大と発展、そして人生を前向きに導く天体。木星がアスペクトする天体はその意味を大きく引き出され、のびのびとその力を発揮することになります。出生時の惑星を象徴するテーマを拡大し、そのことに幸運を与えます。

T＝トランジット
N＝出生（ネイタル）の略号

木星^{T}×ASC^{N}

出生のアセンダントにトランジットの木星がアスペクトするときは、あなたにたいして社会の窓が大きく開くときです。自然に自信をもつことができ、自分の存在感を社会に対してアピールしていくことができます。新しいチャンスにも自然に恵まれることでしょう。

とくに0度になるときは12年に一度やってくる、人生の新しいスタートのタイミングです。何かが始まり、新しい可能性の種が蒔かれます。これまでの自分を解放するときになるでしょう。

また180度になるときはディセンダントを木星が通過するタイミングです。新しい出会いが予想されます。自分自身の世界を広げたいという気持ちが強くなり、誰かほかの人に対して気持ちを解放することになるでしょう。あなたを支え、励ましてくれるパートナーと出会える可能性も大です。

そのほかのアスペクトのときも何かしらのチャンスに恵まれることが多いのでぜひ積極的に行動を。

木星^{T}×MC^{N}

出生のMCに木星がアスペクトするときには、社会的な達成のチャンスが得られるとき。一言でいえば仕事運がいい、ということになりそうです。とくに木星がホロスコープの天頂に到達する、トランジットの木星がMCに0度になるときは、昇進や栄転、あるいは引き立てなどの可能性が大きいとき。主にパブリックなこと、職業に関係することであなたの可能性が大きく開かれることになります。自分の得意なことをアピールしていくこと。

180度になるときは、木星がホロスコープの底、最もベースになる部分、つまりICを通過します。暮らしのベースを豊かにするときです。より快適な場所への引越し、心地よいインテリアの購入、あるいは家族とのより親密な絆を作っていくこと、ライフスタイルを整え直すことなどがテーマになりそう。もちろん、そのことが職業生活や公的な生活への自信につながります。そのほかのアスペクトのときも自分の得意なことをアピールして社会の一員としての生活を自覚し、それを楽しむ姿勢が幸運につながります。

木星T×太陽N

あなたの基本的なエネルギーに楽天的な幸運の木星が働きかけます。自分自身をおおらかに、かつストレートに表現できるようになるでしょう。新しい希望が生まれてきたり、チャレンジすべきことが見つかるかもしれません。新しい自分自身と出会えるときになるかも。ただ、楽観性が行きすぎると、油断からの失敗を招くこともあります。

可能性が拡大され人間関係が広がり、新しい出会いも。ただ、さまざまなことに手を広げすぎて、収拾がつかなくなる、楽観的なプランを立ててしまって帳尻を合わせる段階で苦労する、などということもあるかもしれません。気を引き締めつつ、自分の世界を広げることが鍵。

とくに0度、180度、120度のタイミングでこのトランジットの効果を感じることができるでしょう。

木星T×月N

感情や情緒生活を象徴する月にたいして拡大の木星が強いアスペクトを取るとき。心が安らぎ、くつろげるようになるでしょう。

家庭生活やプライベートな場でリラックスすることができ、充実した生活を送ることができそう。安心できる環境の中に自分を落ち着かせることができるタイミングです。家族や親族、幼馴染、気心の知れた仲間との時間が充実。またペットなどに関することや女性に関わることでは幸運。

ただ、90度、180度のときには多忙になる上に、感情の浮き沈みが激しくなることもあるので要注意。

木星T×水星N

知性を象徴する水星におおらかな木星が刺激を与えることで好奇心が拡大されます。いろいろなことに興味を持ち、学習意欲が高まるでしょう。「まだこんな面白いことがあったのか」と素直にいろいろなことを吸収していけます。視野が広がって新しくやってみたいことも出てきそう。知的な人やコトとの出会いが人生を豊かに。

また喜ばしいニュースが入ってくることもあるはず。ただ、90度や180度のときにはアイデアが散漫になり、誤解を招くような大げさな表現をしがちなので気を引き締めて。

木星T×金星N

愛を象徴する金星に拡大と発展の木星がコンタクトすることで物心ともに豊かな恵みが与えられそうなとき。日々を楽しみたいという気持ちが高まってきて、ちょっとした贅沢も楽しめることになりそうです。アート、恋、ファッション、娯楽などに関することでは幸運に恵まれそうです。もちろん、恋に関するチャンスもありそう。素敵な人との出会いの可能性も。

ただ、90度、180度の場合には浪費や贅沢が過ぎたり、自分自身を甘やかしてしまうこともあるかもしれないので注意が必要。

木星T×火星N

戦いの星である火星を木星の幸運と拡大の力が刺激します。自信をもって行動を起こせるときで、伝統的には「勝負運」があるときとされています。いま動き出すことはあなたを勝利に導くでしょう。

自分から行動を起こし、何かにチャレンジすることが人生の扉を開きます。情熱的な恋愛、あるいは性的な関係の暗示でもあります。スポーツなどもいいでしょう。あなた自身の生命エネルギーを解放できるとき。

ただし、90度、180度のときはエネルギーがオーバーヒートして、何事も「やりすぎ」てしまったり、リスクの高すぎることに挑戦してしまう危険も。

トランジットの土星

あなたを鍛えるとき

土星は制限と縮小、冷却の惑星とされます。トランジットの土星のアスペクトは、その天体が象徴するものごとにブレーキがかかるとき。しかしそのブレーキをかける「負荷」は結果的にあなたを鍛え、この世界に具体的な結果を残すことになるでしょう。

♄

T＝トランジット
N＝出生（ネイタル）の略号

土星^{T}×ASC^{N}

自分自身と社会の接点であるアセンダントと土星がアスペクトすると、良くも悪くもプレッシャーが強くなります。とくに0度のときは自分自身を社会にたいしてどのように見せるかをもう一度再確認、再調整するとき。

プレッシャーが高まり、あるいはこれまでの自信をなくすようなこと、自分が不得意なことを課せられる可能性もありそうです。けれど、そのことと真正面から向き合うことでその後30年にわたる人生の新しいスタートを切ることができそうです。

180度のときは、とくに人間関係にある種のブレーキがかかりそう。本当に必要な人、本当に絆がある人とだけ、つながりが残っていきます。あるいはこれまでだらだらとつき合っていたパートナーとは、ある種の決着がつくことになるかもしれません。あなたがどんなふうに誰かと向き合うかを真剣に考えるべきとき。

そのほかのアスペクトのときも自分が社会に見せる顔をよく振り返るべきときになります。

土星^{T}×MC^{N}

土星は強い覚悟を促す惑星です。とくにトランジットの土星が0度になるときや、天頂を土星が通過するときは、ある意味で人生の到達点になるかもしれません。それまでの努力が形になって報われます。ある程度の年齢になってからこのトランジットを迎える人は、それまでの努力を「刈り取る」ときになるはず。若いころにこのトランジットを迎える人は大きなプレッシャーを与えられることも。大きな責任を感じることになるでしょう。しかしその課題はその後の人生の大きな糧となるはず。

一方180度になるときは、自分の生活を立て直し、生活の基盤を作り直すとき。家族との関係のトラブルなども出てくるかもしれませんが、ここで目を逸らさないで解決を図ることが重要です。そのほかのアスペクトのときも具体的に人生の方向性と目標を絞り込むことが重要になります。

土星^{T}×太陽^{N}

土星が太陽にトランジットするときは、あなた自身の力が試されるときです。重要なトランジットのひとつで、とくに0度のときは人生の節目になることが多いでしょう。

現実と直面することになり、その現実としっかりと向き合うことになります。これまでのやり方が通用しなくなり、自信を失いがちではありますが、あなたの本当の力がその試練のなかで磨かれ、新たに生まれてくるはずです。このタイミングで結婚に踏み切る人も。新しいことにチャレンジするよりもいま、自分が抱えていることをしっかりとクリアしていくことが必要。

180度のときには人間関係や結婚生活において覚悟を固めることになる可能性大。そのほかのアスペクトのときも心身ともに自分を鍛え、ストイックに生活することが鍵に。

土星^{T}×月^{N}

土星が月にトランジットするときには、自分の感情や情緒が抑えられることになりがちです。不安に苛まれ、自分の気持ちをリラックスさせることができなくなることが増えそう。緊張度の高い生活が続くことになるかもしれません。何かにたいしての喪失感、孤独感を感じることもあるかもしれません。家族の問題などが浮上する可能性も。甘えがゆるされず、プライベートな生活での責任が大きくなる可能性があります。

しかし、ここでそのテーマに向き合うことで情緒的に成熟していくことができるはずです。どのアスペクトでも効果は出ますが、とくに0度、180度、90度のときにはその効果を強く感じることになるでしょう。

土星^{T}×水星^{N}

土星が水星にトランジットするときには、知性の力に土星がプレッシャーをかけ、シリアスな考えにとらわれがちになります。ややもすれば悲観的にものごとを考え、くよくよとしてしまいがち。一方で、深い思索を巡らしたり、現実的な思考を発展させることもできます。科学的、数学的、あるいは実際的な学問や思考スタイルを身に付ける大きなチャンスになるでしょう。ただし、コミュニケーションのスムーズさは少し抑えられることに。上辺だけのコミュニケーションではなく、現実的かつ本質的な言葉を選び、情報を精査することが重要です。厳密な思考、コミュニケーション、深い思索、人生の現実への直面などがあなたの人生に重厚さを与えていくはず。とくに0度、180度、90度のタイミングに注目してください。

土星T×金星N

愛を象徴する金星に土星がトランジットするときは、「愛が試される」とき。恋愛や結婚生活において何か問題が起こってくる可能性もあります。ときめきだけの関係は終焉を迎え、現実的な問題に向き合う必要が出てきます。しかし、それをくぐり抜けることで深い愛が成熟していくことに。とくに180度のときにはパートナーとの関係性が課題に。楽しみごとや娯楽にしても単に明るく騒ぐだけではなく、たとえば伝統芸能など長いあいだに鍛えられ精錬されてきたものの良さに目覚めることになったり、表面的な若さや美しさだけにとどまらない円熟した人間の魅力に目覚めることもあるでしょう。

自分自身の本当の価値観を鍛え上げることがこの時期のテーマになるはず。そしてその中から選びぬいた、本当に大事にしたいものを守るべきときです。

土星T×火星N

エネルギーや闘志を象徴する火星に冷たい土星が加わると、エネルギーの発揮の方向性が絞られてきます。伝統的には火星も土星も「凶星」とされていて、この配置は不運を表すとされてきました。実際、トラブルやアクシデントもあるかもしれません。ハードワークを強いられたり、過酷な環境で働いたり活動したりすることになるかもしれません。

ただ、この時期にしっかりと自分を鍛えることができれば強靱な精神力、体力を身に付けることもできるはず。忍耐強くものごとに取り組み、長期的な目標を実現できるときです。

もちろん、無理しすぎは禁物。また怒りを溜め込みすぎないこと。とくに0度、180度、90度のときには注意が必要です。

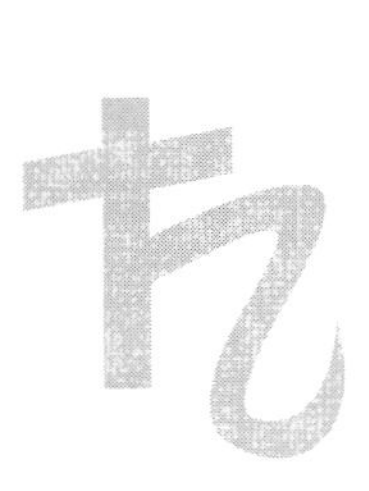

トランジットの天王星

人生のブレークスルーのとき

天王星は近代になってから土星の軌道の外側に発見された「外惑星」の筆頭です。天王星の発見は近代の幕開けを告げました。天王星は「ブレークスルー」の惑星であり、トランジットする天王星がアスペクトする天体はこれまでにない「目覚め」を経験し、新しい世界へとこれまでの限界を突破していこうとします。

T＝トランジット
N＝出生（ネイタル）の略号

天王星^{T}×ASC^{N}

天王星がアセンダントにトランジットするときは人生が激変する可能性があるときです。とくに0度になるときは重要。このタイミングは一生に一度。自分自身のセルフイメージが刷新され、新しい自分が生まれてくるかもしれません。自分でも驚くような自分自身との出会いが待っていそうです。これまでの拘束から解放され、周囲を驚かせるような行動に出ることも。新しい知見が開かれ、世界の見え方がガラリと変わるはず。180度のときは(ディセンダントに0度）人間関係が刷新されます。パートナーがいる人はその人との関係に新しい視点を持ち込むこと。関係が終わるべきときが来ているなら、別離の可能性もあるでしょう。

予測していなかったようなことが起こってくる可能性大。でもそれが人生に新しいブレークスルーをもたらします。そのほかのアスペクトのときもセルフイメージを一新し、そのことで周囲との関係性がドラスティックに変わる可能性が大きいとき。

天王星^{T}×MC^{N}

MCは社会の中でのアイデンティティを象徴します。どのアスペクトのときも重要ですが、とくに0度、90度、180度のときは見逃せません。0度、90度のときは社会人として、公の場所でのステイタスや立場が大きく変わる可能性が。独立を考えている人などはこのタイミングで何かが起こってくる可能性大。またそれまでの組織やグループから独立したり、解放される可能性も。自分にとって将来のヴィジョンが大きく変わってきます。

180度のときも驚くような変化がある

ときですが、それは主にプライベートなところで起こってきます。家族との関係や私生活での変化があるときですが、それはあなた自身の内的、心理的な自由をもたらすことになるはずです。寂しさもあるときですが、それを引き受けることで自由を手にできます。また、0度、180度のときには両親との関係に変化が起こる可能性も大きいでしょう。

自分の社会の中での立場が変化することによって自由を手にするときだと考えましょう。

天王星T×太陽N

あなた自身の生き方の価値観や生きるエネルギーを象徴する太陽と天王星がコンタクトすると、新しい価値観に目覚め、これまでの人生を大きく方向転換することになるでしょう。古い枠組みや常識から自分自身を解放するときで、自分から環境を大きく変えていくことも多いはず。とくに0度、90度、180度のときには影響が大。

あなた自身が新しい変化を恐れて動き出せないときは、不思議なシンクロニシティが働いて、異動などを含めて突然の変化が外側からやってくるように感じられるでしょう。若いころであれば、既存の価値観に反旗を翻したくなることも。とくに180度のときにはパートナーの変化、別離も。

世界を変えるためにはまずは自分が変わることが必要。自分自身を大きく変える勇気を持つことが必要です。

天王星T×月N

あなたの安心感や安定を揺り動かすようなことが起こるタイミングです。あなたが慣れ親しんだ環境、住まい、家族、ライフスタイルが変化していきます。

マンネリになっていることが揺るがされるはず。またこれまでの甘えなどが通用しなくなる可能性も。親離れ、子離れなどに象徴される心理的変化。あなたの中に眠っていた感情が突然噴出してくることもありそう。腐れ縁や古く停滞しがちな人間関係を断ち切るタイミングに来ているのかもしれません。ユニークなライフスタイルを持つ人との出会いなども。0度、180度、90度のアスペクトがとくに重要なタイミングです。生活のサイクルが大きく変わります。

天王星T×水星N

知性を象徴する水星にブレークスルーの天王星がアスペクトすると、それまでの考え方に大きな変化が起こります。無意識のうちに自分を縛っていた既成概念や偏見に気がつき、「目からウロコが落ちる」ような経験をすることも。全く新しい考え方や価値観に刺激を受けることもあるはずです。

　発明や発見にも縁があり、科学的なことなどにも才能を発揮できるとき。また、知的でシャープな友人と出会い、刺激的な議論ができます。ただ、あまりにもラディカルな思想、社会の規範から逸脱しすぎた考えに惹かれやすいときでもあるので、新奇なものにすぐに飛びつきすぎないように注意は必要。とくに0度、180度、90度のタイミングのときにその効果が強く現れます。

天王星T×金星N

　愛や楽しみを象徴する金星に天王星がトランジットすると、あなたの愛のスタイルやかたちに大きな変化が訪れます。これまで興味のなかった人やこと、ものの魅力に突然目覚めることも。ユニークな人との恋や保守的な価値観からは外れるようなかたちの恋なども。このころの人間関係はとても楽しいものになりますが、一方では安定したものではなさそうです。ジェットコースターのように次々に変化がやってくることも。

　硬直化した人間関係やパートナーシップには変化が起こってきます。ほかの人に目がいってしまうということも。ユニークなセンスが出てくるときで、芸術的なことにたいしての目覚めもあるかも。0度、90度、180度のときにはその効果は強く出るでしょう。

天王星T×火星N

　強いエネルギーや闘争本能を象徴する火星に天王星が加わると、一触即発のような状態が生まれがちです。衝動的になり、突然の行動に出てしまうこともありそう。伝統的にはアクシデントが起こりやすいときとされていますが、これはあなたの中のエネルギーが突発的に解放されて、リスクの高い行動に出てしまうためでもあるでしょう。またスリリングで性的なアバンチュールも。とくに0度、90度、180度のときは自制心が必要です。

　一方で、普段ならできないような思い切った決断や行動ができるときでもあります。

　一見愚かな行動、衝動的な振る舞いはもちろん、リスクはありますが、運命とは不思議なもので、それがあなたに新しい境地を開き、自由を手にすることがあるかもしれません。

トランジットの海王星

魔法の夢のとき

海王星は現実のはっきりした輪郭や境界線をあいまいにし、人2を夢の世界に誘う惑星です。見えない世界への憧れをかきたて、ロマンティックな気分にし、理想へと導く反面、非現実的な夢想や妄想に人を巻き込む危険ももっています。

T=トランジット
N=出生（ネイタル）の略号

海王星T×ASCN

現実の輪郭をあいまいにし、見えない世界への憧憬を開くのが海王星。この海王星がホロスコープの重要ポイントであるアセンダントをトランジットすると、世界を理想化して見るようになるでしょう。目先の損得や合理的な判断ばかりではなく、精神的な価値やスピリチュアルなヴィジョンに導かれるようになる可能性が。

また何かに夢中に取り組み（文字通り「夢」中）一種の幸福観に浸れる時期でしょう。ただ、この時期が過ぎてしまうとその夢から覚めてしまうことも。

どのアスペクトのときも重要ですが、とくに180度の場合には、誰かを理想化しがち。現実的な感覚が失われることも多いので、不毛な関係に献身的になりすぎることのないようにして。甘い罠も人間関係にはあるものです。

海王星T×MCN

海王星のもつ魔法が社会的なアイデンティティ（MC）にかかるときです。金銭的な利害のみならず、目に見えない精神的な価値や理想のために尽力することもあるでしょう。ときに仕事に関しての方向を見失ったような気持ちになることもありますが、その迷いのなかでこれまでになかった新しい目標がうっすらと見え始めてくる、そんなときでしょう。0度、120度、90度のときには大きな人気を得たり、芸能やアートなど人の「夢」にかかわる世界にコミットすることもありそうです。

180度の場合は、自分の内面を見つめなおすとき。外的なステイタスや評価だけでは満足することができません。あなた自身の内的な心を満たすことをやっておくことが必要。また家族や自分の生活の基盤が不安定になることも。

海王星(T)×太陽(N)

さまざまな現れ方をするトランジットです。太陽のもつ意志の力、人生を切り開こうとする力に境界線をなくす海王星の力が働きます。大きなヴィジョンや自分を超えたもののために献身したり、夢や理想を追いかけることになる場合がある一方で、これからの進むべき方向が見えなくなり、霧の中をさまようような気持ちになることも。アートやスピリチュアルなことにたいして才能を発揮する可能性もある一方で、アルコールや薬物などに耽溺する可能性も。いずれにしても現実と客観的に取り組むことは難しいとき。重要な決定をするときは慎重に。とくに0度、180度、90度のハードなアスペクトのときには注意が必要です。

海王星(T)×月(N)

感情や情緒を表す月の力に海王星のもつ魔法のイメージが加わります。感受性が高まり、ちょっとしたことで感動したり、心が揺れ動くとき。ロマンティックなムードに浸りやすくなるでしょう。

現実と空想の境界があいまいになってしまうかもしれません。イマジネーションが豊かになり、創造性が高まる一方で、妄想の世界に溺れてしまう危険も。自己欺瞞には要注意で自分自身を冷静に見つめる目を持つことが必要。一緒にいる人やコミュニティの影響を強く受けるときなので、つき合う人は選ぶことが大事。とくに0度、180度、90度のハードなアスペクトのときには注意が必要。

海王星(T)×水星(N)

言葉や知性を象徴する水星に海王星の魔法がかかるときです。イマジネーションが豊かになり、詩的な才能に目覚める可能性があります。想像力の翼が大きく広がり、普段なら出てこないようなアイデアが生まれてきそう。文学を始め、知的なことに才能が発揮される可能性もあります。SNSなどで人気を博したり、ある種のカリスマ性を発揮することもあるでしょう。

しかし、アイデアは際限なく広がってしまうこともあり、理想を追い求めるばかりに非現実的なプロジェクトに心奪われてしまう危険も。甘言ばかりで近づいてくる人、あいまいな出所の情報には要注意。とくに0度、180度、90度のときにはプラス面もマイナス面も効果が強く出そうです。

海王星[T]×金星[N]

愛を象徴する金星に海王星の魔法がかかります。ロマンティックなムードが高まり、夢のような恋に夢中になる可能性も。恋愛に限らず、何かに夢中になり、そのムードや世界に陶酔しそうです。

一方であなた自身の魅力が高まり、不思議に人々を惹きつけることも。人気が商売につながる人であれば、好機と言えそうです。

しかし誰かのために自己犠牲的に動こうとする面もあり、ときに人の良さにつけ込まれる危険も。相手への理想や期待が大きい分だけ失望、幻滅も大きくなりそう。

芸術的なことには好機。0度、180度、90度のときにはその効果はとくに大きくなります。

海王星[T]×火星[N]

火星のもつ行動力や闘志が海王星のもつ「溶解する」作用にさらされます。やる気を喪失し、目標が見えなくなってしまう可能性がある一方で、逆に何か大きなもののために十字軍戦士のごとく、エネルギッシュに活動する、ということも。このトランジットのもとでは自分自身をじっくりと観察して、自分のエネルギーがどのように動いているかをチェックすること。

一般的に体力的には不安定なので、無理は禁物。とくに0度、150度のときには体調に注意しましょう。

いずれにしても、アクシデントには要注意。リスクの高いことは避けて。

トランジットの冥王星

人生が深く変容するとき

冥王星はものごとを根本的なところから刷新させる働きをもちます。深いところから人を根本的に変容させる働きをもつことに。もっともその働きは極めてゆっくりと、しかも深層部分で起こるので冥王星の効果に気がつかない、ということもあるでしょう。強烈かつ劇的なかたちで冥王星を体験する人もいますが、後になってから「そういえばあのとき、自分は大きく変わった」と気が付く人もいるのが冥王星の働きの面白いところです。

T＝トランジット
N＝出生（ネイタル）の略号

冥王星^{T}×ASC^{N}

冥王星のトランジットは人によって意識されるときとされないときの差が大きいように思われます。

ホロスコープの最重要ポイントであるアセンダントを冥王星がトランジットするときには、ときとして根本的に人生が変わるような体験をすることもありますが、一方で表面的には何も変わらないように見えることも。

ただし、その場合でも、この長期にわたるトランジットは無意識の深い層での変化が起こっています。死や性といったタブーと関わることがテーマになることも。

0度、180度、90度のときにはとくに冥王星の働きにアンテナを向けている必要があります。

あなたの心の深いところにある隠された欲望や野心が浮上する可能性があるとき。とくに180度のときには、誰かと深く関わったり、あるいは別離を体験したり、といった可能性が大。それが人生を深いところから変容させます。

冥王星^{T}×MC^{N}

職業意識や人生の目標を示すMCに根本的な変化を迫る冥王星が働きかけます。職業上の、あるいは社会生活上の大きな変化を体験することもありそう。大成功、あるいは多くを失うような経験をするかも。

また冥王星はパワーを象徴しますから、政治的な動きや派閥争いのようなものに巻き込まれたり、自分ではどうしようもない大きな力の中に巻き込まれていく可能性も。あなた自身が欲をもつと容易にそんなパワーゲームに巻き込まれるので、なるべくニュートラルでいること。どのアスペクトでも効果はありますが、とくに0度、180度、90度のときには注意が必要です。

なお、180度のときには家族や自分のルーツにかかわる問題、自分の生活基盤を大きく揺るがすようなことも。自身の「ルーツ」の感覚が大きく刺激されるときです。

冥王星T×太陽N

太陽は意志や基本的なエネルギー、人生を切り開こうとする力の象徴。冥王星はものごとの「深み」を表します。一見何も起こっていないように見えても、あなたの中で潜在的に眠っていた深い欲望が浮上し、あなた自身の人生を大きく変容させることになりそうです。あなたの性格が極端なかたちで現れてくることも。またあなた自身の野心も強化されて、誰かを支配したいという気持ちも強くなりそう。自分で考えている以上に自分の影響力が強くなっているときです。もし木星のトランジットが同時に関わってくれればビジネス的、政治的な大きな成功の可能性も。0度、180度、90度のときにはその効果はとくに強烈です。

冥王星T×月N

情緒や基本的な安定感を象徴する月とものごとの深みや大きな変容を象徴する冥王星のトランジットは、強烈な感情体験を象徴します。喜び、悲しみ、憎しみ、愛、いずれにしても強烈かつ深刻なものになりがち。

ものごとに執着することも多く、自分自身の強い内面の動きに自分でも驚くことになるかもしれません。過去から抑圧していた深い思いや感情をさまざまなかたちで解放することにもなりそうです。子どものころのトラウマが蘇ってくることもありそうですが、逆にいえばそれを浄化、癒すタイミングでもあります。自分自身、あるいは相手の心の深いところにある清らかなものもそうでないものも受け止めることがテーマに。0度、180度、90度のときにはとくに注意を払ってください。

冥王星T×水星N

知性を象徴する水星とものごとの深い面を掘り起こす冥王星がアスペクトするタイミングは、知性の働きが鋭くなり、人生やこの世界の「裏面」にまでも関心をもちやすいときです。それまで見えていなかった人間関係のダイナミズムや権力の働き、隠れた思惑までにも気持ちが向いていく可能性が大。オカルト的なことや清廉なことだけでは見えない世界にも目を配るようになるかもしれません。洞察力もアップしています。秘密、タブーなどがキーワードに。ただし人を操作しようとしすぎると逆に足をすくわれることも。0度、180度、90度のときにはプラス面もマイナス面も強く出ます。

冥王星^{T}×金星^{N}

愛の星である金星とものごとの深みを表す冥王星の組み合わせです。この時期に恋に落ちたり、愛を感じたりする場合には、一筋縄ではいきません。徹底的に相手を愛し抜くという経験をするかも。あるいはその関係が人生を大きく変容させることにつながるでしょう。

嫉妬や執着といった愛のダークサイドの問題も浮上しがち。愛が束縛にならないように。また自分でも気がつかないうちに磁力的、カリスマ的な魅力を発散していることも。危険な場所には近づかないのが無難。プラス面もマイナス面も0度、180度、90度のときに強く出ます。

冥王星^{T}×火星^{N}

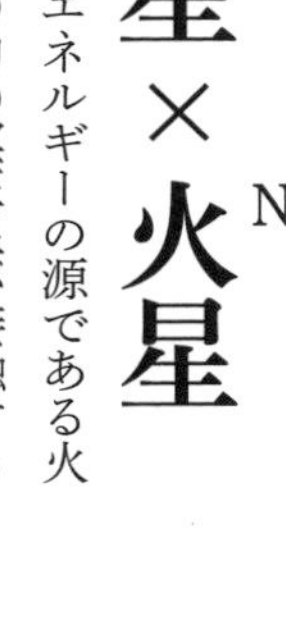

情熱や強いエネルギーの源である火星と深い変容の力の冥王星が接触するトランジット。古い占星術の教科書では暴力沙汰や危険な状況を示すものとされていました。実際、制御できないエネルギーの放出には気をつけるべき。ポジティブに現れればどんな困難にも負けない強い体力、精神力。また性的な魅力。

一方でネガティブに現れれば、目的のために手段を選ばない行動力や、サディスティックな喜びなどを暗示。

このトランジットのもとでは自分自身でエネルギーの出力をコントロールすることが必要でしょう。とくに0度、180度、90度のときにはリスクの高いことからは距離をとっておくことが必要でしょう。自分の中の暴力性や怒りをうまくコントロールして。

カイロンについて

本書では詳しくとりあげられませんでしたが、10惑星を用いた相性分析やトランジットに習熟してくれれば、小天体のひとつであるカイロンも取り入れてみてください。第1巻「自分を知る編」で紹介したように、カイロンは土星と天王星の間をめぐる小天体のひとつで、「傷と癒し」「教育」を象徴しています。

カイロンが相手のホロスコープ上の惑星にアスペクトする場合、その惑星が象徴するテーマに関して「傷と癒し」「教育」が起こってきます。

たとえばカイロンが太陽とアスペクトする場合、相手の基本的なアイデンティティの感覚を揺るがすことになる場合があります。自分の生き方や自信のありかは本当にこれでいいのだろうか、と疑念を抱かせることになる可能性があるのです。しかし、それは必ずしも悪いことではなく、自分自身のありようにたいして、別の視点から再認識するきっかけにもなるでしょう。月の場合には感情の動きや自分のルーツの感覚にたいして、水星であれば知性にたいして、金星なら魅力や恋愛感情にたいして、火星なら行動力や意志の力にたいして、といったところでしょう。

トランジットのカイロンもだいたい同じことです。カイロンが出生ホロスコープの惑星にアスペクトすると、そのテーマにたいして「傷」を感じることが多くなります。太陽なら自信が揺らぐこともあるでしょう。しかし、それを乗り越えると一種の「癒し」を深く感じます。ただ、この場合の「癒し」は土星などの場合と違って傷の「完治」ではありません。神ならぬ自分自身はあくまでも不完全な存在であり、その不完全さをある種の諦念とともに受け入れることで得られる成熟といったところでしょうか。

なお、相性やトランジットでのカイロンのアスペクトに関しては、オーブは狭くとるべきで、だいたい3度以内だと考えてください。

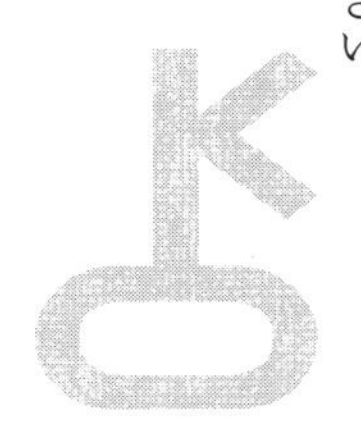

トランジットのハウス

トランジットによる時期判断ではアスペクトが最も重要ですが、ほかにハウスの要素を取り入れることももちろんできます。

木星や土星が、その時期に自分の出生ホロスコープでどのハウスを通過しているかをチェックしてみるのです。その解釈は、出生ホロスコープの読み方と基本的に同じです。

たとえば、もともとの2ハウスに木星がなかったとしても、トランジットの木星が2ハウスを通過中であれば、その時期に限って多少、出生時の2ハウスに木星がある人と同じような傾向が出てくる、ということになります。

ただし、それだけではその効果はとても弱いもの。重要なアスペクトをこの木星が作るときにその意味が現れます。

たとえばトランジット木星は、木星が通過中のハウスの領域に幸運とチャンスを与えます。木星はおよそ1年かけてひとつのハウスを通過。

第1ハウスなら新しいサイクルのスタート。さまざまなチャンスがありそうです。第2ハウスなら金運や物質運の上昇を、第3ハウスは知的好奇心がアップ、第4ハウスなら家族や住まいがテーマに、第5ハウスなら恋や楽しみの多いとき。第6ハウスなら生活リズムの再調整が起こり、第7ハウスなら対人関係が大きく広がっていくことでしょう。結婚や契約といったこともありそうです。第8ハウスなら誰かから有形無形のものを引き継ぐことが。また内面を掘り下げるのによいとき。第9ハウスなら旅行や学問的なこと。第10ハウスでは引き立てがあったり社会的なスポットライトがあたりやすいとき。第11ハウスでは友人関係に、第12ハウスなら隠れたところに幸運が。

ここまでで、トランジット法による星からのメッセージの捉え方はだいたいおわかりいただけたでしょうか。

あなたの出生ホロスコープに、あなたが知りたいときのホロスコープを重ね合わせ、その2枚の間に形成されるアスペクト、そして通過中の惑星のハウスを見ていけばよい、ということになります。

あなたが知りたいのは何年何月何日の星回り、ということもあるかもしれませんが、たとえば数年単位とか1年単位、あるいは1ヶ月単位の運の流れということではありませんか？

その上で、重要になるのは、なにより惑星たちはホロスコープの上で「動いている」という感覚をもつことです。そう、トランジットのホロスコープでは、文字通り、ホロスコープの上を「推移」（トランジット）している、ということなのです。

出生ホロスコープや相性のホロスコープでは便宜上、ホロスコープをスナップ・ショットのように「静止画」として見て分析することが可能です（正確には星の動きの感覚は出生ホロスコープや相性でも重要なのですが、トランジットの場合とはその重要度は比べ物になりません）。

きちんとトランジットのホロスコープを味わうことができるようになるには、極端にいうと一見静止画に見えるトランジットと出生ホロスコープを重ね合わせた二重円を見ても、トランジットしている惑星たちがまるでそれぞれの速度で動いているような、一種の「動画」として感じられる感覚を身につけることが必要なのです。

最初はちょっと難しく感じられるかもしれませんが、実際にやっていけばすぐに慣れるはずですよ。

実例で見る

まずは静止画のトランジットを見てみましょう

では実例でやっていきましょう。一見ちょっとややこしいように思えますが、順を追って見ていけばそんなに難しくないのでついてきてくださいね。

次のページで例に挙げたのは、心理学者ユングのホロスコープです。ユングはもちろん、もはや存命ではありませんが、もし生きていてご活躍の年代であれば、という仮定でいきましょう。星の動きは２０１９年のものです。

２０１９年6月1日の実際の星の配置（トランジット）を出生ホロスコープに重ね合わせると、このようになります。これはコンピュータソフトによるもので、一応、すべての惑星の位置を書き込んであります。これが「静止画」のトランジットということになります。

ただ、ここに描き込んだ星の要素を最初からすべて見て分析することは、プロでないと無理です。

内側がユングの出生図
外側が2019年6月1日

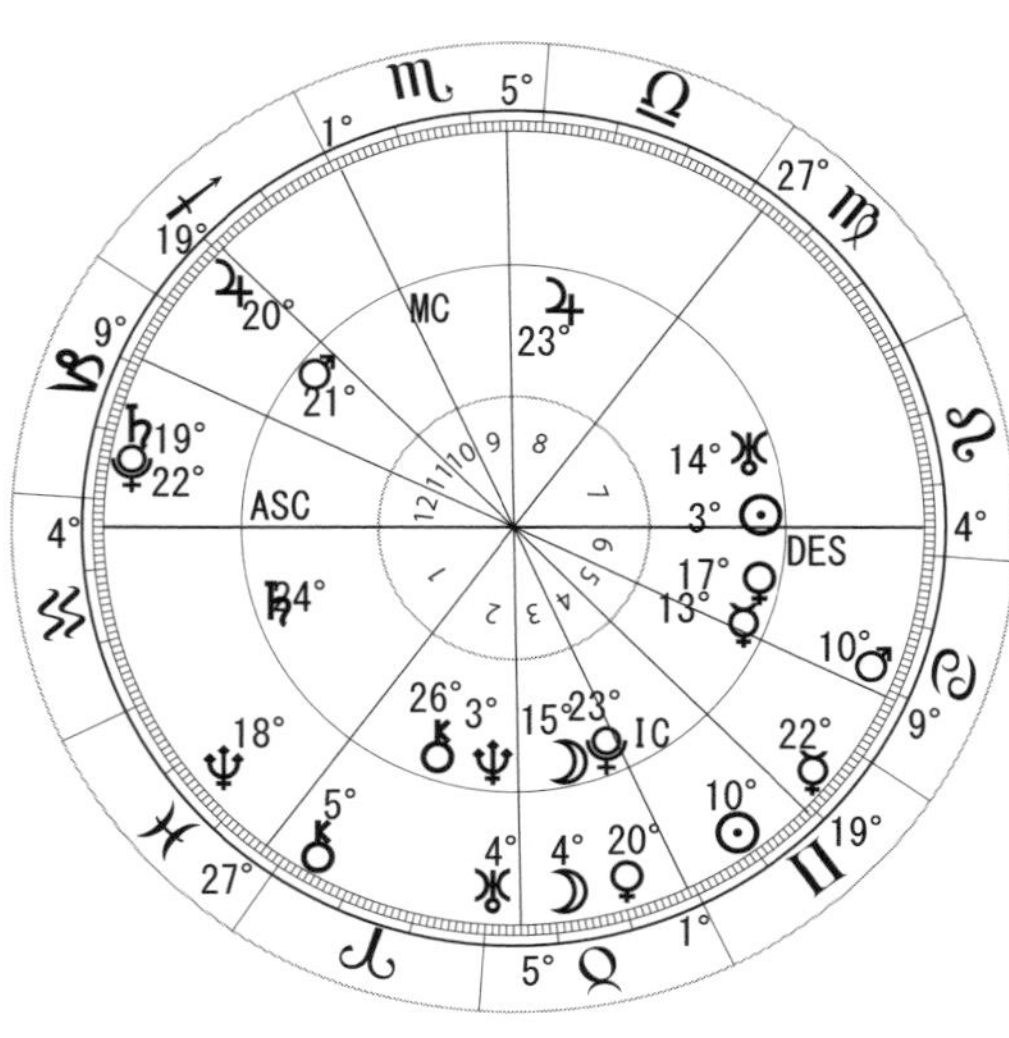

まず、この中で重要なものをピックアップすることにします。ここで一応重要なものとして挙げているのは

- 出生のアセンダント（ASC）、MC、太陽、月（ついで金星、火星）[i]にたいして
- 木星、土星、天王星、海王星、冥王星のトランジットが作る0度、180度、90度

のアスペクトでしたね。もちろん、オーブが小さいほうが影響力が大きくなります。

するとトランジットの天王星がユングの出生の太陽とアセンダントにそれぞれ90度（ユングの場合、太陽とアセンダントが180度ですから、ほぼ同時期にこのアスペクトが起こります）。さらにトランジットの木星が出生の火星に0度、トランジットの土星が出生時の金星に180度になっていることがわかります。

２０１９年6月1日前後のユングの状態は、このアスペクトの意味を拾って読めばいいということになるわけです。

---

i　水星にたいしてのトランジットも見るべきではありますが、ここでは優先順位の高い上記のものをまず採用します。

図1

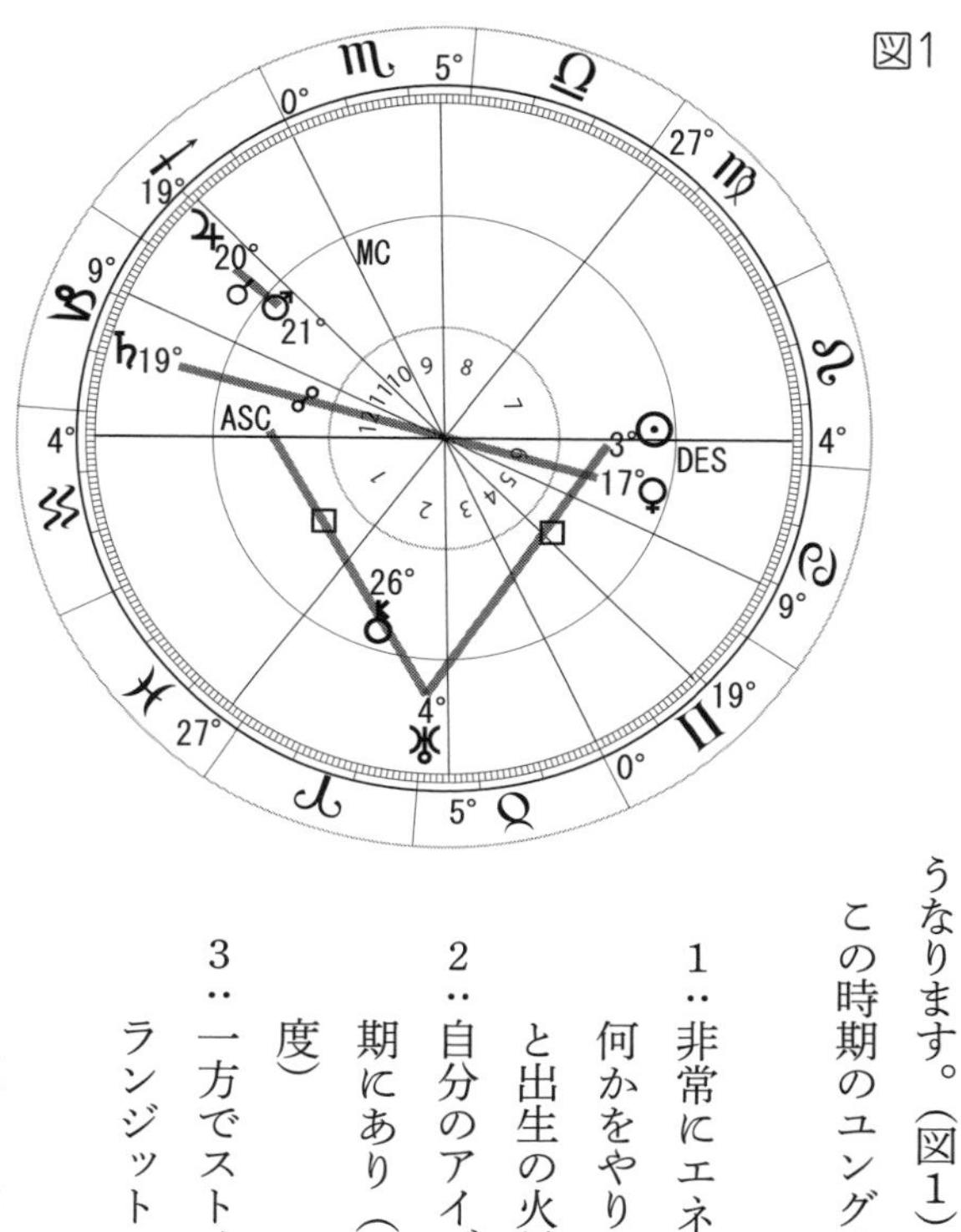

わかりやすく、ここで拾い出した惑星だけをとりあげて図示するとこうなります。（図1）

この時期のユングは

1：非常にエネルギッシュになっていて勝負運に恵まれるけれど、何かをやりすぎる傾向があるかもしれず（トランジットの木星と出生の火星が0度）

2：自分のアイデンティティや意志の方向性を大きく変化させる時期にあり（トランジットの天王星がアセンダントと太陽に90度）

3：一方でストイックに自分の楽しみを制限するときでもある（トランジットの土星と出生時の金星が180度）

ということがこの図から読み取れるわけですね。それぞれの星の組み合わせの解釈は219〜233ページに記していますからこれを参照して下さい。ただしこれだけでは、全体の「流れ」をつかむことはできません。

実はここに挙げた3つの「重要な」トランジットには、さらに軽重、重要性の差がはっきりとあるのです。これを認識するにあたって重要なのは、星の動きの性質を把握することです。

5年間のタイムラインの中で星の動きを見てみよう

さて、ここからはいよいよ、ホロスコープを「動画」として見てみます。まずは、5年スパンでの星の動きを追いかけてみましょう。

実際にこの作業を行うには天文暦が必要です。書籍、占星術サイト、あるいはソフトで天文暦を入手してください。アプリやソフトについては巻末の附録に解説があります。

241〜242ページに挙げたのは、占星術ソフトJANUSで打ち出した5年間分の星の運行表です。動きが比較的ゆっくりしている大惑星の配置を、30日おきに5年間出したもの。星座記号の左が度数です（星座記号の右は分ですからここでは切り捨てて無視してください）。

この表では惑星たちがどんなふうに進んでいくかがわかるようになっています。なお℞記号のついている、網かけになったところは、星が「逆行」して、通常の進行方向からバックしているように見える時期を示します。天文暦を見ると、いずれの惑星も行きつ戻りつしながら運行していることが見てとれます。

順に見ていきましょう。左端の木星を見ると、どんどん数字が進んでいて星座記号も変わっていくのがわかりますね。5年経つと星座も蠍座16度から牡羊座1度まで星座にしておよそ5つ分、度数では135度も進んでいることがわかります。

一方で冥王星は2018年1月1日は山羊座18度ですが、5年経って2023年になっても山羊座27度。行きつ戻りつして10度しか進んでいません。

ほかの惑星の移動を見ると、

2018年1月1日～2020年3月21日の大惑星の天文暦

Date	Time	Day	♃	♄	♅	♆	♇
	GMT		Longitude	Longitude	Longitude	Longitude	Longitude
1 Jan 2018	00:00:00	Mon	16 ♏ 56	01 ♑ 23	24 ♈ 34 ℞	11 ♓ 54	18 ♑ 46
31 Jan 2018	00:00:00	Wed	21 ♏ 08	04 ♑ 43	24 ♈ 55	12 ♓ 44	19 ♑ 47
2 Mar 2018	00:00:00	Fri	23 ♏ 08	07 ♑ 23	25 ♈ 57	13 ♓ 50	20 ♑ 38
1 Apr 2018	00:00:00	Sun	22 ♏ 25 ℞	08 ♑ 54	27 ♈ 29	14 ♓ 56	21 ♑ 10
1 May 2018	00:00:00	Tue	19 ♏ 22 ℞	09 ♑ 00 ℞	29 ♈ 11	15 ♓ 51	21 ♑ 16 ℞
31 May 2018	00:00:00	Thu	15 ♏ 42 ℞	07 ♑ 45 ℞	00 ♉ 46	16 ♓ 23	20 ♑ 56 ℞
30 Jun 2018	00:00:00	Sat	13 ♏ 31 ℞	05 ♑ 40 ℞	01 ♉ 57	16 ♓ 27 ℞	20 ♑ 19 ℞
30 Jul 2018	00:00:00	Mon	13 ♏ 53	03 ♑ 40 ℞	02 ♉ 31	16 ♓ 03 ℞	19 ♑ 36 ℞
29 Aug 2018	00:00:00	Wed	16 ♏ 45	02 ♑ 36 ℞	02 ♉ 22 ℞	15 ♓ 20 ℞	19 ♑ 00 ℞
28 Sep 2018	00:00:00	Fri	21 ♏ 31	02 ♑ 55	01 ♉ 34 ℞	14 ♓ 32 ℞	18 ♑ 45 ℞
28 Oct 2018	00:00:00	Sun	27 ♏ 30	04 ♑ 37	00 ♉ 23 ℞	13 ♓ 54 ℞	18 ♑ 56
27 Nov 2018	00:00:00	Tue	04 ♐ 06	07 ♑ 23	29 ♈ 16 ℞	13 ♓ 41	19 ♑ 31
27 Dec 2018	00:00:00	Thu	10 ♐ 42	10 ♑ 47	28 ♈ 39 ℞	13 ♓ 59	20 ♑ 25
26 Jan 2019	00:00:00	Sat	16 ♐ 42	14 ♑ 17	28 ♈ 45	14 ♓ 44	21 ♑ 26
25 Feb 2019	00:00:00	Mon	21 ♐ 23	17 ♑ 23	29 ♈ 36	15 ♓ 46	22 ♑ 20
27 Mar 2019	00:00:00	Wed	24 ♐ 00	19 ♑ 35	01 ♉ 01	16 ♓ 54	22 ♑ 56
26 Apr 2019	00:00:00	Fri	23 ♐ 59 ℞	20 ♑ 30	02 ♉ 42	17 ♓ 53	23 ♑ 09 ℞
26 May 2019	00:00:00	Sun	21 ♐ 24 ℞	19 ♑ 59 ℞	04 ♉ 21	18 ♓ 31	22 ♑ 55 ℞
25 Jun 2019	00:00:00	Tue	17 ♐ 41 ℞	18 ♑ 16 ℞	05 ♉ 41	18 ♓ 43 ℞	22 ♑ 21 ℞
25 Jul 2019	00:00:00	Thu	14 ♐ 58 ℞	16 ♑ 06 ℞	06 ♉ 28	18 ♓ 26 ℞	21 ♑ 38 ℞
24 Aug 2019	00:00:00	Sat	14 ♐ 44	14 ♑ 25 ℞	06 ♉ 33 ℞	17 ♓ 46 ℞	21 ♑ 00 ℞
23 Sep 2019	00:00:00	Mon	17 ♐ 09	13 ♑ 55	05 ♉ 56 ℞	16 ♓ 57 ℞	20 ♑ 39 ℞
23 Oct 2019	00:00:00	Wed	21 ♐ 41	14 ♑ 52	04 ♉ 49 ℞	16 ♓ 16 ℞	20 ♑ 43
22 Nov 2019	00:00:00	Fri	27 ♐ 38	17 ♑ 07	03 ♉ 38 ℞	15 ♓ 56 ℞	21 ♑ 13
22 Dec 2019	00:00:00	Sun	04 ♑ 21	20 ♑ 14	02 ♉ 49 ℞	16 ♓ 05	22 ♑ 03
21 Jan 2020	00:00:00	Tue	11 ♑ 14	23 ♑ 45	02 ♉ 41	16 ♓ 44	23 ♑ 03
20 Feb 2020	00:00:00	Thu	17 ♑ 37	27 ♑ 09	03 ♉ 19	17 ♓ 44	23 ♑ 59
21 Mar 2020	00:00:00	Sat	22 ♑ 53	29 ♑ 54	04 ♉ 35	18 ♓ 51	24 ♑ 40

（次ページに続く）

2020年4月20日～2023年1月5日の大惑星の天文暦

20 Apr 2020	00:00:00	Mon	26 ♑ 18	01 ♒ 35	06 ♉ 13	19 ♓ 54	24 ♑ 59
20 May 2020	00:00:00	Wed	27 ♑ 11 ℞	01 ♒ 53 ℞	07 ♉ 55	20 ♓ 38	24 ♑ 51 ℞
19 Jun 2020	00:00:00	Fri	25 ♑ 21 ℞	00 ♒ 48 ℞	09 ♉ 23	20 ♓ 57	24 ♑ 21 ℞
19 Jul 2020	00:00:00	Sun	21 ♑ 44 ℞	28 ♑ 47 ℞	10 ♉ 22	20 ♓ 47 ℞	23 ♑ 39 ℞
18 Aug 2020	00:00:00	Tue	18 ♑ 27 ℞	26 ♑ 41 ℞	10 ♉ 41 ℞	20 ♓ 12 ℞	22 ♑ 59 ℞
17 Sep 2020	00:00:00	Thu	17 ♑ 25	25 ♑ 27 ℞	10 ♉ 16 ℞	19 ♓ 24 ℞	22 ♑ 33 ℞
17 Oct 2020	00:00:00	Sat	19 ♑ 12	25 ♑ 35	09 ♉ 16 ℞	18 ♓ 39 ℞	22 ♑ 31
16 Nov 2020	00:00:00	Mon	23 ♑ 23	27 ♑ 10	08 ♉ 03 ℞	18 ♓ 12 ℞	22 ♑ 55
16 Dec 2020	00:00:00	Wed	29 ♑ 13	29 ♑ 52	07 ♉ 05 ℞	18 ♓ 14	23 ♑ 41
15 Jan 2021	00:00:00	Fri	06 ♒ 01	03 ♒ 15	06 ♉ 43	18 ♓ 46	24 ♑ 39
14 Feb 2021	00:00:00	Sun	13 ♒ 08	06 ♒ 47	07 ♉ 07	19 ♓ 42	25 ♑ 36
16 Mar 2021	00:00:00	Tue	19 ♒ 56	09 ♒ 59	08 ♉ 13	20 ♓ 49	26 ♑ 22
15 Apr 2021	00:00:00	Thu	25 ♒ 49	12 ♒ 20	09 ♉ 46	21 ♓ 54	26 ♑ 46
15 May 2021	00:00:00	Sat	00 ♓ 06	13 ♒ 27	11 ♉ 29	22 ♓ 44	26 ♑ 44 ℞
14 Jun 2021	00:00:00	Mon	02 ♓ 06	13 ♒ 08 ℞	13 ♉ 04	23 ♓ 09	26 ♑ 19 ℞
14 Jul 2021	00:00:00	Wed	01 ♓ 19 ℞	11 ♒ 34 ℞	14 ♉ 14	23 ♓ 06 ℞	25 ♑ 39 ℞
13 Aug 2021	00:00:00	Fri	28 ♒ 08 ℞	09 ♒ 23 ℞	14 ♉ 46	22 ♓ 37 ℞	24 ♑ 57 ℞
12 Sep 2021	00:00:00	Sun	24 ♒ 24 ℞	07 ♒ 33 ℞	14 ♉ 34 ℞	21 ♓ 51 ℞	24 ♑ 27 ℞
12 Oct 2021	00:00:00	Tue	22 ♒ 23 ℞	06 ♒ 52	13 ♉ 44 ℞	21 ♓ 03 ℞	24 ♑ 19
11 Nov 2021	00:00:00	Thu	23 ♒ 15	07 ♒ 40	12 ♉ 32 ℞	20 ♓ 31 ℞	24 ♑ 37
11 Dec 2021	00:00:00	Sat	26 ♒ 49	09 ♒ 48	11 ♉ 26 ℞	20 ♓ 25	25 ♑ 17
10 Jan 2022	00:00:00	Mon	02 ♓ 21	12 ♒ 54	10 ♉ 51 ℞	20 ♓ 50	26 ♑ 13
9 Feb 2022	00:00:00	Wed	09 ♓ 04	16 ♒ 26	11 ♉ 01	21 ♓ 41	27 ♑ 12
11 Mar 2022	00:00:00	Fri	16 ♓ 16	19 ♒ 55	11 ♉ 55	22 ♓ 46	28 ♑ 01
10 Apr 2022	00:00:00	Sun	23 ♓ 23	22 ♒ 49	13 ♉ 21	23 ♓ 53	28 ♑ 30
10 May 2022	00:00:00	Tue	29 ♓ 48	24 ♒ 42	15 ♉ 03	24 ♓ 48	28 ♑ 34 ℞
9 Jun 2022	00:00:00	Thu	04 ♈ 56	25 ♒ 14 ℞	16 ♉ 43	25 ♓ 20	28 ♑ 14 ℞
9 Jul 2022	00:00:00	Sat	08 ♈ 04	24 ♒ 20 ℞	18 ♉ 03	25 ♓ 24 ℞	27 ♑ 37 ℞
8 Aug 2022	00:00:00	Mon	08 ♈ 32 ℞	22 ♒ 24 ℞	18 ♉ 48	25 ♓ 01 ℞	26 ♑ 54 ℞
7 Sep 2022	00:00:00	Wed	06 ♈ 13 ℞	20 ♒ 14 ℞	18 ♉ 50 ℞	24 ♓ 18 ℞	26 ♑ 20 ℞
7 Oct 2022	00:00:00	Fri	02 ♈ 20 ℞	18 ♒ 48 ℞	18 ♉ 10 ℞	23 ♓ 29 ℞	26 ♑ 07 ℞
6 Nov 2022	00:00:00	Sun	29 ♓ 21 ℞	18 ♒ 45	17 ♉ 02 ℞	22 ♓ 51 ℞	26 ♑ 18
6 Dec 2022	00:00:00	Tue	29 ♓ 02	20 ♒ 11	15 ♉ 51 ℞	22 ♓ 38	26 ♑ 54
5 Jan 2023	00:00:00	Thu	01 ♈ 41	22 ♒ 49	15 ♉ 04 ℞	22 ♓ 56	27 ♑ 47

画像提供 (241 ～ 242 頁)：Astrology House

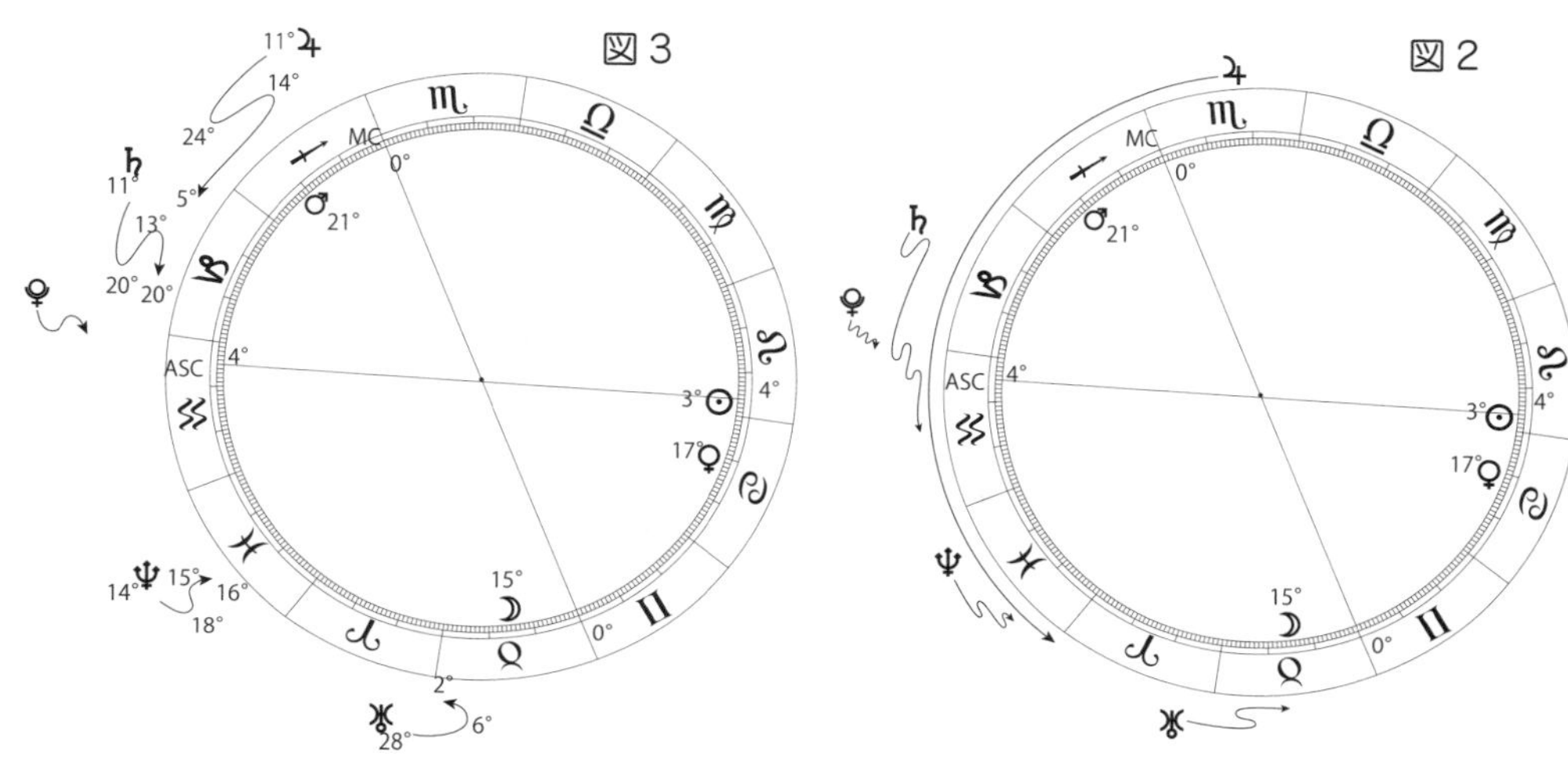

図3　図2

土星は山羊座1度から水瓶座22度までのおよそ50度分
天王星は牡羊座24度から牡牛座15度までのおよそ21度分

というふうに惑星の運行の速度がまったく異なっていることがわかるでしょう。

これをわかりやすく図示したのが図2です。大惑星の動きの概略を矢印で示しました（木星の動きは速いのでここでは逆行を無視して示しています）。

さらに1年間（2019年）の動きを切り出して示すと図3のようになります。

こうしてみると、ここで挙げた3つの主要なトランジットのうち、木星と火星のアスペクトは実はとても短い期間しか形成されていないことがわかります。

出生の火星は射手座の21度。オーブを5度とるとして木星が0度（コンジャンクション）となるのは、19年1月半ばくらいから11月半ばくらいまでの9ヶ月くらいだということになります。オーブをもっと狭くとれば実質的にこの星の効果があるのは2月から3月くらいまで、1～2ヶ月の間でしょうか（このころトランジットの木星は射手座18度から22度くらいを通過）。

2019年の10惑星の天文暦

Date	Time	Day	☉	☽	☿	♀	♂	♃	♄	♅	♆	♇
	GMT		Longitude	Longitude	Longitude	Longitude	Longitude	Longitude	Longitude	Longitude	Longitude	Longitude
1 Jan 2019	00:00:00	Tue	10 ♑ 15	12 ♏ 22	23 ♐ 51	23 ♏ 29	29 ♓ 56	11 ♐ 46	11 ♑ 22	28 ♈ 36 ℞	14 ♓ 04	20 ♑ 35
16 Jan 2019	00:00:00	Wed	25 ♑ 32	15 ♉ 57	16 ♑ 40	08 ♐ 58	10 ♈ 03	14 ♐ 48	13 ♑ 08	28 ♈ 38	14 ♓ 26	21 ♑ 05
31 Jan 2019	00:00:00	Thu	10 ♒ 48	17 ♐ 24	11 ♒ 25	25 ♐ 31	20 ♈ 13	17 ♐ 35	14 ♑ 50	28 ♈ 51	14 ♓ 53	21 ♑ 35
15 Feb 2019	00:00:00	Fri	26 ♒ 00	21 ♊ 46	08 ♓ 11	12 ♑ 44	00 ♉ 22	20 ♐ 01	16 ♑ 25	29 ♈ 15	15 ♓ 24	22 ♑ 03
2 Mar 2019	00:00:00	Sat	11 ♓ 06	20 ♑ 35	28 ♓ 32	00 ♒ 21	10 ♉ 28	21 ♐ 59	17 ♑ 49	29 ♈ 48	15 ♓ 58	22 ♑ 27
17 Mar 2019	00:00:00	Sun	26 ♓ 06	29 ♋ 25	22 ♓ 20 ℞	18 ♒ 13	20 ♉ 31	23 ♐ 24	18 ♑ 58	00 ♉ 30	16 ♓ 32	22 ♑ 47
1 Apr 2019	00:00:00	Mon	10 ♈ 58	22 ♒ 43	16 ♓ 37	06 ♓ 14	00 ♊ 29	24 ♐ 12	19 ♑ 50	01 ♉ 17	17 ♓ 05	23 ♑ 00
16 Apr 2019	00:00:00	Tue	25 ♈ 43	08 ♍ 21	28 ♓ 30	24 ♓ 20	10 ♊ 22	24 ♐ 18 ℞	20 ♑ 21	02 ♉ 07	17 ♓ 35	23 ♑ 07
1 May 2019	00:00:00	Wed	10 ♉ 20	24 ♓ 45	19 ♈ 54	12 ♈ 30	20 ♊ 11	23 ♐ 42 ℞	20 ♑ 31 ℞	02 ♉ 59	18 ♓ 01	23 ♑ 08 ℞
16 May 2019	00:00:00	Thu	24 ♉ 51	17 ♎ 20	18 ♉ 14	00 ♉ 43	29 ♊ 54	22 ♐ 29 ℞	20 ♑ 18 ℞	03 ♉ 49	18 ♓ 21	23 ♑ 02 ℞
31 May 2019	00:00:00	Fri	09 ♊ 17	27 ♈ 30	20 ♊ 31	18 ♉ 57	09 ♋ 34	20 ♐ 49 ℞	19 ♑ 46 ℞	04 ♉ 36	18 ♓ 35	22 ♑ 50 ℞
15 Jun 2019	00:00:00	Sat	23 ♊ 38	24 ♏ 57	16 ♋ 40	07 ♊ 13	19 ♋ 11	18 ♐ 55 ℞	18 ♑ 56 ℞	05 ♉ 18	18 ♓ 42	22 ♑ 34 ℞
30 Jun 2019	00:00:00	Sun	07 ♋ 57	01 ♊ 35	02 ♌ 03	25 ♊ 32	28 ♋ 44	17 ♐ 06 ℞	17 ♑ 55 ℞	05 ♉ 52	18 ♓ 42 ℞	22 ♑ 14 ℞
15 Jul 2019	00:00:00	Mon	22 ♋ 15	00 ♑ 29	02 ♌ 35 ℞	13 ♋ 55	08 ♌ 16	15 ♐ 39 ℞	16 ♑ 49 ℞	06 ♉ 17	18 ♓ 34 ℞	21 ♑ 53 ℞
30 Jul 2019	00:00:00	Tue	06 ♌ 34	07 ♋ 22	24 ♋ 10 ℞	02 ♌ 21	17 ♌ 47	14 ♐ 44 ℞	15 ♑ 46 ℞	06 ♉ 32	18 ♓ 20 ℞	21 ♑ 31 ℞
14 Aug 2019	00:00:00	Wed	20 ♌ 56	04 ♒ 13	02 ♌ 40	20 ♌ 52	27 ♌ 19	14 ♐ 30	14 ♑ 52 ℞	06 ♉ 36 ℞	18 ♓ 01 ℞	21 ♑ 11 ℞
29 Aug 2019	00:00:00	Thu	05 ♍ 23	14 ♌ 53	29 ♌ 21	09 ♍ 26	06 ♍ 51	14 ♐ 58	14 ♑ 14 ℞	06 ♉ 29 ℞	17 ♓ 38 ℞	20 ♑ 55 ℞
13 Sep 2019	00:00:00	Fri	19 ♍ 55	06 ♓ 58	27 ♍ 43	28 ♍ 02	16 ♍ 25	16 ♐ 04	13 ♑ 55 ℞	06 ♉ 12 ℞	17 ♓ 14 ℞	20 ♑ 43 ℞
28 Sep 2019	00:00:00	Sat	04 ♎ 34	23 ♍ 36	22 ♎ 10	16 ♎ 40	26 ♍ 01	17 ♐ 46	13 ♑ 59	05 ♉ 46 ℞	16 ♓ 49 ℞	20 ♑ 38 ℞
13 Oct 2019	00:00:00	Sun	19 ♎ 21	09 ♈ 36	12 ♏ 53	05 ♏ 19	05 ♎ 41	19 ♐ 58	14 ♑ 24	05 ♉ 13 ℞	16 ♓ 28 ℞	20 ♑ 39
28 Oct 2019	00:00:00	Mon	04 ♏ 15	02 ♏ 10	26 ♏ 47	23 ♏ 58	15 ♎ 24	22 ♐ 35	15 ♑ 10	04 ♉ 37 ℞	16 ♓ 10 ℞	20 ♑ 47
12 Nov 2019	00:00:00	Tue	19 ♏ 17	12 ♉ 45	18 ♏ 27 ℞	12 ♐ 36	25 ♎ 11	25 ♐ 32	16 ♑ 15	04 ♉ 00 ℞	15 ♓ 59 ℞	21 ♑ 01
27 Nov 2019	00:00:00	Wed	04 ♐ 25	09 ♐ 14	14 ♏ 35	01 ♑ 12	05 ♏ 03	28 ♐ 43	17 ♑ 35	03 ♉ 28 ℞	15 ♓ 55 ℞	21 ♑ 20
12 Dec 2019	00:00:00	Thu	19 ♐ 38	16 ♊ 59	03 ♐ 46	19 ♑ 47	15 ♏ 00	02 ♑ 04	19 ♑ 07	03 ♉ 01 ℞	15 ♓ 59	21 ♑ 45
27 Dec 2019	00:00:00	Fri	04 ♑ 54	14 ♑ 20	26 ♐ 34	08 ♒ 16	25 ♏ 01	05 ♑ 31	20 ♑ 48	02 ♉ 44 ℞	16 ♓ 10	22 ♑ 13

画像提供：Astrology House

2018年4月～2021年4月 （ちなみに正確なアスペクト形成は2018年7月、2019年4～5月、同年10月～11月、2020年2月となります）	T天王星×Nアセンダントが90度 T♅ □ N ASC T天王星×N太陽が90度 T♅ □ N☉
2019年1月～2020年1月 （正確なアスペクトは19年2月、6月、11月ごろ）	T土星×N金星が180度 T♄ ☍ N♀
2019年1月半ばから8月 （より正確には2月から3月）	T木星×N火星が0度 T♃ ☌ N♂

※TはトランジットNはネイタル（出生）の略号

ついでトランジット土星と出生金星のアスペクト期間が短くなります。やはりオーブを5度とすると山羊座の12度くらいから23度くらいを土星が通過する間が、トランジット土星と出生金星のアスペクト期間となります。19年1月くらいから２０２０年1月くらいがこの期間になりますね。最も正確にアスペクトをとるのは19年2月下旬、11月下旬のころ。

そして最も期間が長く、そして重なった影響が起こってくるのが出生の太陽とアセンダントにたいしての天王星のトランジットです。

ユングの場合、アセンダントと太陽は出生ホロスコープ上、ほぼ180度で向かい合っていますから（つまりディセンダントの上に太陽がある）この二つにたいしてのトランジットはほぼ時期を同じくして起こります。

19年中に起こる天王星の正確な90度のアスペクトは両方とも5月くらいですが、天王星の動きは遅いので、アセンダントや太陽にたいしてそのだいぶ前から、そしてそのだいぶ後までホロスコープを行きつ戻りつしながらアスペクトをとり続けます。オーブを5度にとったとすると、牡羊座28度から牡牛座9度くらいまでがその有効範囲。5年間の天文暦を見ると、18年4月くらいにはその影響は始まり、21年4月くらいまでのおよそ3年にわたって、天王星はアセンダントや太陽に影響を与え続けることになります。オーブをさらに広げれば、その期間はさらに延びることでしょう。

整理すると上記のようになります。

ユングの2018～22年頃の
トランジット

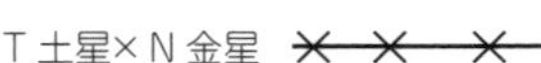

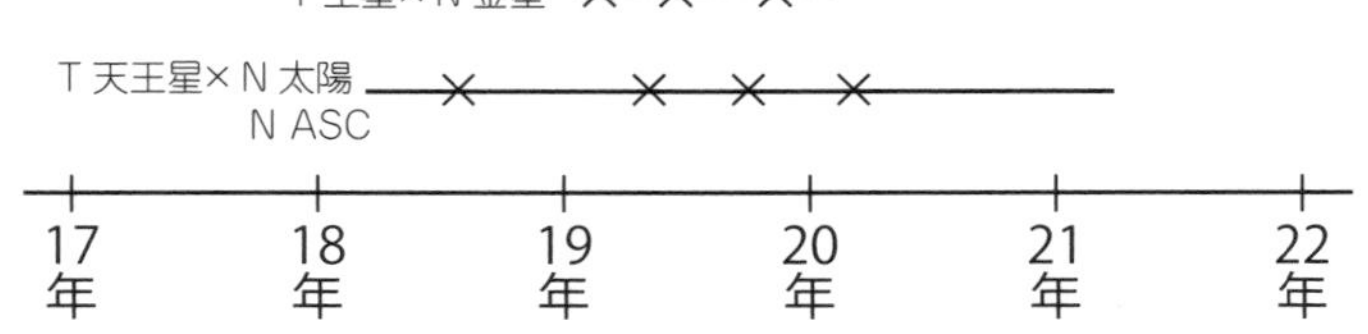

×マークは正確なアスペクト（オーブ0度）になる時を示す

どうでしょう。こうしてみると、さきほどの静止画としての星の配置とはずいぶんイメージが変わって見えてきませんか。

この人のバックグラウンドとしては3年間くらいかけてゆっくり起こっている大きな変化（天王星）の中を、半ばくらいの波（土星）や、もっと小さな波（木星）が寄せては引いているということがイメージできると思います。

本当はその人の社会的環境や実際の状況を考慮しつつ解釈をしなければいけないわけですが、あえてここでこの3つだけを組み合わせてストーリーを紡ぐと、たとえばこうなるでしょうか。

「この18年からの3年間ほどの間、あなたは人生の上でもとても大きな変化や転機の時期を経験されることでしょう。それは人生上の価値観やあなたが世界に向けている自己イメージそのものを、ガラリと変えていくことにつながるのだと思います。

これまでの自分のあり方では満足できなくなって、もっと自由に、もっと大胆に自分の未来を思い描きたいと考えるようになっていくのではないでしょうか（トランジット天王星）。

ただ、その中でも19年1月から20年1月までの間はあなた自身がストイックになり、心境の変化を受け止めるために楽しみごとや社交生活が縮小する可能性があります。

自分を変えたい、そのための大胆な動きが周囲を驚かせたり、自分を変えるための準備のために娯楽をセーブすることがあるのかもしれません（トランジット土星）。

一方、19年の初めはあなた自身がいつも以上に大胆になれるタイミングですから、やりたいことがあるなら、21年を待たずに、最初の一歩を踏み出したり、アクションを起こすのもいいでしょう（トランジット木星）」


もちろんこれは解釈の一例にすぎません。あなたがもっと自由にこのユングの「未来予想図」のシナリオを書いていただいてもいいのです。

なお、ここでは天文暦をみながらトランジットのアスペクトの時期を出していきましたが、最近の占星術用のアプリやソフトなどではアスペクトの時期リストを自動で出してくれるものが増えています。こうしたものを使うのが便利でしょう。

ファイナル・コンタクトは最重要

トランジットの惑星は、出生時の惑星のオーブ圏内に入ってきた時から、じわじわと効果を発揮しはじめます。

オーブが0度の正確なアスペクトを形成することを「コンタクト」と呼びます。多くの場合、正確なコンタクトのタイミングが最も強い影響があります。

ただ、トランジットの惑星は図のように逆行、順行して行きつ戻りつすることがあり、完全にオーブの外に出るまでに3回、コンタクトすることがあります。このような場合、最初のコンタクト

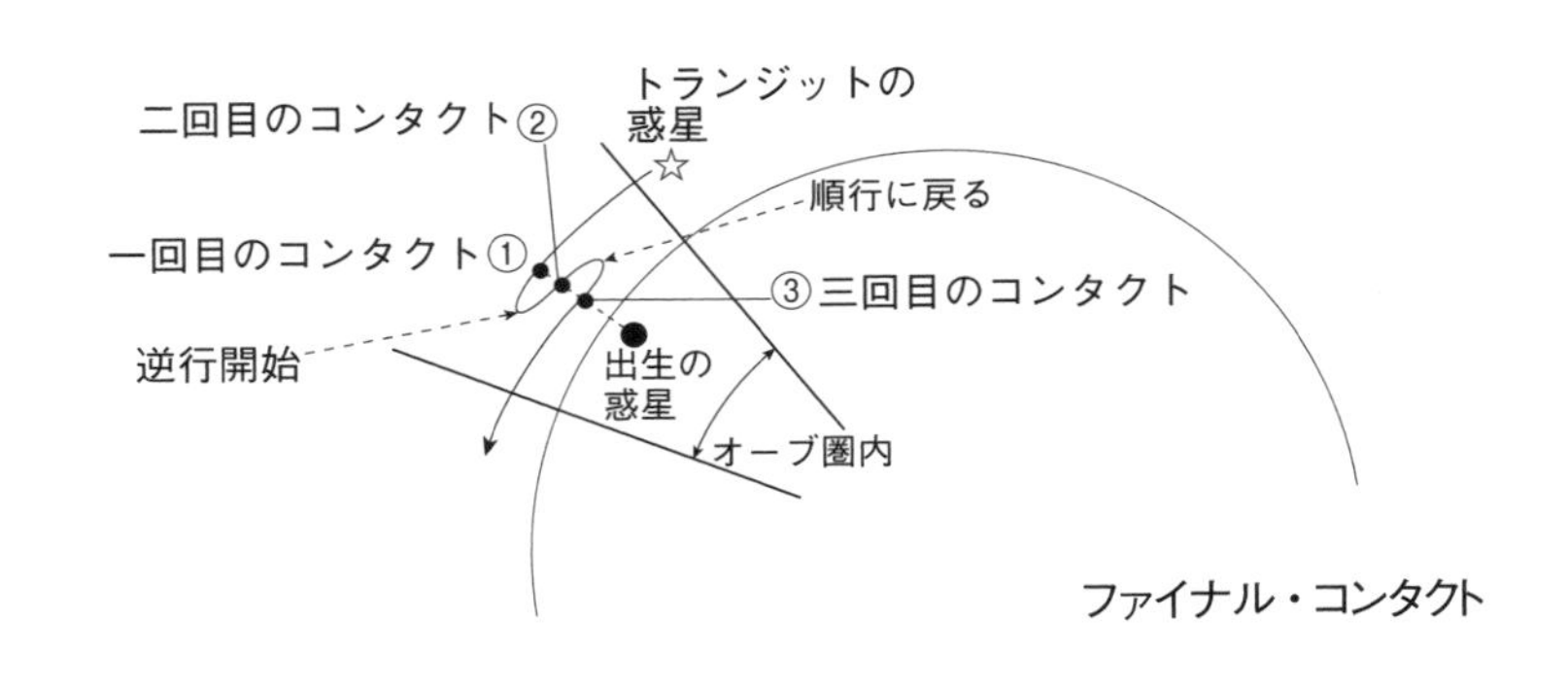

がこの星のトランジットが与える課題のきっかけへの気づき、2回目のコンタクトがその認識のし直し、3回目のコンタクトが「とどめ」であったり、「これしかない」という感覚を与える強いインパクトを生じることがあります。この最後のコンタクトを「ファイナル・コンタクト」と呼び、重視します。

したがってトランジットを見る場合には、天文暦などをじっくりと見て、順行や逆行の動きに注意することが重要になります。

さらに星は動く

ところで賢明なあなたであれば、この天文暦の18年から23年までの間に、そのほかの重要なトランジットも起こってくることにお気づきになったでしょう。20年2月には出生時のアセンダントと太陽に、トランジットの天王星が90度となります。これは先ほどご紹介した、「ファイナル・コンタクト」にあたります。この期間には、もしユングが生きていれば、自分自身のイメージ（アセンダント）や自分自身の人生観を大きく刷新していく時期になるでしょう。自分自身から「脱皮」していく時期になるとも解釈できるかもしれません。

さらに興味深いのは20年12月から21年1月にかけてです。このころは、トランジットの木星と土星がほとんどそろってユングの出生のアセンダントに0度、太陽に180度となることがわかるでしょう。

本書には掲載できませんでしたが、より正確な天文暦を見ると、トランジットの木星と土星は（つまり運行中の木星と土星は）20年12月22日に正確に0度となることがわかります。この0度（コンジャンクション）は水瓶座の0度で起こります。

第1巻の「アスペクト」の項目で説明したように、動きの遅い大惑星同士のアスペクト、とくに0度は、大きな社会的変化や時代精神の変化とシンクロするものとされています。とくに20年に一度起こる木星と土星の0度は伝統的な占星術で「グレート・コンジャンクション」と呼ばれ、社会の枠組みの変動を示すものだとされています。

ユングの出生の太陽は獅子座3度、アセンダントは水瓶座4度ですから、この運行中の木星と土星のグレート・コンジャンクションのオーブ圏内に十分、入ります。

ですから、もしかすると、この21年ごろからの20年間にわたって、新しい社会の枠組みの中で、あるいは時代の雰囲気の中でユングが再評価されたり、新しい理解が開かれていくということもあるかもしれません。

面白いことに実は死後もホロスコープは有効に見えることがよくあります。ユング自身、プロの占星術家になった実娘にこう言ったことがあるといいます。

「この理解しがたいもの（占星術）は、本人の死後も有効のようなんだ」

ユングのこの言葉が真実かどうか、見守っていくことにしましょう。

より細かい星のリズムのつかみかた

より動きの速い惑星を使うと、さらに細かい星のリズムをつかむことができます。太陽、水星、金星、火星のトランジットはだいたい、5日から10日ぐらいの間の影響期間でしょう。月にいたってはアスペクトでいうと正確には数時間ということになります。

ここですべてを挙げることはしませんが、重要なところでいうと、

・トランジットの金星が出生の太陽、月、アセンダントに0度、180度をとるとき（ついで120度、60度をとるとき）

→本人が魅力的になり、楽しみごとが増えるタイミング

・とくに木星のトランジットがあるさなかで金星のトランジットが重なるとき

→幸福感を得ることができる

・海王星のトランジットの時期と重なるとき

→ロマンティックな恋やデート、ときめきを感じられる数日に

・トランジットの火星が出生の太陽、月、アセンダントに0度、180度、90度をとるとき

→本人がエネルギッシュになり、活動力がアップする。ただし、アクシデントには注意（とくに天王星のトランジットを受けている期間はリスクの高いことは避けるのが賢明）

このほかの星のトランジットについてはまた機会を改めましょう。

日々のムードを司る月のトランジット

星占いでよく「毎日の運勢」という項目を見ますね。

本来はほかの惑星の動きもすべて考慮して見るのが正式ですが、それはなかなか難しいので、その日、月がトランジットしているハウスをもとに判断することが多いのです。

月はおよそ2日半でひとつの星座ないしハウスを通過していきます。

自分の出生ホロスコープのどのハウスを日々のトランジットの月が運行しているかによって、その2日単位くらいのテーマを知ることができます。

第1ハウス：自分自身を強く打ち出す、何かを始める
第2ハウス：買い物などお金に関すること
第3ハウス：何かを学んだり情報を交換すること
第4ハウス：家に関すること、家族や自分の「ホーム」に関すること
第5ハウス：楽しみごとやレジャーに関すること
第6ハウス：健康や美容に関すること、日々のルーティーンに関すること
第7ハウス：対人関係に関すること
第8ハウス：誰かと深く関わること
第9ハウス：旅や見聞を広げること
第10ハウス：仕事や公に関すること
第11ハウス：友人に関すること
第12ハウス：自分の過去を振り返ること、秘密に関すること

その他の技法

プログレス

占星術の未来予想の方法はトランジットだけではありません。実はたくさんの技法があります。基本的にはどの方法も、星を「動かし」て、出生の星との組み合わせを見ていくのです。その意味の取り方は、星の意味をブレンドするというものなので、大きくは変わりません。

数多くの技法の中でもトランジットと同じくらい重要で普及しているのが「プログレス」法です。初心者向けの本書では、この方法についてはごく簡単に触れておくことにしましょう。プログレスとは「進歩」とか「進行」という意味です。

トランジットはあくまでも実際の天体の運行と、もともとのホロスコープを重ね合わせる方法ですが、プログレスでは象徴的な方法で架空のホロスコープを重ねることになります。

その計算法はたくさんあるのですが、代表的な方法は「1日1年法」「ソーラーアーク法」です。

1日1年法とは、出生後の地球の1自転（つまり1日）を出生後の1年に相当すると考えてホロスコープの惑星を進めていく方法です。

つまり20歳のときの状況を見ようとするなら、生まれてから20日後の星の配置を見ればよい、ということになります。

この方法では、太陽や月、水星などはともかく、木星や土星、あるいはそれより遠い天体はほとんど動きがありません。トランジットよりもぐっと遅い星のタイマーだということになります。

そこで一般的にはプログレスで大きな流れをつかみ、トランジットでより細かいタイミングを見ていく、という考え方になります。

しばしば占星術の教科書では、プログレスは内的な変化を、トランジットは外的で具体的な出来事を表示する、とありますが、僕はこの考え方はとりません。内的世界と外的世界は事実上、区別などできないからです。

これは計算がちょっとややこしいですが、これもまたアプリやソフトなどで簡単にすますことができます。

プログレスによるアスペクトのオーブは狭くとるのが妥当で、1度以内と考えていいでしょう。

ソーラーアーク

1日1年法についでよく用いられる上に、経験上、極めて有効だと思われる技法が「ソーラーアーク」です。ソーラーは太陽、アークは「弧」という意味。

これは1日1年法で動いた分の太陽の度数をすべての惑星やポイントに足して、ぐるりとホロスコープを回し、それをもともとの出生ホロスコープと重ねるという方法です。太陽はおよそ1年で1度ホロスコープの上を進む（プログレス）ことになりますから、20歳のときの予想をするためには、もともとの出生ホロスコープをぐるりと20度分進めて、もとのホロスコープと重ね合わせるということになります。

この方法では実際の星の配置とは関係がないホロスコープができるわけですが、不思議にこれがよく機能するのです。

1日1年法のプログレスでは、一生のうちにも天王星や冥王星などはほとんど動きませんが、ソーラーアークでは大きく動きます。そして太陽や月、アセンダントなどとアスペクトをとってゆきます。これが不思議に重要な時期になることが多いのです。

こちらも今ではソフトで簡単に計算することができます。

たとえば、ソーラーアークで動かした金星が出生時の太陽や月とアスペクトするときには、愛や結婚についての重要な出来事が内的、外的なかたちで起こると考えることができます。

これらの方法については、また機会を改めましょう。

リターン・チャート

また惑星のリターンもよく使われます。最も一般的なのはソーラー・リターンとルナー・リターンです。

ソーラー・リターンとは、出生時の太陽の位置に正確にトランジットの太陽が戻ってきて0度となった瞬間の時刻で作成したホロスコープが、そこから次のソーラー・リターンまで（つまり1年の間）の出来事を象徴するという考え方です。ルナー・リターンは、出生時の月にトランジットの月が戻ってきて0度となった瞬間のホロスコープが、そこから次のルナー・リターンまでのおよそ1ヶ月の状態を表すとする考え方です。

このリターン図の読み方については、また別の機会に詳しくお話ししましょう。

同じ星の配置でも現れ方は違う

いささか前の作品になりますが、映画『シャイン』をご存じでしょうか。天才的な才能をもちながらも神経を病んだピアニスト、デイヴィッドの人生を描いた作品です。これは実話をもとにしたもので、最近、モデルになった本人たちを取材したドキュメンタリー映画も公開されました。

天才でありながら奇矯なピアニストと運命的な出会いを果たし、生涯にわたってサポートしてゆく女性ジリアンは実在の占星術家。

彼女は旅の途上でデイヴィッドと偶然にも出会うのですが、その出会いを星の配置から予感していて、デイヴィッドとの運命をつかみ取ったと述懐しています。それは、幸運の惑星である木星が自分の生まれたときのアセンダントなどを通過しているときだったからだ、と。

この本で述べてきたように木星は拡大と発展、楽天性の星です。また射手座の支配星として、「旅」の意味ももっています。ジリアンの出生ホロスコープ

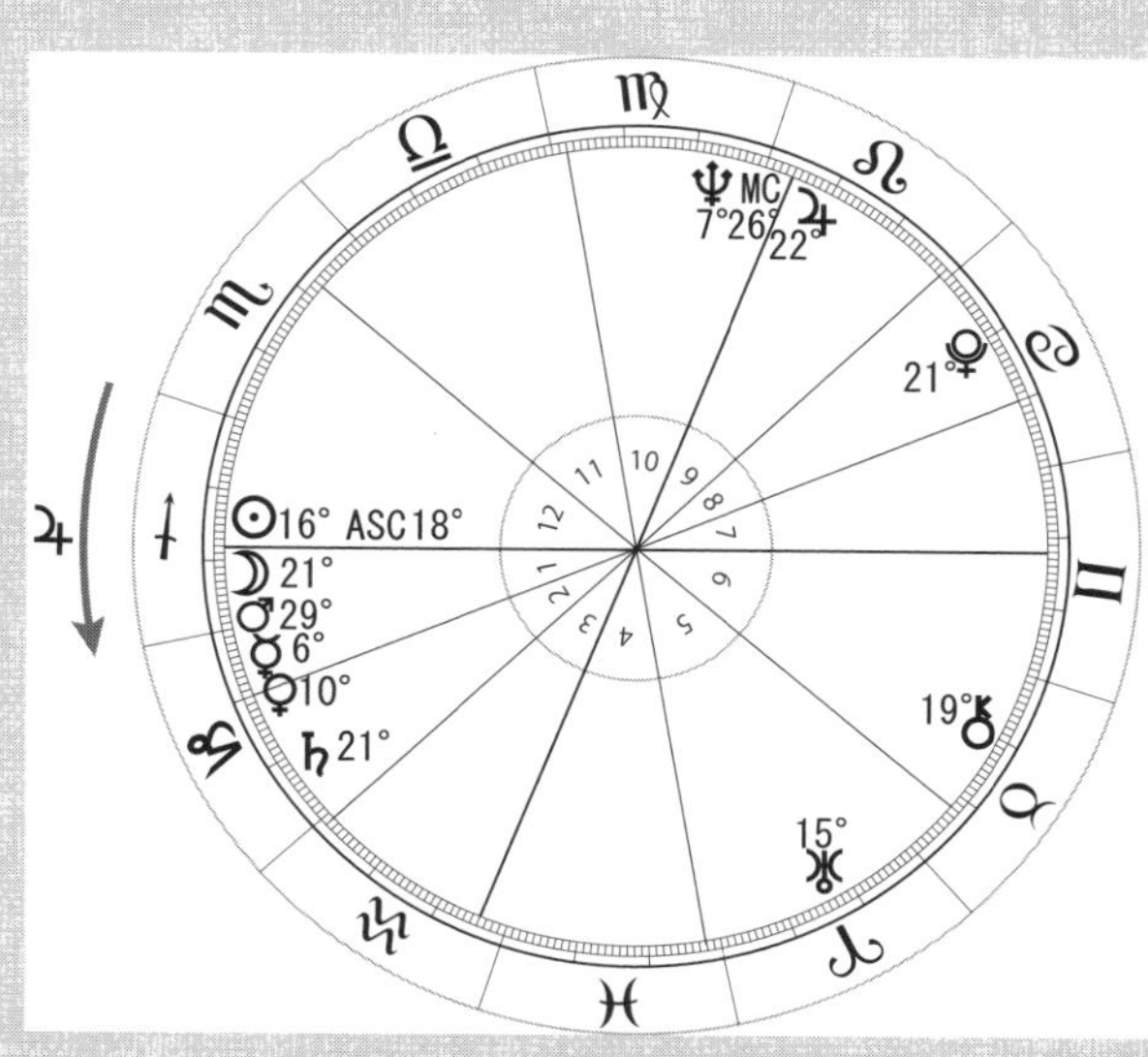

ジリアン・ヘルフゴッド
1931年12月10日
午前5:04
オーストラリア、メルボルン生まれ

木星は1983年11月に射手座をトランジット、ジリアンのアセンダントを通過している

にはアセンダントの射手座に太陽や月まで集合していますから、ここを木星が通過するときにワクワクするようなことが起こると占星術家として予感したのは、当然のことでしょう。そして、その予感があったから、ジリアンは愛の運命の誘いを素直に受け入れたのだと思います。

教科書的な占星術では、アセンダントや太陽に、そのとき動いている木星がやってくると幸運のタイミングだと解釈しています。

しかし、現実はそう単純ではありません。同じ星の配置でも全く異なる出来事が起こることがあるのです。

１９４４年夏、木星は『星の王子さま』の作者であるサン＝テグジュペリのアセンダントを通過しました。

このとき、テグジュペリには何が起こったでしょう？　旅先での素敵な出会い？　運命の好転？　いいえ。このとき、軍に所属していたテグジュペリは単独、偵察飛行に飛び立ち、帰らぬ人となりました。長らくその行方はわからなかったのですが、20

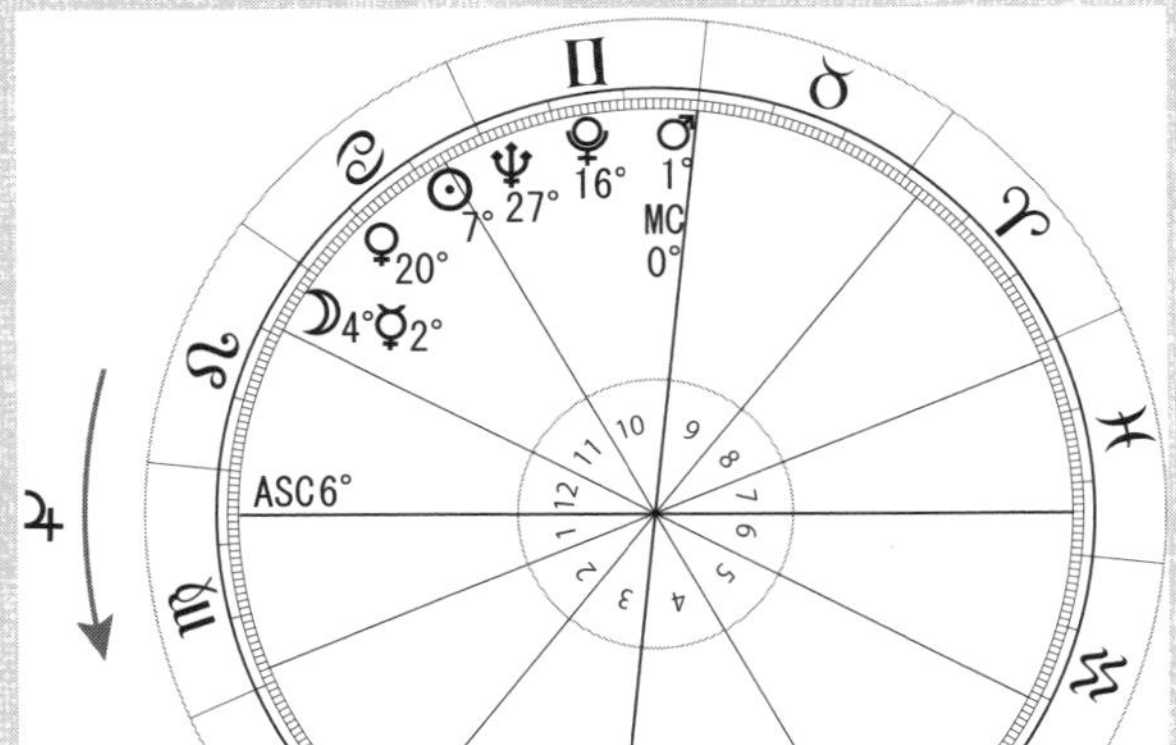

サン=テグジュペリ
1900年6月29日
午前9:15
フランス、リヨン生まれ

木星は1944年夏に乙女座をトランジット、サン=テグジュペリのアセンダントを通過している

世紀末になってやっと機体の残骸や遺留品が確認され、撃墜されていたことが判明したのです。

これから占星術の未来予測は「当たらない」とするのは簡単です。合理的に考えればそうでしょう。しかし、占星術のイマジネーションはそんな合理の見方とは異なる判断をします。

サン＝テグジュペリは早いうちから作家としての名声を獲得していました。その気になれば、危険な前線の任務を逃れることもできたのではないでしょうか。実際、テグジュペリは事故を起こして任務を解除されたのちも、自ら熱烈に志願して飛行任務へと復帰したといいます。

ユングの高弟であった心理学者フォン・フランツ博士は、テグジュペリをユング心理学でいう「永遠の少年」の元型を生きた人物だと分析しています（フォン・フランツ著松代洋一他訳『永遠の少年』紀伊國屋書店、１９８２年）。永遠の少年とは、その名前のとおり、いつまでも純粋な子どもの精神を保ち続ける心性のこと。神話では、永遠の若者の姿でとどまったり、成長する前に花に姿を変えてしまう神というかたちで表現されます。

現実世界でこの「永遠の少年」元型を生きようとするのはしかしとても困難です。ピーターパンや星の王子さまでいつづけることは難しいですし、それを生きようとすると、病理的なことにもなるでしょう。象徴的にいうと、永遠の少年は「地に足を着けることができない」のです。

フランツによると、テグジュペリは「空を飛べないときにはきまっていらいらして怒りっぽくなり、朝から晩までアパートの中を絶望的な気分で歩き回った。反対に飛行できると正常な自己を取り戻すことができた」のだそうです。

もしフランツの分析が正しいのだとすれば、テグジュペリが空に消えていったのは、大地からの、大人世界の重力からの永遠の「解放」であったと解釈することもできます。そしてゼウス（木星、天空神）の世界への帰還であったというふうにも解釈することが可能でしょう。

ジリアンとサン＝テグジュペリのこの運命の違いを、ホロスコープのほかの惑星配置の違いを使って説明することはもちろん可能です。占星術家としてはホロスコープの違いを強調すべきでしょう。しかし、この二人が同じ木星のアセンダント通過という配置を経験していたということは忘れてはなりません。

生涯のパートナーとの出会いを導いた旅。現実的には死という悲運でありながら、大地からの解放を導いた旅。それは両方とも、いま、ここの世界からの旅立ちを意味する木星のシンボルの中では共通しているのです。

ここから学べることは、僕たちはホロスコープからだけでは、けっして「具体的」で「現実的」な「出来事」の予言はできないということ。

しかし、その出来事の「意味」を星のシンボルの中で解釈していくことはできる、ということです。これは出生ホロスコープ、シナストリー（相性ホロスコープ）でも同じこと。星は具体的なことは予言しません。しかし、それ以外の方法では導くことが困難な、人生の意味を浮かび上がらせてくれるのです。

とくに、未来予測というデリケートな問題を扱おうとするとき、僕たちはそのことを忘れてはなりません。

附録

より詳しいホロスコープ計算のために

天文暦、アスペクトの時期表を扱うには

賢龍雅人

本書第2部の「未来予報」で、惑星のタイムラインやアスペクトの時期リストを出しています。一昔前までは厚い紙の天文暦を見たり、高価なパソコン用のソフトウェアで出力する以外の方法はありませんでしたが、現在では天文暦そのものがアプリになっていたり、一部のアプリにアスペクトの時期リスト作成プログラムが備わっています。

※情報は２０２３年11月現在のものです。

占星術ソフトウェア

JANUS SOFTWARE（開発：Astrology House）

◎Windows版

https://www.astrology-house.com/

この教科書の「トランジット」の項目にて、天文暦を出すのに使われている占星術ソフトウェアです。多彩な機能と使いやすさを兼ね備えた本格的プロ仕様にもかかわらず、同レベルのハイエンド製品の中ではかなり価格が抑えられています。またデザインがシンプルで美しいのも特徴です。著者である鏡リュウジ氏を始め、数多くの占星術家に愛用されています。

天文暦アプリ

iPhemeris占星術エフェメリス（開発：Clifford Ribaudo）

◎iOS版『iPhemeris』

https://itunes.apple.com/jp/app/iphemeris%E5%8D%A0%E6%98%9F%E8%A1%93%E3%82%A8%E3%83%95%E3%82%A7%E3%83%A1%E3%83%AA%E3%82%B9/id1092958430?mt=8

天文暦のみの機能に特化したアプリです（姉妹ソフトでホロスコープ作成機能も追加された『iPhemeris』もあります）。１７００〜２１００年までの本格的な天

文暦を搭載しており、もちろん日本時間での設定がおこなえます。また月は紙の天文暦のように12時間毎の表示も可能。逆行表示や日月食の表示もあります。天文暦は、信頼のあるＮＡＳＡのジェット推進研究所（Jet Propulsion Laboratory : JPL）を使用しています。天文暦の印刷もできます。

Planetdance Astrology（開発：Jean Cremers）

◎ Android版

https://play.google.com/store/apps/details?id=com.jcremers.Planetdance&hl=ja

◎ Windows版

http://www.jcremers.com/

天文暦専用のアプリではありませんが、天文暦を装備しています。10天体とノード、カイロン、リリス、パート・オブ・フォーチュン（Windows版は10天体とノード、カイロン、セレスのみ）をサポートしています。タイムゾーンの設定をおこなえば、日本時間での表示ができ、さらにWindows版では天文暦の印刷もできます。

Astrodienst（開発：Astrodienst AG）

◎オンライン・占星術ポータルサイト

https://www.astro.com/swisseph/swepha_j.htm

紀元前５０００年から、２１９９年までの天文暦がＰＤＦファイル仕様でダウンロードできます。ただしそのままだと、ユニバーサルタイム（協定世界時）ですので、基準地のタイムゾーンをユーザー・プリファレンスで日本の地名に設定する必要があります。

アスペクトの時期リスト

Astro Gold（開発：Cosmic Apps Pty Ltd）

◎ iOS版

https://itunes.apple.com/jp/app/astro-gold/id430270438?mt=8

◎ MacOS版

http://www.astrogold.io/get-astro-gold/osx/

iOS版は搭載された「Transits Listing」機能によって、トランジット天体と出生の天体間のアスペクト時期リストを、最長50年で出すことができます。MacOS版はさらにトランジットの他に、セカンダリー・プログレッションとソーラー・アーク・ディレクションも合わせて算出することができます。

※Android版には「Transits Listing」機能は搭載されておりません。

AstroConnexions（開発：Roger Pearson）

◎iOS版　※iPadのみ

https://itunes.apple.com/jp/app/astroconnexions/id1132915420?mt=8

使用できるのはiPadのみとなりますが、トランジット、セカンダリー・プログレッションとソーラー・アーク・ディレクションのすべてが使えます。さらに占星術アプリでは唯一、トランジット同士のアスペクトの時期リストを出すことができます。

おわりに

本書は『鏡リュウジの占星術の教科書Ⅱ』に加筆と修正を加えて第2版としたものです。『星のワークブック』(講談社)としてスタートした本シリーズは、『教科書』の体裁をとってバージョンアップして以来、日本におけるスタンダードな現代占星術テキストの一つとして高い評価をいただいており、大変うれしく思っております。

出生ホロスコープを扱う『占星術の教科書Ⅰ』に続く本書は、占星術の基本技法としての相性と、そして基礎的な未来予報の方法を解説しています。その方法はいずれも、二枚のホロスコープを重ね合わせ、その相互の星たちが綾なすパターンを読み取るという、ダイナミックなものです。使うファクターが増えるので確かに少しハードルは上がりますが、それだけに星々が織りだしてゆくダイナミックなパターンを味わうのは実に楽しい作業でもあります。

本書でもたくさんの文献を参照し、また英国を中心に僕が学んできたことのエッセンスを入れていますが、さらに学習したい方のために、ほんのわずかですがおすすめできる本をご紹介しておきましょう。相性については Frances Sakoian, *The Astrology of Human Relationships*, 1976 が現代の古典でしょう。

もう少し現代的なところでは Jodie and Steven Forrest, *Skymates*, 2002 が極めてユーモラスかつわかりやすい。未来予測についても同じ著者の S. Forrest, *The Changing Sky*, 1986 をおすすめします。

また、最近のところでは Clare Martin, *Mapping the Psyche Vol.3 Kairos*, 2015 を強くおすすめしておきましょう。

もちろん、他にもたくさんあるのですが、ここでは網羅しきれません。本書を読まれた方は、プログレスやソーラーアークなど、次のステップを扱う続編『占星術の教科書Ⅲ』にぜひ進んでください。さらに高度な技法を扱う第4巻も現在計画中です。

また僕が主幹を務める東京アストロロジースクールでは実践的に占星術を教授していますのでご興味あればお問い合わせください。https://kagamiryuji.jp/school/

原書房の大西奈己さん、占星術家の賢龍雅人さん、英国の占星術の仲間たち、そして本書を手に取ってくださったあなたに感謝して筆をおきたいと思います。

2023年11月

鏡リュウジ

鏡 リュウジ（かがみ　りゅうじ）

占星術研究家、翻訳家。国際基督教大学卒業、同大学院修士課程修了（比較文化）。占星術の心理学的アプローチを日本に紹介し、従来の「占い」のイメージを一新。占星術の歴史にも造詣が深い。英国占星術協会会員。日本トランスパーソナル学会理事。平安女学院大学客員教授。京都文教大学客員教授。主な著書に『占星術の文化誌』（原書房）、『占星綺想』（青土社）、『占星術夜話』（説話社）、『タロットの秘密』（講談社現代新書）、訳書に『ユングと占星術』（青土社）、『魂のコード』（河出書房新社）、監訳書に『世界史と西洋占星術』（柏書房）、『占星医術とハーブ学の世界』『［ヴィジュアル版］タロットと占術カードの世界』（以上原書房）など多数。

鏡リュウジの東京アストロロジー・スクール
https://yakan-hiko.com/meeting/tokyo_ast/home.html
鏡リュウジによる占星術コースやイベントはこちらで随時開催中。

鏡リュウジの占星術の教科書 Ⅱ
第2版
相性と未来を知る編

2023年 12月 25日　第1刷

著者　鏡 リュウジ

ブックデザイン　原田恵都子（Harada + Harada）
協力　岡本純子、水無月あおい、賢龍雅人
発行者　成瀬雅人
発行所　株式会社原書房
〒160-0022 東京都新宿区新宿 1-25-13
電話・代表　03(3354)0685
http://www.harashobo.co.jp/
振替・00150-6-151594
印刷・製本　シナノ印刷株式会社

ISBN 978-4-562-07382-5　printed in Japan